国家社科基金
GUOJIA SHEKE JIJIN HOUQI ZIZHU XIANGMU
后期资助项目

列宁新经济政策文献研究

Research on Archives of Lenin's New Economic Policy

黄建都　著

中国人民大学出版社
·北京·

图书在版编目（CIP）数据

列宁新经济政策文献研究 / 黄建都著 . -- 北京：中国人民大学出版社，2024. 6
国家社科基金后期资助项目
ISBN 978-7-300-32889-8

Ⅰ. ①列… Ⅱ. ①黄… Ⅲ. ①列宁著作-新经济政策（苏联）-文献-研究 Ⅳ. ①A227

中国国家版本馆 CIP 数据核字（2024）第 107302 号

国家社科基金后期资助项目
列宁新经济政策文献研究
黄建都 著
Liening Xinjingji Zhengce Wenxian Yanjiu

出版发行	中国人民大学出版社		
社　　址	北京中关村大街 31 号	**邮政编码**	100080
电　　话	010－62511242（总编室）		010－62511770（质管部）
	010－82501766（邮购部）		010－62514148（门市部）
	010－62515195（发行公司）		010－62515275（盗版举报）
网　　址	http://www.crup.com.cn		
经　　销	新华书店		
印　　刷	唐山玺诚印务有限公司		
开　　本	720 mm×1000 mm　1/16	**版　　次**	2024 年 6 月第 1 版
印　　张	17.25 插页 2	**印　　次**	2024 年 6 月第 1 次印刷
字　　数	288 000	**定　　价**	88.00 元

国家社科基金后期资助项目
出版说明

后期资助项目是国家社科基金设立的一类重要项目，旨在鼓励广大社科研究者潜心治学，支持基础研究多出优秀成果。它是经过严格评审，从接近完成的科研成果中遴选立项的。为扩大后期资助项目的影响，更好地推动学术发展，促进成果转化，全国哲学社会科学工作办公室按照“统一设计、统一标识、统一版式、形成系列”的总体要求，组织出版国家社科基金后期资助项目成果。

全国哲学社会科学工作办公室

目　录

导　论

一、选题价值

一百年前，为克服严峻的经济、政治和社会危机，俄国在列宁的领导下进行了一场波澜壮阔、影响深远的新经济政策改革（以下简称“新政改革”）。本书以新政改革的全部相关文本为对象做专题研究，具有重要的理论意义，关于文本中相关思想的讨论对于我国当代社会发展和全面深化改革也具有重要的实践价值。

二、研究现状分析

（一）研究现状

国内学界对列宁新经济政策理论的研究是围绕着不同的理论问题展开的，具体有以下六类：其一，关于新经济政策起因的研究。代表性成果有：郑异凡著《新经济政策的俄国》（专著，未标注成果为论文）。其二，关于新经济政策内容的研究。其中，成果最为显著的部分是有关经济思想的研究，市场经济、国家资本主义两个概念则是研究的重中之重。代表性成果有：俞良早撰《列宁在苏俄新经济政策时期利用市场发展经济的思想》，周发源撰《列宁借鉴和利用资本主义的思想初探》，王元璋著《列宁经济发展思想研究》（专著）。除了经济思想之外，学界也探讨了列宁关于执政党建设的理论。代表性成果有：冉宗荣撰《列宁关于“监督权力相对独立”的思想探讨》、胡连生撰《论列宁的反腐倡廉思想》。其三，关于新经济政策性质的研究。代表性成果有：王丽荣撰《列宁的“新经济政策”仍然是权宜之计》。其四，关于新经济政策命运的研究。代表性成果有：郑异凡撰《对新经济政策的不同诠释及其命运》、沈志华著《新经济政策与苏联农业社会化道路》（专著）。其五，关于新经济政策的现实意义的研究。代表性成果有：左亚文、陶笑眉著《列宁晚年社会主义建设理论与中国的改革实践》（专著），俞良早等著《邓小平理论与列宁后期思想》（专著）。其六，关于新经济政策的文本学个案的研究。代表性成果有：俞良早撰《论列宁关于新经济政策的俄国将变成社会主义俄国的思想——〈在莫斯科苏维埃全会上的讲话〉研读》。

国外学界对列宁新经济政策理论的研究也是围绕着不同的理论问题展开的，具体有以下五类：其一，关于新经济政策起因的研究。代表性成果有：谢·巴甫留琴科夫撰《新经济政策是如何开始的》、米·米·戈里诺夫和谢·弗·察库诺夫合撰《列宁新经济政策构想的形成与发展》。其二，关于如何理解在实施新经济政策之后，列宁之“我们对社会主义的整个看法根本改变了”的论断的研究。代表性成果有：尤·普列特尼科夫撰《新经济政策：列宁对社会主义看法的根本改变》。其三，关于新经济政策实质的研究。代表性成果有：米·格里诺夫撰《新经济政策时期的抉择与危机》、米·伊戈尔金撰《新经济政策与社会发展的趋同模式》。其四，关于新经济政策内容的研究。这也是国外学界研究的重点。具体说来，有关农业问题研究的代表性成果有：Н. П. 诺索娃撰《新经济政策：国家与农业（调节问题）》、В. В. 谢尔平斯基撰《新经济政策时期向农民征税的实施情况》。有关工业问题研究的代表性成果有：Л. А. 涅列季娜撰《1921—1925年国家工业改造的原则与发展趋势》。有关商业问题研究的代表性成果有：索柯洛夫撰《在向新经济政策过渡时对商品交换的利用》、С. Н. 拉宾娜等撰《国家所有制与市场：新经济政策的经验》。其五，关于新经济政策命运的研究。代表性成果有：А. Н. 雅科夫列夫主编《新经济政策是怎样被断送的（1—5）》（专著）。

（二）研究述评

一方面，应充分肯定国内外的相关研究成果，学界对新政改革的起因、内容、性质、当代意义等问题的探讨包含着许多真知灼见，为后学的研究打下了一定的研究基础。另一方面，也应看到相关研究还存在不足，例如，在文献研究方面还存着很大的疏漏，对新政改革的整体性研究还比较薄弱。对于专业的马克思主义文本研究者而言，还要从以下方面推进相关的研究工作：

第一，在文献和思想挖掘方面下大功夫。

通过文献梳理，我们会发现列宁直接论述新政改革的文献多达八卷本：《列宁全集》第二版增订版第 41 卷、第 42 卷、第 43 卷、第 50 卷、第 51 卷、第 52 卷、第 60 卷，以及《列宁文稿》第 17 卷。依据学界研究深入程度的不同，这些文献可被划分为两类：

第一类是一些篇幅较大的演讲和报告。诸如《俄共（布）第十次代表大会文献》（1921 年 3 月）、《论粮食税（新政策的意义及其条件）》（1921 年 4 月 21 日）等，列宁在其中主要宣讲并论证了农业、工业和商业等方面的新政策，这类文献约占全部研究文献的三分之一体量，是过往学界研究的重点。

第二类是占全部研究文献三分之二体量的国务文献，具体包括：列宁起草的各种决定、命令、法令、电报，在各种公文上做的批示和指示，以及公务信件。这类文献的特点是议题庞杂、叙述零散，故而是过往学界研究少有触及的薄弱环节，但却是十分重要的！正是这些庞杂而零散的叙述，蕴含着列宁关于一系列重要问题尤其是如何落实新经济政策的深刻思考。因此，如果缺少对这部分国务文献及其所蕴含思想的深入考察，那么对新经济政策理论的研究无论是在完整性方面还是在深度方面都会大打折扣！体量庞大的国务文献犹如广袤而富含宝藏的土地，正等待着研究者进行深耕细作。

第二，推进关于新政改革的整体性、专题史研究。

过去学界多是就新政改革的某一专题展开研究，基于全部相关文献所做的整体性、专题史研究还很薄弱。

推进关于新政改革的整体性、专题史研究具有十分重要的意义。只有在进行整体性、专题史研究的基础上，我们才能更深刻地把握新政改革的思想主题、中心线索、逻辑结构和具体论证，进而更加到位地阐述其思想史意义和现实启示。所谓论从史出，树高千尺，基础还在根上。本书要做的正是这种整体性、基础性的研究工作。从对具体问题的研究深入对整体性、专题史的研究，这既是思想史发展本身的内在要求，同时也是对马克思哲学研究者的热切召唤。

如何推进关于新政改革的整体性、专题史研究呢？最重要的是要有整体观。这种整体观体现为：首先，对列宁新政改革的全部著述应给予同等力度的关切。前面提到，列宁论述新政改革的相关文献篇幅不一，有的是长篇宏论，如大会的政治报告；有的则十分短小，如各种决定、命令、法令、电报、在各种公文上做的批示和指示以及公务信件。是否可以根据篇幅短小而断定后者不重要，或者没有前者重要呢？事实上，所有这些文献构成一个有机整体，长篇的政治报告更多是正面阐述或论证新政改革的主张，短小的文献则更多是讨论具体落实的问题。因此，我们不能根据篇幅长短来论英雄，而是应当对所有相关文献都进行细致的解读，看其在整个新政改革中触及了哪方面的问题，提出了什么样的应对主张。其次，在庞杂的议题和文献中提炼思想主题、中心线索、逻辑结构。要在对所有相关文献进行精细阅读的基础上逐步上升，提炼出新政改革的思想主题、中心线索、逻辑结构。这一步是整体观的重要体现。这也是所谓的“厚书读薄”。最后，要在第二步的基础上重新整合全部文献内容，赋予整个思想主题、中心线索、逻辑结构丰富的血肉。这是“薄书读厚”的过程。只有通过在这个方面的艰苦努力，我们才能对列宁新政改革的全部著述有整体性的把握。于是乎，思想主题、中心线索、逻辑结构有了具体文献内容的坚实支撑，具体文献内容则有了思想主题、中心线索、逻辑结构的指导，两个方面在一个整体中得到了升华。本书作为整体性、专题史研究，力图在上述两个方面进行突破，以精细化的文本解读来推进有关列宁新政改革的研究。

三、文献基本情况概览

纵观列宁论述新政改革的相关文献，我们可以看到三个突出的特点：(1) 文献数量多，直接论述的文献就有八卷本。(2) 文献议题庞杂。关于实物税的、自由流转的、租让制的、改善国家机关的、战略退却的，不一而足。(3) 文献篇幅长短不一。像许多正式的报告，例如新政改革的开篇之作——《俄共（布）第十次代表大会文献》，篇幅就很长，在中译本《列宁全集》第 41 卷中长达 114 页；而像列宁起草的各种决定、命令、法令、电报、在各种公文上做的批示和指示以及公务信件，篇幅大多很短，这给内容的凝练和整合增加了不少难度。

下面我们主要以时间为序，梳理从 1921 年 1 月一直到列宁去世所有与新政改革直接相关的文献及其讨论议题，从中可以直观地看到列宁的关切，也可以知悉本书是在一个什么样的文献解读的基础上推进研究的。谨将相关文献的篇名、出处及讨论议题呈现如下表：

序号	时间	文献篇名及出处①	讨论议题
1	1921年 1月6日	《致尼·彼·哥尔布诺夫》 （第50卷，第72-73页）	倾听农村、农民的心声（要求减少征收额）
2	1921年 2月19日	《致格·马·克尔日扎诺夫斯基》 （第50卷，第127页）	推行集体供应制度
3	1921年 2月	《致亚·德·瞿鲁巴》 （第50卷，第139页）	准备试行新制度（实物税）
4	1921年 3月1日	《致恩·奥新斯基》 （第50卷，第142-143页）	解决迫切的农民问题，准备出台实物税；组建“非党农民苏维埃”
5	1921年 3月8日	《致亚·德·瞿鲁巴》 （第50卷，第151-152页）	强调问题的中心是搞“流转”，以此满足农民的要求
6	1921年 3月10日	《致阿·伊·李可夫》 （第50卷，第153页）	建立由国家组织的工农业之间的交换，使工农双方均受益
7	1921年 3月17日	《致华盛顿·万德利普》 （第50卷，第159-160页）	关心与美国辛迪加的租让谈判
8	1921年 3月18日 或19日	《致俄共（布）中央》 （第50卷，第167页）	表达同美国建立贸易关系的希望
9	1921年 3月19日	《给列·波·克拉辛的电报》 （第50卷，第167-168页）	主张加速推进租让事业
10	1921年 3月22日	《给阿·罗·沙波什尼科夫的证明》 （第50卷，第173页）	邀请农民代表一同解决农民问题：以实物税代替余粮收集制；恢复自由流转
11	1921年 3月24日	《致瓦·尼·卡尤罗夫》 （第50卷，第174-175页）	注意农民对新政策（实物税、自由流转）的态度
12	1921年 3月27日	《致列·波·加米涅夫》 （第50卷，第185页）	建议立即实行实物税（采用12 000万普特实物税的方案），减轻农民负担
13	1921年 3月27日	《在全俄运输工人代表大会上的讲话》 （第41卷，第121-134页）	议题1：解释为何用实物税（自由流转）代替余粮收集制 议题2：阐明铁路和水路运输员工代表大会的任务

① 本表中的文献出处，除了《列宁文稿》第17卷（人民出版社，1990）外，均为2017年版的《列宁全集》。

续表

序号	时间	文献篇名及出处	讨论议题
14	1921年3月27日	《致阿·伊·李可夫》（第50卷，第187－188页）	批评专门委员会没有按时撰写出租让合同基本原则草案
15	1921年3月27日	《致叶·阿·普列奥布拉任斯基》（第50卷，第186－187页）	考虑和筹备发行新货币的问题
16	1921年3月28—29日	《致列·达·托洛茨基》（第50卷，第190页）	主张租让顿巴斯的部分油井（油田）
17	1921年3月29日	《给格·康·奥尔忠尼启则的电报草稿及俄共（布）中央政治局委员就电报草稿的内容作出的表决意见》（第50卷，第193页）	阐明格鲁吉亚矿石租让项目的作用：从国外换回粮食
18	1921年3月30日	《致尼·伊·布哈林》（第50卷，第196页）	主张建立国家资本主义：通过合作社进行工农业之间的交换
19	1921年3月	《俄共（布）第十次代表大会文献》（第41卷，第1－114页）	为新政策（实物税、自由流转）辩护：能协调工农关系，巩固无产阶级政权；给小农以从事农业经营的刺激、动因和动力
20	1921年4月2日	《致亚·巴·谢列布罗夫斯基》（第50卷，第200－202页）	阐述出租巴库油田的意义：用石油和石油产品从国外换取一切必需品；使巴库能在几十年后赶上先进国家的水平
21	不晚于1921年4月5日	《给列·波·克拉辛的电报》（第50卷，第206页）	要从国外获得商品储备以进行工农业之间的交换
22	1921年4月6日	《致国营第一汽车制造厂工厂委员会和全体工人》（第41卷，第135页）	关注发动机生产的发展，它将使俄国能够以价廉实用的发动机供应农户（商品贸易）
23	1921年4月9日	《在俄共（布）莫斯科市和莫斯科省支部书记及支部负责代表会议上关于粮食税的报告》（第41卷，第138－152页）	议题1：为余粮收集制辩护 议题2：为实物税（自由流转）替代余粮收集制做解释 议题3：解释自由贸易（租让）为什么是可以容许的

续表

序号	时间	文献篇名及出处	讨论议题
24	1921年4月11日	《在全俄工会中央理事会共产党党团会议上关于租让问题的报告》(第41卷，第153-182页)	为租让制辩护：租让能改善民众生活，给俄国提供吸收外资、利用国外先进设备和技术的平台；租让不可怕，因为有国家理性的监督和调控
25	1921年4月14日	《致阿塞拜疆、格鲁吉亚、亚美尼亚、达吉斯坦、哥里共和国的共产党员同志们》(第41卷，第184-186页)	分析高加索共和国如何向社会主义过渡的问题；建议对农民要温和一点
26	1921年4月14日	《致彼得格勒市非党工人会议》(第41卷，第187页)	要挑选非党工人和农民参加经济建设工作
27	1921年4月16日	《致克拉拉·蔡特金和保尔·莱维》(第50卷，第243-244页)	讨论1921年2—3月农民的不满和新经济政策的实施
28	1921年4月17日	《致列·波·加米涅夫》(第50卷，第246-247页)	议题1：明确实物税的税赋 议题2：利用合作社进行商品交换
29	1921年4月18日	《致阿·伊·李可夫、弗·巴·米柳亭、安·马·列扎瓦》(第50卷，第249-250页)	主张给予巴库石油委员会一定的自主权
30	1921年4月20日	《致粮食人民委员部》(第50卷，第257-258页)	关心商品交换：给予人力和物资支持
31	1921年4月21日	《论粮食税(新政策的意义及其条件)》(第41卷，第192-233页)	议题1：论证国家资本主义（自由贸易、租让等）是俄国向社会主义过渡的必要中介 议题2：搞好工农业之间的商品交换——发挥地方上独立的首创精神 议题3：要向资产阶级专家“学习” 议题4：提拔非党人员担任苏维埃国家建设工作，首先担任经济工作
32	1921年4月25日	《留声机片录音讲话》(第41卷，第234-240页)	议题1：要吸收正直的非党人员参加管理国家和改善经济的工作 议题2：解释为何实施实物税（自由贸易）——巩固工农关系、刺激农民生产 议题3：阐述租让的必要性、租让不危险 议题4：主张用消费合作社和产销合作社来发展自由贸易

续表

序号	时间	文献篇名及出处	讨论议题
33	1921年4月26日	《对人民委员会〈关于分配农业机器〉的决定草案的补充》（第41卷，第241页）	要求对商品交换进行强有力的国家监督
34	1921年4月28日	《致国家出版社》（第50卷，第499－500页）	主张推行新原则：计件工资、实物奖励
35	1921年4—5月	《关于对待非党工人的态度》（第41卷，第242－246页）	吸收非党工人和农民进入苏维埃国家机关：从事经济工作和反对官僚主义
36	1921年5月4日以前	《答叶·亚·利特肯斯》（《列宁文稿》第17卷，第6－7页）	帮助教师解决供应问题
37	1921年5月4日	《对俄共（布）中央给劳动国防委员会和对外贸易人民委员部驻南高加索苏维埃共和国全权代表的指令草案的修改和补充以及对俄共（布）中央政治局决议草案的建议》（《列宁文稿》第17卷，第10－13页）	讨论对外贸易全权代表的职责：进行商品交换、租让、发挥地方首创精神、发展地方工业和农业、实现电器化
38	1921年5月6日以后	《致瓦·亚·斯莫尔亚尼诺夫》（第50卷，第293页）	批评形式主义和拖拉作风：它导致纺织厂被迫停工
39	1921年5月10日	《俄共（布）中央关于米·亚·拉林和阿·季·哥尔茨曼的草案的决定》（《列宁文稿》第17卷，第18页）	主张实施集体供应制度
40	1921年5月10日	《俄共（布）中央关于米·亚·拉林和阿·季·哥尔茨曼的草案的决定》（《列宁文稿》第17卷，第18页）	推行集体供应制度：缩减由国家供应的机关企业的数目，只有少量规模最大、设备最好的企业和厂矿才继续由国家供应
41	1921年5月11日	《政治局对报刊的指示》（《列宁文稿》第17卷，第21－25页）	讨论粮食危机及其应对措施（肃清绑匪、在产粮区筹粮、组织商品交换）

续表

序号	时间	文献篇名及出处	讨论议题
42	1921年5月11日	《俄共（布）中央政治局关于实行生产集中的措施的决定草案》（第41卷，第250页）	主张实行生产集中：尽可能关闭无法继续生产的企业，由少数生产状况最好的企业集中生产
43	1921年5月14日	《致国家计划委员会主席团克尔日扎诺夫斯基同志》（第41卷，第252-255页）	讨论工业改革：从合理经营和使生产集中的角度出发关闭部分企业
44	1921年5月16日	《致 M.Ф.索柯洛夫》（第50卷，第310-315页）	议题1：阐明建立国家资本主义（租让）的可能性 议题2：阐明如何与官僚主义做斗争
45	1921年5月18日以后	《在瓦·巴·奥博林来信上的批注》（《列宁文稿》第17卷，第31-33页）	借奥博林之口阐明自己的观点：反对国家资本主义是错误的
46	1921年5月19日	《致格·瓦·契切林》（第50卷，第324-326页）	从法律上、从经济上阐述租让的作用，租让会取得成功
47	1921年5月19—20日	《劳动国防委员会关于地方经济会议、关于报告制度和关于贯彻执行劳动国防委员会指令的决定草案》（第41卷，第257-258页）	报刊（以《经济生活报》为代表）应当为新经济政策保驾护航
48	1921年5月19—21日	《劳动国防委员会给各地方苏维埃机关的指令（草案）》（第41卷，第259-285页）	议题1：衡量经济建设成就的两大标准，即是否做好实物税征收工作和是否促进工农业之间的流转 议题2：地方机关必须向劳动国防委员会经常报告工作
49	1921年5月22日	《俄共（布）中央关于全俄工会第四次代表大会共产党党团决议问题的决定草案》（第41卷，第286-287页）	工业改革：从合理经营和使生产集中的角度出发关闭部分企业
50	1921年5月22日以后	《在叶·伊·莫伊谢也夫报告书上的批注》（《列宁文稿》第17卷，第46-48页）	借莫伊谢也夫之口阐述自己的观点：同个人利益相结合应当成为新经济政策的新原则；工厂管理处是工厂的全权管理者，企业自主经营，工会不得干涉
51	1921年5月24日	《关于俄共（布）中央工作计划的意见》（第41卷，第292页）	要求更广泛地吸收非党群众参加经济建设工作，参加反对官僚主义和拖拉作风的工作

续表

序号	时间	文献篇名及出处	讨论议题
52	1921年5月26日	《俄共（布）第十次全国代表会议文献·关于粮食税的报告》（第41卷，第296－310页）	议题1：论证为何要实施新经济政策，为何要对农民和国外资本家让步 议题2：要求发挥地方的首创精神、自主精神和勇气
53	1921年5月26—28日	《对俄共（布）第十次全国代表会议关于新经济政策的决议草案的修改》（《列宁文稿》第17卷，第63－65页）	搞好商品交换
54	1921年5月27日	《俄共（布）第十次全国代表会议文献·关于粮食税的报告的总结发言》（第41卷，第311－326页）	议题1：阐述为何要对农民让步 议题2：主张用各种奖励来鼓励中央消费合作总社做好商品流通工作 议题3：要求迅速、有力地征收实物税 议题4：反对全盘集体供应的主张 议题5：反对官僚主义、拖拉作风 议题6：要求“认真地和长期地”实行新经济政策
55	1921年5月28日	《俄共（布）第十次全国代表会议文献·关于新经济政策问题的决议草案》（第41卷，第333－335页）	发展商品交换
56	1921年5月28日	《关于对粮食分配的监督》（《列宁文稿》第17卷，第66页）	主张取消被裁减的苏维埃机关工作人员和非必需企业工人的口粮
57	1921年5月29日	《在罗·爱·克拉桑5月29日来信上的批注》（《列宁文稿》第17卷，第68－69页）	关注泥炭水力开采局的请求（要求设备、人才）
58	1921年5月30日和6月30日之间	《对全俄中央执行委员会决定草案的修改》（《列宁文稿》第17卷，第78－79页）	阐述新经济政策的内涵：实物税、自由贸易；鼓励小工业的发展；呼唤地方经济机关的主动精神
59	1921年5月31日	《给约·斯·温什利赫特、瓦·瓦·佛敏、尼·巴·布留哈诺夫的电话》（第50卷，第374－375页）	要求尽快组织乌克兰的商品交换（换取粮食储备）

续表

序号	时间	文献篇名及出处	讨论议题
60	1921 年 5 月 31 日	《致格·库·科罗廖夫》 （第 50 卷，第 375 页）	设特派巡视员：检查实际执行情况和发掘人才
61	1921 年 5 月底或 6 月初	《关于工作报告的每月摘抄》 （第 41 卷，第 348－349 页）	《经济生活报》要承担分析经济生活的责任
62	1921 年 6 月 5 日	《致莫·伊·弗鲁姆金》 （第 50 卷，第 402－403 页）	关心商品交换（用外币、珍宝和原料到南方国外市场购买用于商品交换的商品）
63	1921 年 6 月 5 日	《致安·马·列扎瓦》 （第 50 卷，第 403－405 页）	批评对外贸易人民委员部的糟糕情况（主帅忘乎所以，副手全无才干、办事拖拉）
64	1921 年 6 月 6 日	《致莉·亚·福季耶娃》 （第 50 卷，第 411－412 页）	关心乌克兰的商品交换（是否有供商品交换用的商品?）
65	1921 年 6 月 6 日	《致尼·彼·哥尔布诺夫》 （第 50 卷，第 414 页）	要求振兴国营农场（与个人利益相结合的方式）
66	1921 年 6 月 7 日	《致格·瓦·契切林》 （第 50 卷，第 422－423 页）	要求建立同德国工业家和公司的租让合同
67	1921 年 6 月 12 日	《致尼·彼·哥尔布诺夫》 （第 50 卷，第 434－435 页）	讨论企业工人工资改革：实行集体供应制
68	1921 年 6 月 16 日	《在全俄第三次粮食工作会议上的讲话》 （第 41 卷，第 350－359 页）	议题 1：阐明新经济政策是认真的和长期的 议题 2：阐述实物税和自由贸易的作用 议题 3：阐述粮食工作者的任务 议题 4：阐述国家粮食供应原则——集体供应制原则
69	1921 年 6 月 19 日	《给维·米·莫洛托夫的批示》 （第 50 卷，第 448 页）	反对同日本政府和工业家的租让合同（日本正进行新的武装干涉）
70	1921 年 6 月 22 日	《致米·瓦·雷库诺夫》 （第 50 卷，第 457 页）	要求改革对外贸易人民委员部（吸收商人用以推销国内商品）
71	1921 年 6 月 22 日	《致路·卡·马尔滕斯》 （第 50 卷，第 455－456 页）	主张通过和旅美俄罗斯侨民的租让合约

续表

序号	时间	文献篇名及出处	讨论议题
72	1921年6月22日以后	《在建立出口储备的报告书上的批注》(《列宁文稿》第17卷，第121-122页)	讨论如何建立出口储备：必须利用中小收购商阶层
73	1921年6月24日	《给格·列·皮达可夫的电报》(第50卷，第461页)	关心顿巴斯的纠纷
74	1921年6月25日	《给秘书的指示》(第50卷，第468-469页)	帮助外国侨民工人在最短期限内使工厂开工(给设备、材料和住房)
75	1921年6月25日	《致阿·萨·叶努基泽》(第50卷，第466页)	批判苏维埃房管处主任的拖拉作风
76	1921年6月26日和7月2日之间	《给在伦敦的苏维埃贸易代表团的电报草稿》(第50卷，第469页)	同意租让合约(前提是保证苏维埃的利益)
77	1921年6月27日	《给撒马尔罕共产党员的电报》(第51卷，第1页)	议题1：要求发挥地方工作人员的干劲和才能 议题2：阐述国家资本主义的作用，国家资本主义不可怕
78	1921年6月28日	《对人民委员会〈关于苏维埃机关职员实行集体劳动报酬制的决定草案〉的补充》(第42卷，第71页)	要求发挥集体供应制的作用：不断削减职工人数，提高职工生产效率，加强劳动纪律，直至达到正常的指标
79	1921年7月4日	《关于国家经济“计划”的几点想法》(第42卷，第73-75页)	将企业分类，只供应效率高的，其余的出租，或关闭，或“丢弃”
80	1921年7月5日	《共产国际第三次代表大会文献·关于俄共策略的报告》(第42卷，第43页)	议题1：阐述俄共的国外策略 议题2：阐述俄国阶级力量的对比 议题3：阐述俄共的国内策略 议题4：阐明租让是有益的 议题5：讨论在全国实施电气化
81	1921年7月5日	《对人民委员会关于出租最高国民经济委员会的企业的决定草案的修改》(《列宁文稿》第17卷，第153页)	国家不供应出租的企业(后者必须自主经营、自负盈亏)

续表

序号	时间	文献篇名及出处	讨论议题
82	1921年7月7日	《致最高国民经济委员会、粮食人民委员部、国家计划委员会、工农检查院、全俄工会中央理事会》（第51卷，第25页）	设法提高巴库和格罗兹尼油田以及顿涅茨矿区的生产效率
83	1921年7月8日	《就企业奖励问题向俄共（布）中央政治局提出的建议》（第42卷，第76页）	奖励自由流转工作做得好的企业、部门和机关
84	1921年7月10日	《致伊·捷·斯米尔加》（第51卷，第39－40页）	修改关于实行新经济政策原则的提纲草案
85	1921年7月13日	《致亚·阿·科罗斯捷廖夫》（第51卷，第52页）	建议工农检查人民委员部设立一个经济部门，促进委员会以反对官僚主义和拖拉作风
86	1921年7月15日	《对人民委员会关于由中央消费合作总社组织商品交换的决定草案的意见》（第42卷，第80页）	主张给予合作社较多的自由和物质奖励，以促进商品交换
87	1921年7月15日	《对人民委员会关于由中央消费合作总社组织商品交换的决定草案的意见》（第42卷，第80页）	部署商品交换工作，给予中央消费合作总社开展业务的自由，实行奖励制度
88	1921年7月16日	《在最高国民经济委员会7月11日决定文本上的批注》（《列宁文稿》第17卷，第210－214页）	议题1：在分配方面实施经济核算制 议题2：发展商品交换
89	1921年7月16日	《给中央消费合作总社代表大会的贺信》（第42卷，第81－82页）	阐述中央消费合作总社的任务：搞好商品交换，恢复农业，并在这个基础上巩固和发展大工业
90	1921年7月21日	《致尤·米·斯切克洛夫、玛·伊·乌里扬诺娃、维·阿·卡尔宾斯基、加·伊·克鲁敏》（第51卷，第93－94页）	阐明全俄中央执行委员会决定很重要，应加以传播，使干部、群众周知
91	1921年7月21日	《致瓦·亚·斯莫尔亚尼诺夫》（第51卷，第92－93页）	推行经济核算制

续表

序号	时间	文献篇名及出处	讨论议题
92	1921年7月21日	《对〈关于实行新经济政策的提纲草案〉的修改意见——给列·波·加米涅夫的便条》(第42卷，第84-85页)	关心货币流通的恢复问题（商品交换的必然要求）
93	1921年7月22日	《给阿·伊·李可夫和瓦·亚·阿瓦涅索夫的便条》(《列宁文稿》第17卷，第237页)	赞成柯罗斯帖廖夫的建议，推行集体供应制
94	1921年7月24日	《在劳动国防委员会渔汛期特派员1921年7月21日来信上作的标记》(《列宁文稿》第17卷，第241-242页)	议题1：渔业和鱼品工业总管理局主席波嘉耶夫同粮食人民委员部部务委员之间的争吵影响到渔业工作 议题2：建议渔业工作实行商业核算制
95	1921年7月24日	《在1921年6月16日关于阿斯特拉罕渔业状况和前景的报告上的批注》(《列宁文稿》第17卷，第243-248页)	议题1：主张在捕鱼行业推进经济核算制（计件工资、实物奖励） 议题2：投诉省粮食委员会的供应工作不力
96	1921年7月26日	《致亚·阿·科罗斯捷廖夫》(第51卷，第120-121页)	建议工农检查人民委员部设立一个经济部门，促进委员会以反对官僚主义和拖拉作风
97	1921年7月29日	《给列·波·克拉辛的便条》(《列宁文稿》第17卷，第261页)	关心巴统铜矿的租让问题
98	1921年7月29日	《致列·米·欣丘克》(第51卷，第133-134页)	关注消费合作社的活动——合作社是否做好了商品交换工作
99	1921年7月30日	《致瓦·亚·斯莫尔亚尼诺夫》(第51卷，第141页)	建议工农检查人民委员部设立一个经济部门，促进委员会以反对官僚主义和拖拉作风
100	1921年8月2日	《致瓦·亚·斯莫尔亚尼诺夫》(第51卷，第157页)	同意开办国营百货公司：加快工农业之间的流转
101	不早于1912年8月4日	《给各省、县经济会议的电报》(第51卷，第164-165页)	《劳动国防委员会指令》要传播到位

续表

序号	时间	文献篇名及出处	讨论议题
102	1921 年 8 月 8 日	《对费·埃·捷尔任斯基关于运输业问题的几点结论的意见》（第 42 卷，第 99 页）	关心运输业的发展
103	1921 年 8 月 13 日	《致阿·谢·基谢廖夫》（第 51 卷，第 204 页）	加强打击贪污受贿
104	1921 年 8 月 20 日	《新的时代和新形式的旧错误》（第 42 卷，第 115－124 页）	强调新经济政策不是在走回头路，而是以退为进：建立工业同农业间正常的商品交换（确切地说是产品交换），才能给真正社会主义的经济奠定基础；只有新经济政策才能恢复无产阶级的力量
105	1921 年 8 月 27 日	《就生活服务项目收费问题给小人民委员会的信》（第 42 卷，第 127－128 页）	要求在新经济政策改行收费制的背景下制定相应的制度，保障工人的生活水平
106	1921 年 8 月 31 日	《致弗·维·阿多拉茨基》（第 51 卷，第 248 页）	阐明不能用私权干预法制——维护苏维埃法制
107	1921 年 8 月 31 日	《致瓦·亚·斯莫尔亚尼诺夫》（第 51 卷，第 246 页）	捍卫商品交换的自愿原则，反对“强制性的商品交换”
108	1921 年 8 月 31 日	《给 T. M. 波诺马连科的电报》（第 51 卷，第 249 页）	同上
109	1921 年 8 月 31 日	《在关于在阿克摩林斯克省采购粮食的电报上作的标记》（《列宁文稿》第 17 卷，第 339－340 页）	质问、反对“强制性的商品交换”（背离商品交换的自愿原则）
110	1921 年 8—9 月	《给中央统计局的信》（第 42 卷，第 132－138 页）	批评中央统计局的官僚主义和拖拉作风
111	1921 年 9 月 1 日	《给〈经济生活报〉编辑部的信》（第 42 卷，第 139－141 页）	指明报刊在新经济政策背景下的任务：提供并分析有关国家经济的材料；在经济生活中表扬先进典型，批评落后无能
112	1921 年 9 月 1 日	《致瓦·亚·斯莫尔亚尼诺夫》（第 51 卷，第 252－253 页）	推进集体供应制，只准备供应那些工作开展得最好的纺织厂

续表

序号	时间	文献篇名及出处	讨论议题
113	1921年9月2日	《给特·姆·波诺马廉科的电报》（《列宁文稿》第17卷，第346-347页）	质问、反对“强制性的商品交换”（背离商品交换的自愿原则）
114	1921年9月2日	《在尼·尼·克列斯廷斯基的报告上作的批注和给尼·彼·哥尔布诺夫的指示》（第51卷，第259-261页）	批评苏维埃政权的执行机关违法花钱（应当节约经费，用以恢复重工业）
115	1921年9月3日	《致尼·彼·哥尔布诺夫》（第51卷，第267-269页）	要求人民委员会办公厅和劳动国防委员会办公厅力抓监督检查工作，建立个人负责制
116	1921年9月3日	《在尼·米·克尼波维奇来信上的批注》（《列宁文稿》第17卷，第353-356页）	应当关心渔民的物质利益，从而激发个人的主动性、干劲
117	1921年9月4日	《在阿·谢·基谢廖夫来信上作的标记》（《列宁文稿》第17卷，第363页）	讨论工资改革——废除平均主义，实行经济核算制（计件工资、奖励优秀）
118	1921年9月4日	《给维·米·莫洛托夫的批示和给秘书的指示》（第51卷，第281-282页）	讨论工资问题——强调劳动报酬要同生产成果直接挂钩
119	1921年9月4日	《致瓦·巴·奥博林》（第51卷，第284-285页）	同上
120	1921年9月4日	《在组织生产协会倡议小组报告书上的批注》（《列宁文稿》第17卷，第359-360页）	倡议建立生产协会（目的：有利于发挥生产者的创造性；有利于监督生产者）
121	1921年9月4日	《给维·米·莫洛托夫的便条》（《列宁文稿》第17卷，第367页）	削减政府开支
122	1921年9月4日	《致瓦·亚·斯莫尔亚尼诺夫》（第51卷，第278-279页）	关心商品交换问题：交换了多少，国家商品交换工作有何经验
123	1921年9月4日	《致瓦·亚·斯莫尔亚尼诺夫》（第51卷，第279页）	关注创办中小型企业

续表

序号	时间	文献篇名及出处	讨论议题
124	1921 年 9 月 5 日	《给格·弗·策彼罗维奇和伊·伊·列普谢的电话》（第 51 卷，第 286 页）	讨论工资问题——强调劳动报酬要同生产成果直接挂钩
125	1921 年 9 月 5 日或 6 日	《对俄共（布）中央政治局关于给粮食人民委员部的指示的决定草案的补充》（第 42 卷，第 146 页）	推进集体供应制改革
126	1921 年 9 月 8 日	《致波·斯·斯托莫尼亚科夫》（《列宁文稿》第 17 卷，第 384－385 页）	阐明部务委员的主要精力要用于“指导和检查”实际工作
127	1921 年 9 月 11 日	《在泥炭水力开采问题委员会 1921 年 9 月 7 日记录上的批注》（《列宁文稿》第 17 卷，第 398－399 页）	关注新发明
128	1921 年 9 月 14 日	《俄共（布）中央政治局关于组建国营托拉斯的决定草案》（第 42 卷，第 154 页）	要求将里杰尔等地的工厂和矿山组建成国营托拉斯
129	1921 年 9 月 17 日	《在与中央消费合作总社举行的会议上的记事》（《列宁文稿》第 17 卷，第 427 页）	按照商业原则办事，抛弃固定价格，根据市场情况定价
130	1921 年 9 月 19 日	《致尼·彼·哥尔布诺夫》（第 51 卷，第 333 页）	要求压缩国家供应单位的数目——只保留规模最大、技术设备最好的企业（追求效率）
131	1921 年 9 月 20 日	《关于清党》（第 42 卷，第 156－158 页）	将所有官僚化分子、异己分子、自私自利者清除出党
132	1921 年 9 月 24 日	《给为泥炭水力开采管理局在国外订货的柏林临时委员会的指示》（《列宁文稿》第 17 卷，第 440－441 页）	为泥炭水力开采局订购机械设备（20 台泥炭泵、分离机械装置）

续表

序号	时间	文献篇名及出处	讨论议题
133	1921 年 9 月 27 日	《在列·米哈伊洛夫来信上作的标记》（《列宁文稿》第 17 卷，第 446 - 447 页）	关心耕种电犁的制造工作
134	1921 年 9 月 27 日	《关于工农检查院的任务、对任务的理解和执行的问题》（第 42 卷，第 161 - 167 页）	阐明在新经济政策背景下工农检查院的主要任务是力抓实际的执行情况
135	1921 年 9 月 27 日	《致伊·卡·叶若夫》（第 51 卷，第 361 - 362 页）	反对在仓库管理方面的拖拉作风
136	1921 年 9 月 29 日	《致尼·彼·哥尔布诺夫》（第 51 卷，第 372 - 373 页）	表彰并支持工作高效的典范企业：工业企业农场总管理局下属的国营农场的工作堪称典范（高效），为此要尽量满足其关于钱款、粮食、机械的要求
137	1921 年 10 月 3 日	《在里迭尔矿矿长来电上作的标记》（《列宁文稿》第 17 卷，第 459 页）	揭露厄克特为得到里迭尔的租让合同而不择手段
138	1921 年 10 月 4 日	《致叶·阿·普列奥布拉任斯基》（第 51 卷，第 397 页）	关心是否用货币进行商品交换
139	1921 年 10 月 8 日	《在俄共（布）中央全会上交换的书面意见》（《列宁文稿》第 17 卷，第 476 - 477 页）	议题 1：要求使合作社占最大的优势，但反对合作社的垄断 议题 2：反对固定价格制，以此按照商业原则办事
140	1921 年 10 月 9 日	《给 A. И. 波嘉耶夫的电报和给秘书的指示》（第 51 卷，第 412 - 415 页）	只有同个人利益相结合，才能创造出最高的劳动生产率，推广计件付酬方法
141	1921 年 10 月 10 日	《俄共（布）中央政治局关于社会保险的决定草案》（第 42 卷，第 173 页）	要求在实行收费的新经济政策背景下解决工人的保险问题
142	1921 年 10 月 10 日	《关于拨给伊万诺沃-沃兹涅先斯克省口粮和资金问题的信》（第 42 卷，第 174 - 175 页）	重视商品流通，重视大工业的恢复

续表

序号	时间	文献篇名及出处	讨论议题
143	1921 年 10 月 12 日	《关于同鲁特格尔斯小组达成协议问题的信》（第 42 卷，第 177－178 页）	讨论与鲁特格尔斯小组的租让谈判问题
144	1921 年 10 月 12 日和 15 日之间	《就鲁特格尔斯的建议给政治局委员的信》（第 42 卷，第 179 页）	同上
145	1921 年 10 月 13 日	《致尼·彼·哥尔布诺夫》（第 51 卷，第 431 页）	关心修建公路的机械问题
146	1921 年 10 月 14 日	《十月革命四周年》（第 42 卷，第 180－188 页）	议题 1：阐明十月革命的意义 议题 2：阐明未来的事业——经济建设、为新的社会主义大厦奠定经济基础
147	1921 年 10 月 15 日	《致瓦·亚·阿瓦涅索夫》（第 51 卷，第 440－441 页）	阐明新经济政策的原则：不同个人利益相结合，什么也办不成
148	1921 年 10 月 17 日	《新经济政策和政治教育委员会的任务——在全俄政治教育委员会第二次代表大会上的报告》（第 42 卷，第 191－212 页）	议题 1：阐明实施新经济政策的曲折历程 议题 2：阐明新经济政策的新原则——同个人利益相结合 议题 3：阐明政治教育委员会的任务
149	1921 年 10 月 17 日	《俄共（布）中央政治局关于成立统一的租让事务委员会的决定草案》（第 42 卷，第 213 页）	成立统一的租让事务委员会
150	1921 年 10 月 17 日	《致尼·尼·克列斯廷斯基》（第 51 卷，第 451－452 页）	关心发行新货币的问题
151	1921 年 10 月 19 日	《给瓦·米·米哈伊洛夫的便条并附俄共（布）中央关于同鲁特格尔斯小组达成协议问题的决定草案》（第 42 卷，第 214－215 页）	讨论与鲁特格尔斯小组的租让谈判问题
152	1921 年 10 月 20 日	《关于物色货币流通问题的咨询人员——俄共（布）中央政治局决定草案》（第 42 卷，第 219 页）	要求物色关于货币流通问题的咨询人员，着手解决货币流通问题

续表

序号	时间	文献篇名及出处	讨论议题
153	1921 年 10 月 20 日	《致瓦·亚·阿瓦涅索夫》 (第 51 卷，第 468 - 469 页)	建议专门成立一个委员会解决运输问题
154	1921 年 10 月 21 日	《劳动国防委员会关于福勒式犁的决定草案》 (第 42 卷，第 220 页)	批评在福勒式犁生产过程中出现的拖拉作风
155	1921 年 10 月 22 日	《致列·谢·索斯诺夫斯基》 (第 51 卷，第 482 页)	建议推行奖励制度，以减少库存物资的积压
156	1921 年 10 月 24 日	《致亚·李·舍印曼》 (第 51 卷，第 496 - 497 页)	物色货币流通问题的咨询人员
157	1921 年 10 月 26 日	《致人民委员》 (第 51 卷，第 503 - 504 页)	关心运输业
158	1921 年 10 月 29 日	《在莫斯科省第七次党代表会议上关于新经济政策的报告》 (第 42 卷，第 227 - 250 页)	宣布实施“第二次战略退却”，要从社会主义的产品交换退回到由国家调节商业和货币流通，即通常意义上的商品交换
159	1921 年 10 月 31 日	《给图拉省粮食委员会的电报》 (《列宁文稿》第 17 卷，第 528 页)	表扬图拉省全体粮食工作人员出色地完成征收实物税的工作，给予奖励
160	1921 年 10—11 月	《〈按商业原则办事〉一文提纲》 (第 42 卷，第 251 - 252 页)	承认商业、市场及其规律，按商业原则办事
161	1921 年 10 月和 11 月 5 日 之间	《一篇文章或讲话的两份纲要》 (第 42 卷，第 253 - 254 页)	新经济政策要求苏维埃认真学习(学习经营管理)
162	1921 年 11 月 3 日 以前	《致叶·阿·普列奥布拉任斯基》 (第 51 卷，第 527 - 528 页)	讨论货币改值：建议一新卢布等于一万旧卢布
163	1921 年 11 月 5 日	《论黄金在目前和在社会主义完全胜利后的作用》 (第 42 卷，第 255 - 263 页)	议题 1：阐明“间接过渡”“第二次战略退却”的必要性，这是针对俄国国情的过渡办法 议题 2：阐明当前的任务即“掌握商业，引导商业，把它控制在一定的范围内”

续表

序号	时间	文献篇名及出处	讨论议题
164	1921 年 11 月 5 日和 18 日	《人民委员会关于 1922 年财政计划和纸币发行计划的决定草案》（第 42 卷，第 264 - 265 页）	准备发行新货币：按照商业原则办事的具体表现
165	1921 年 11 月 5 日	《给叶·阿·普列奥布拉任斯基的两个便条》（《列宁文稿》第 17 卷，第 551 - 552 页）	拉林建议的纸币发行额太大了（会导致通货膨胀）
166	1921 年 11 月 9 日	《致格·马·克尔日扎诺夫斯基》（第 52 卷，第 20 页）	建议在运输业中改行商业经营原则：根据效益给予相应报酬
167	1921 年 11 月 12 日	《在格·瓦·契切林来信上的批语和给格·瓦·契切林的复信》（第 52 卷，第 29 - 30 页）	阐明与美国建立贸易往来和工业联系的愿望
168	1921 年 11 月 20 日	《在尤·列梅科的小册子〈俄共第十次代表大会的决定，工会与顿巴斯工人〉上的批注》（《列宁文稿》第 17 卷，第 588 - 591 页）	劳动报酬制大大提升了采煤业的生产率
169	1921 年 11 月 21 日	《致维·米·莫洛托夫、克·格·拉柯夫斯基、伊·伊·施瓦尔茨、格·列·皮达可夫、莫·李·鲁希莫维奇》（第 52 卷，第 52 - 53 页）	关心干部队伍之间的纠纷
170	1921 年 11 月 21 日	《在莫斯科生产管理局给莫斯科纺织企业管理局的公函上的批示》（第 52 卷，第 54 - 55 页）	关注滥用新经济政策的违法行为
171	1921 年 11 月 23 日	《就同施泰因贝格签订合同问题给人民委员会经济委员会的信》（第 42 卷，第 287 - 288 页）	讨论同企业家施泰因贝格签订合同的问题
172	1921 年 11 月 28 日和 12 月 14 日之间	《关于罚款的批示》（第 52 卷，第 68 页）	要求提供表报，否则罚款，通过这种方式监督资本主义、国营企业

续表

序号	时间	文献篇名及出处	讨论议题
173	1921年 11月29日	《致尼·彼·哥尔布诺夫》 (第52卷，第72页)	关心与德国银行的租让问题
174	1921年 11月29日	《对最高国民经济委员会关于经济政策的提纲的意见》 (第42卷，第298-302页)	议题1：阐明国营企业改革的方向——追求效益 议题2：同潮水般涌来的私营商业进行斗争，让消费合作社垄断全国的零售业务，发挥合作社的主动性 议题3：发行新货币；稳定币值；发展信贷业务
175	1921年 11月30日	《致A. A. 别洛夫》 (第52卷，第74-75页)	主张建立进行商品交换的机构，支持别洛夫建立国营百货公司，搞好商品贸易
176	1921年 11月	《关于党的机关同司法侦查机关的相互关系——给维·米·莫洛托夫的便条》 (第42卷，第278-279页)	探讨党的机关同司法侦查机关的相互关系，主张后者独立
177	1921年 12月2日	《致列·波·加米涅夫》 (第52卷，第85页)	关注商品流转问题：商品交换是否有进展
178	1921年 12月2日	《致亚·李·舍印曼》 (第52卷，第85-86页)	关注商品流转问题：监督商品交换
179	1921年 12月9日	《致伊·伊·梅日劳克》 (第52卷，第114页)	关心钢铁托拉斯，满足其需求
180	1921年 12月19日	《关于清党和入党条件——给彼·安·扎卢茨基、亚·亚·索尔茨和全体政治局委员的信》 (第42卷，第325-326页)	新经济政策条件下要把好入党关，主张更严格地规定入党条件
181	1921年 12月22日	《对俄共(布)第十一次代表会议关于清党的决议草案的意见》 (第42卷，第327-328页)	同上
182	1921年 12月24日	《致叶·米·雅罗斯拉夫斯基》 (第52卷，第148-149页)	讨论人才挑选的标准——德才兼备

续表

序号	时间	文献篇名及出处	讨论议题
183	1921 年 12 月 26 日	《致安·马·列扎瓦》（第 52 卷，第 152 页）	批评俄罗斯联邦商务代表处的漫不经心、缺乏责任心
184	1921 年 12 月 26 日	《致列·达·托洛茨基》（第 52 卷，第 151－152 页）	讨论专家类型：专家不仅包括工程师和农艺师，而且必须包括商业人才
185	1921 年 12 月 26 日	《同叶·阿·普列奥布拉任斯基的来往便条》（第 52 卷，第 154－155 页）	主张发行流通券（市场上流通的纸币）——按照商业原则办事
186	1921 年 12 月 26 日	《苏维埃第九次代表大会 1921 年 12 月 26 日非党代表会议的材料》（《列宁文稿》第 17 卷，第 634－639 页）	了解民情：农民反对义务劳动制，要求自由劳动、有报酬的劳动
187	1921 年 12 月 30 日— 1922 年 1 月 4 日	《关于工会在新经济政策条件下的作用和任务的提纲草案》（第 42 卷，第 376－387 页）	阐述工会在新经济政策条件下的作用和任务：保护工人权益；参与国家经济建设
188	1921 年 12 月	《全俄苏维埃第九次代表大会文献》（第 42 卷，第 331－373 页）	议题 1：谈新经济政策的必要性 议题 2：新经济政策取得的成就 议题 3：今后的任务——搞好商业 议题 4：呼吁都来学习
189	1922 年 1 月 9 日和 12 日之间	《俄共（布）中央政治局关于新经济政策的指示草案》（第 42 卷，第 390－391 页）	要求一切经济机关尽快落实新经济政策；推行激励制度
190	1922 年 1 月 12 日	《给列·彼·克拉辛的电报》（第 52 卷，第 177 页）	要求检查对外贸易人民委员部的实际执行情况
191	1922 年 1 月 21 日	《致亚·德·瞿鲁巴》（第 52 卷，第 205－206 页）	要求力抓实际执行情况
192	1922 年 1 月 22 日	《致格·雅·索柯里尼柯夫》（第 52 卷，第 207－210 页）	阐明当前工作的重心：发展贸易（国内和国外贸易），以贸易为基础，来恢复卢布的币值，而非重新改组、“重新整顿”
193	1922 年 1 月 28 日	《致尼·彼·哥尔布诺夫》（第 52 卷，第 229 页）	主张建立进行商品交换的机构，支持别洛夫建立国营百货公司，搞好商品贸易

续表

序号	时间	文献篇名及出处	讨论议题
194	1922年1月	《关于施泰因贝格在租让企业中行使职权问题——给维·米·莫洛托夫并转俄共（布）中央政治局的信》（第42卷，第395-397页）	议题1：主张让懂行的资本家获得单独决定一切的权力，使其能真正按商业原则办事 议题2：共产党员必须向资本家学习经商
195	1922年1—2月	《关于改革人民委员会、劳动国防委员会和小人民委员会的工作问题——给亚·德·瞿鲁巴的信》（第42卷，第398-406页）	改革人民委员会、劳动国防委员会和小人民委员会的工作，让这些机构能同官僚主义和拖拉作风进行斗争，承担起检查执行情况的重任
196	1922年2月1日	《致格·雅·索柯里尼柯夫》（第52卷，第239-240页）	落实经济核算制，国营企业必须自负盈亏，自己承担责任
197	1922年2月11日	《致格·雅·索柯里尼柯夫》（第52卷，第255-256页）	主张建立进行商品交换的机构，支持别洛夫建立国营百货公司，搞好商品贸易
198	1922年2月13日	《致阿·萨·叶努基泽》（第52卷，第258-259页）	批评全俄中央执行委员会主席团不善于摆脱琐事和各部门的纠缠
199	1922年2月14日	《关于俄共（布）中央统计处和登记分配处的工作问题——给维·米·莫洛托夫的信》（第42卷，第430-431页）	批评中央统计处和登记分配处的拖拉作风与无能
200	1922年2月15日	《致格·雅·索柯里尼柯夫》（第52卷，第266-267页）	阐明财政人民委员部和国家银行贸易部的任务：发展贸易（借助于赏罚二柄）＋监督私营商业
201	1922年2月18日	《致亚·德·瞿鲁巴》（第52卷，第277-278页）	强调国家银行和财政人民委员部的责任在于搞好商业（建立商业代办网＋分成制）
202	1922年2月20日	《致亚·德·瞿鲁巴》（第52卷，第278-279页）	再次明确财政人民委员部和国家银行贸易部的任务：发展商业贸易（借助于赏罚二柄）
203	1922年2月20日	《关于司法人民委员部在新经济政策条件下的任务——给德·伊·库尔斯基的信》（第42卷，第435-440页）	议题1：阐明司法人民委员部在新经济政策条件下的任务 议题2：主张在制定新民法的问题上扩大国家对“私法”关系的干预

续表

序号	时间	文献篇名及出处	讨论议题
204	1922 年 2 月 22 日	《就俄罗斯联邦民法典问题给俄共（布）中央政治局的信》（第 42 卷，第 441 - 442 页）	强调民法典要能监督一切私营企业，保障无产阶级国家的利益
205	1922 年 2 月 22 日	《致格·雅·索柯里尼柯夫》（第 52 卷，第 288 - 289 页）	强调财政人民委员部和国家银行的职责：挑选会做生意的人，迅速发展国营商业
206	1922 年 2 月 28 日	《给德·伊·库尔斯基的信并附对民法典草案的意见》（第 42 卷，第 454 - 455 页）	议题 1：阐明衡量人民法院工作成效的标准——是否严厉惩办了滥用新经济政策的行为 议题 2：在制定新民法的问题上，应当扩大国家对“私法”关系的干预
207	1922 年 2 月 28 日和 3 月 16 日之间	《对全俄中央执行委员会关于工农检查人民委员部的决定草案的意见——给约·维·斯大林的信》（第 42 卷，第 456 - 457 页）	明确工农检查院的职责：对一切社会团体、私人团体、机关和企业的活动进行事后监督
208	1922 年 2 月底	《政论家札记——论攀登高山，论灰心的害处，论贸易的好处，论对孟什维克的态度等等》（第 42 卷，第 458 - 466 页）	议题 1：用登山的比喻来说明新经济政策（“战略退却”）的必要性 议题 2：阐明俄国只有实行新经济政策（国家资本主义）才能建设社会主义的经济基础，呼唤耐心和信心
209	1922 年 3 月 1 日	《就民法典问题给亚·德·瞿鲁巴的信》（第 42 卷，第 467 页）	要求对民法典进行精细加工
210	1922 年 3 月 1 日	《给弗·亚·吉霍米罗夫的信和给秘书的指示》（第 52 卷，第 312 - 313 页）	强调中央消费合作总社不应把注意力放在机构改组上，而应聚焦于挑选人才和做生意
211	1922 年 3 月 2 日和 9 日之间	《致维·米·莫洛托夫并转俄共（布）中央政治局委员》（第 52 卷，第 316 页）	强调要发挥合营公司的学习作用：使共产党员有机会向商业专家学习贸易和管理
212	1922 年 3 月 3 日	《就财政人民委员部的提纲给俄共（布）中央政治局的信》（第 42 卷，第 468 - 469 页）	要求学会做生意，办事不拖拉（建立奖惩制度）

续表

序号	时间	文献篇名及出处	讨论议题
213	1922年3月3日	《就对外贸易垄断制和外贸工作问题给列·波·加米涅夫的信》(第42卷，第470-474页)	要求学会做生意，办事不拖拉（建立奖惩制度）
214	1922年3月3日	《致维·米·莫洛托夫并转俄共（布）中央政治局委员》(第52卷，第318页)	关心工业拨款问题
215	1922年3月6日	《论苏维埃共和国所处的国际和国内形势——在全俄五金工人代表大会共产党党团会议上的讲话》(第43卷，第1-15页)	议题1：停止退却 议题2：阐明今后的主要任务——改造干部队伍
216	1922年3月6日	《致谢·叶·丘茨卡耶夫》(第52卷，第323页)	要求严惩实物税征收过程中出现的营私舞弊行为（保护农民权利）
217	1922年3月7日	《致列·米·欣丘克》(第52卷，第327-328页)	探讨如何锻造实干高效的商业机构（消费合作社）：采用分成制，并进行组织改革（赶走不会干实事的）
218	1922年3月9日、24日和26日	《关于接收新党员的条件——给维·米·莫洛托夫的三封信》(第43卷，第16-20页)	要求延长入党预备期，严格考察
219	1922年3月11日	《致国家计划委员会所属租让委员会主席》(第43卷，第21-22页)	关心租让事务
220	1922年3月15日	《致格·雅·索柯里尼柯夫》(第52卷，第337页)	要求给出效益的工业企业农场总管理局增加拨款和设备
221	1922年3月18日	《就惩处犯罪的共产党员问题给俄共（布）中央政治局的信》(第43卷，第52-53页)	要求严惩犯罪的共产党员
222	1922年3月20日	《给莉·亚·福齐也娃的便条》(《列宁文稿》第17卷，第708页)	要求严惩实物税征收过程中出现的舞弊行为
223	1922年3月21日	《就人民委员会和劳动国防委员会副主席的工作问题给约·维·斯大林的信》(第43卷，第60-61页)	要求工农检查院辅助国家副主席检查执行情况和挑选人员

续表

序号	时间	文献篇名及出处	讨论议题
224	1922 年 3 月 23 日	《庆祝〈贫苦农民报〉创刊四周年》(第 43 卷，第 64－65 页)	阐明新经济政策的新原则——同个人利益相结合的原则
225	1922 年 3 月 23 日	《就党的第十一次代表大会政治报告提纲给维·米·莫洛托夫并转俄共（布）中央全会的信》(第 43 卷，第 66－68 页)	给党的第十一次代表大会政治报告定调：讨论“停止退却”和重新部署力量的问题
226	1922 年 3—4 月	《俄共（布）第十一次代表大会文献》(第 43 卷，第 71－137 页)	议题 1：讨论国际形势——热那亚会议 议题 2：分析过去一年里苏维埃在实施新经济政策的过程中遭遇的实际教训 议题 3：要求停止退却，重新部署力量
227	1922 年 4 月 3 日	《俄共（布）中央全会关于书记处工作安排的决定草案》(第 43 卷，第 138 页)	强调中央书记处的书记们应当摆脱苏维埃机关的琐碎工作，将更多精力用于检查实际工作
228	1922 年 4 月 11 日	《关于副主席（人民委员会和劳动国防委员会副主席）工作的决定》(第 43 卷，第 151－159 页)	强调人民委员会和劳动国防委员会副主席的职责在于检查法令、法律和决定的实际执行情况，同时做好相关部署
229	1922 年 4 月 12 日	《致恩·奥新斯基》(第 52 卷，第 384－385 页)	强调报刊不应唱政治高调，而应深入分析地方建设经验，大力宣扬取得实绩的榜样
230	1922 年 4 月 28 日	《〈接近新题材的旧文章〉小册子序言》(第 43 卷，第 176－178 页)	强调 1922 年苏维埃全部政策的“关键”在于检查实际执行情况
231	1922 年 5 月 2 日	《就财政政策问题给格·雅·索柯里尼柯夫的信》(第 43 卷，第 183－184 页)	讨论如何稳定卢布和物价的问题：建议增加各种税收，并最迅速、最坚决地缩减编制
232	1922 年 5 月 5 日	《对有关副主席（人民委员会副主席）工作的意见的答复》(第 43 卷，第 185－187 页)	改造工农检查院，使其成为一个小而精的机构，能胜任实际检查工作，能同本位主义、官僚主义和拖拉作风做斗争

续表

序号	时间	文献篇名及出处	讨论议题
233	1922年5月11日	《俄共（布）中央政治局关于向中央委员会呈报实物税汇总数字的决定草案》（第43卷，第188页）	要求汇报1921—1922年度的实物税征收额和报刊上预测的1922—1923年度可征收的实物税数额
234	1922年5月11日	《给波·斯·斯托莫尼亚科夫的电报》（第52卷，第413-414页）	要求给出效益的工业企业农场总管理局增加拨款和设备
235	1922年5月15日	《致瓦·亚·斯莫尔亚尼诺夫》（第52卷，第420-421页）	强调人民委员必须力抓检查执行情况!!!
236	1922年5月19日	《致费·埃·捷尔任斯基》（第52卷，第431-432页）	要求压缩政府开支（汽车开销）：为重工业发展积累资金
237	1922年5月20日	《论“双重”领导和法制——给约·维·斯大林并转政治局的信》（第43卷，第198-202页）	主张否定“双重”领导，维护统一的法制
238	1922年8月21日	《致米·康·弗拉基米罗夫》（第52卷，第448页）	关心如何增加国家收入，建议对私营商业征税
239	1922年9月1日	《致瓦·亚·阿瓦涅索夫》（第52卷，第454-455页）	关心文牍工作的规范化：提高效率
240	不晚于1922年9月7日	《致瓦·亚·斯莫尔亚尼诺夫》（第52卷，第456-457页）	关注泰罗制、现代工厂组织法，认为它们能提高国营企业的效率
241	1922年9月9日	《给瓦·亚·斯莫尔亚尼诺夫的便条》（《列宁文稿》第17卷，第763页）	关心工厂的现代化组织问题：追求效率
242	1922年9月12日	《致列·米·欣丘克》（第52卷，第460页）	关心消费合作社
243	不早于1922年9月18日	《致列·米·欣丘克》（第52卷，第467-468页）	关心消费合作社的建设，着手解决机构精简、劳动规范化等问题
244	1922年9—10月	《关于同莱·厄克特的租让谈判》（第43卷，第206-212页）	反对同厄克特签订租让合同，对方的要求太苛刻

续表

序号	时间	文献篇名及出处	讨论议题
245	1922 年 10 月 25 日以后	《在格·雅·索柯里尼柯夫的信上的批注和给列·波·加米涅夫的便条》（《列宁文稿》第 17 卷，第 770－771 页）	稳定新卢布
246	1922 年 10 月 27 日	《答〈观察家报〉和〈曼彻斯特卫报〉记者 M. 法尔布曼问》（第 43 卷，第 241－246 页）	回应为何拒绝同厄克特签订租让合同
247	1922 年 10 月 31 日	《在第九届全俄中央执行委员会第四次常会上的讲话》（第 43 卷，第 247－252 页）	议题 1：强调民法典的制定旨在监督资本主义 议题 2：改善国家机关
248	1922 年 11 月 2 日	《关于合作银行的提纲》（第 43 卷，第 257 页）	要求依据交易额和存款额给合作银行发奖金，同时对合作银行进行监督和调控
249	1922 年 11 月 5 日	《答〈曼彻斯特卫报〉记者阿·兰塞姆问》（第 43 卷，第 260－269 页）	议题 1："耐普曼"不会成为一种"政治力量"，人民大众不会跟他们走 议题 2：苏维埃已经积累了重工业恢复的初始基金
250	1922 年 11 月 14 日	《致北美俄国侨民》（第 43 卷，第 294－295 页）	议题 1：向俄国侨民解释国家资本主义的实质 议题 2：对美国技术援助苏俄协会的农业技术援助表示感谢
251	1922 年 11 月 20 日	《在莫斯科苏维埃全会上的讲话》（第 43 卷，第 298－306 页）	议题 1：讨论停止退却的问题 议题 2：阐述当前的任务 议题 3：表达信念
252	1922 年 11 月 22 日	《致全俄苏维埃工作人员工会第五次代表大会主席团》（第 43 卷，第 307 页）	改善国家机关
253	1922 年 11 月 22 日	《给俄共（布）中央政治局委员的便条和给赫伯特·克·胡佛的信的草稿》（第 52 卷，第 508－509 页）	欢迎卓越组织者和"工业领袖"胡佛的援助（资金、技术、管理经验）
254	1922 年 11 月 25 日和 29 日	《关于削减海军舰只修建计划——给约·维·斯大林的信》（第 43 卷，第 308－310 页）	建议削减海军舰只修建的计划，并将节省出来的经费用作增加学校教育

续表

序号	时间	文献篇名及出处	讨论议题
255	1922 年 11—12 月	《共产国际第四次代表大会文献》 （第 43 卷，第 276 - 292 页）	议题 1：分析实行新经济政策的曲折历程 议题 2：分析新经济政策取得的成果 议题 3：讨论改善国家机关的问题（靠学习）
256	1922 年 12 月 4 日	《关于人民委员会和劳动国防委员会副主席分工的建议》 （第 43 卷，第 319 页）	明确人民委员会和劳动国防委员会副主席的职责在于：检查法令、法律和决定的实际执行情况
257	1922 年 12 月 6 日 或 7 日	《对俄共（布）中央政治局关于国家供给委员会报告的决定草案的补充》 （第 43 卷，第 322 页）	主张给学校追加经费投入
258	1922 年 12 月 9 日	《关于人民委员会副主席和主席的工作制度的建议》 （第 43 卷，第 324 - 326 页）	再次明确人民委员会副主席和主席的职责：检查实际执行情况
259	1922 年 12 月 13 日 以前	《在全俄苏维埃第十次代表大会上的讲话提纲》 （第 43 卷，第 328 - 329 页）	议题 1：阐明当前的任务——学习经商 议题 2：阐明改善国家机关必须提升国民的整体文化水平，需要好多年的努力
260	1922 年 12 月 13 日	《就人民委员会和劳动国防委员会副主席的分工问题给列·波·加米涅夫、阿·伊·李可夫、亚·德·瞿鲁巴的信》 （第 43 卷，第 330 - 331 页）	关心《经济生活报》，阐明该报应当成为经济建设的工具

四、本书的意旨、中心线索和主要观点

在整体把握选题意义、研究现状和文献概览的基础上，本书力图对新政改革的全部相关文献做出既具有内在逻辑又具有文本支撑的解读，并在此基础上全面揭示其理论意义和现实启示。

基于对相关文献的精细解读，本书把握到的中心线索是列宁对民心和规律的体悟与遵循。新政改革之所以产生，是因为列宁认识到，先前的经

济“强攻”战略及其实践模式（军事共产主义）失败的根源在于：这种“过火”的变革背离了民心和规律。严峻的经济政治危机就是民心和生产力的意志的激进表达，即要告诉布尔什维克，他们“错了”。深刻体验了民心和规律雷霆万钧般的威力后，列宁开始遵道而行，走出一条“以顺民心、遵规律”为最高原则，以“围攻”为战略路线，以国家资本主义为实践模式的新路，这便是新政改革。为国家资本主义进行辩护、亲力推行新政、改善国家机关等系列努力，就是这一最高原则的具体化、现实化。以“顺民心、遵规律”为最高原则的新政改革最终成事了。民心回归了，社会生产力迅速恢复和发展，苏维埃俄国通过以退为进的方式迈向“社会主义的俄国”。整个研究就是要呈现民心和规律的威力，改革者的悟道、遵道，以及遵道而行所迎来的丰厚回报。

围绕着上述意旨和中心线索，全部研究展现出如下框架结构：

第一部分：新政改革的实践背景、理论基础和本质内容。恢复和发展大工业并在此基础上过渡到共产主义，是列宁心心念念的理想。1919 年 12 月，苏俄国内战争胜局已定，苏维埃开启过渡事业，在“热情的浪潮”的鼓励下，列宁主张充分发挥军事战争胜利的经验，即在经济建设问题上也采取“强攻”战略，它以速胜为目标，以狂飙突进为路线，以国家层面的集中、个人层面的牺牲为手段。列宁寄希望于通过经济“强攻”奏响英雄主义的凯歌。悲剧的是，苏维埃政权等来的是以严峻的经济政治危机为形式的现实主义的悲歌。旧路不通，必须探索新的过渡道路，新政改革呼之欲出。

根据列宁的说法，新政改革在本质上就是对军事共产主义的“纠正”。它是以实现共产主义为目标，以“顺民心、遵规律”为最高原则，以“围攻”为战略路线，以国家资本主义为实践模式，以同个人利益相结合而产生的持久力量为动力，以审慎、渐进、缓慢、稳健为特点的新的过渡方式。理想依旧，但它终于扎入现实的土壤。

新政改革思想缘起于 1918 年初的“渐进”过渡理论。后者提出，“国家资本主义”是俄国的“救星”，它能帮助俄国恢复和发展生产力，从而为过渡事业奠定坚实的基础。这种“渐进”过渡理论犹如一颗思想的种子，在新政改革时期生根发芽、开花结果。

第二部分：落实新政改革。该部分分析列宁是如何推进以“顺民心、遵规律”为最高原则的新政改革的。它分为三个小专题。

专题一，论证国家资本主义。新政改革的实践模式是国家资本主义

(实物税基础上的自由流转、经济核算制、租让制、市场经济等),有许多人,包括一批真诚的布尔什维克,对国家资本主义充满质疑、不满、愤怒,乃至公开反对,称新政改革就是走资本主义回头路。因此,论证新经济政策(国家资本主义),为其做辩护,就成了十分重要的、绕不开的工作。列宁对实物税、自由流转、经济核算制、租让制、市场经济的辩护虽然内容各异,但却贯穿着一个统一的思路:新政改革是以“顺民心、遵规律”为最高原则的改革,故能成事。所有的论证和辩护都是围绕这一中心思路展开的。

专题二,亲力推行新政。一分部署,九分落实。“顺民心、遵规律”的最高原则必须在具体实践中落实。在落实实物税征收、自由流转、推进分配改革、主持租让事业、学习“做生意”、规范资本主义等事业上,列宁做了大量工作,可谓是竭心尽力,扮演了掌舵者、推动者、参与者、纠错者、鼓励者、鞭策者等多重角色,发挥着重要作用。

专题三,改善国家机关。新政改革呼唤一支富有才干、务实高效、廉洁奉公和遵守法制的新型干部队伍。本专题力图呈现列宁为锻造合格的干部队伍与合格的“改造者”所做的努力。列宁有关“改善国家机关”的思考系统而深刻。

第三部分:新政改革的成效和命运。以“顺民心、遵规律”为最高原则的新政改革成功了。一方面,新政改革发挥了大用,它让笑容重新回到老百姓的脸上,使俄国生产力迅速恢复和提高;另一方面,它建立起对资本主义的系统监督和调控,有效克服了因恢复资本主义而可能带来的弊端。新政改革发挥了大用且克服了副作用。

新经济政策自其诞生之日起就遭遇坎坷,沉沉浮浮,在 1929 年即列宁去世后的第五个年头被人为终结了。新政的终结意味着俄国失去了一条通向共产主义的可能的道路。

第四部分:新政改革的理论意义和现实启示。在厘清新政改革的文献状况、实践背景、理论基础、本质内容、改革努力、成效和命运的基础上,还要揭示其中蕴含的理论意义和现实启示。本部分深入回答了关于新政改革开启的时间、实质、成效评价等问题;从哲学的高度论证列宁思想的成熟,即只是到新政改革时期,列宁关于落后俄国如何向共产主义过渡的思考和实践才最终成熟;全面总结在新政改革和列宁身上,当代中国所需吸取的精神和被实践证明了的改革原则。

第一章　新政改革的实践背景、理论基础和本质内容

本章分析新政改革的实践背景、理论基础和本质内容。恢复和发展大工业并在此基础上过渡到共产主义，是列宁心心念念的理想。1919 年 12 月，苏俄国内战争胜局已定，苏维埃开启过渡事业，列宁主张“把流血战争中获得的全部经验运用到这场不流血的战争中去”①，即在经济建设问题上采取以“强攻”为战略、以军事共产主义为实践模式的过渡尝试，这种以速胜为目标，以狂飙突进为路线，以国家层面的集中、个人层面的牺牲为手段的过渡做法，遭到了现实的民心和生产力的强有力的反抗（最尖锐的表现便是严峻的经济政治危机），结果经济“强攻”导出的并非英雄主义的凯歌，而是现实主义的悲歌。旧路不通，必须探索新的过渡道路，新政改革呼之欲出。

按照列宁的说法，新政改革在本质上就是对军事共产主义的“纠正”。它是以实现共产主义为目标，以“顺民心、遵规律”为最高原则，以“围攻”为战略选择，以国家资本主义为实践模式，以同个人利益相结合而产生的持久力量为动力，以审慎、渐进、缓慢、稳健为特点的新的过渡方式。理性依旧。

新政改革思想缘起于 1918 年初的“渐进”过渡理论。后者提出，“国家资本主义”是俄国的“救星”。利用国家资本主义来恢复大工业、发展生产力，从而过渡到共产主义，这种过渡思想犹如一颗种子，在新政改革时期生根发芽、开花结果。

一、旧路不通

本节分析新政改革诞生的实践背景。恢复大工业、发展生产力从而向

① 列宁全集：第 37 卷．北京：人民出版社，2017：397.

共产主义过渡，是列宁心心念念的理想。如前面提到的，在如何向共产主义过渡的问题上，苏维埃政权是走过弯路的。苏俄内战的辉煌胜利给布尔什维克打了一针强心剂。列宁主张将流血战争中取得的经验运用到不流血的战争中，这便是在经济建设领域也采用“强攻”战略，这种战略的具体实践模式便是军事共产主义。这种以狂飙突进为基本特征的过渡做法遭遇了现实的民心和生产力的强有力的反抗。严峻的经济政治危机便是这种反抗的极端体现。经济“强攻”迎来的并非凯歌行进，而是现实悲歌。痛定思痛，列宁认识到，经济“强攻”的根本问题在于它是从理想、信念、热情出发的主观主义，背离了现实的民心和规律。旧路不通，必须探索一条以“顺民心、遵规律”为最高原则，以“以退为进”为基本路线的新的过渡道路，新政改革呼之欲出。

（一）心心念念的理想

列宁是一位心怀共产主义理想的革命家，向共产主义过渡无疑是其人生实践的主题之一。在所写的每封书信的末尾，列宁都标注“致共产主义的敬礼”的结语。1917 年十月革命的胜利，无产阶级政权的建立，为向共产主义的过渡创造了条件。

在列宁看来，实现共产主义既要有政治条件，即无产阶级政权，又要有雄厚的物质基础，即工农业的现代化。这一思想后来被提升为：共产主义＝苏维埃政权＋全国电气化。前者俄国已经具备，后者则是苏维埃政权努力的方向。

签订《布列斯特和约》后，苏维埃赢得了喘息时机，布尔什维克本指望利用这一时机来恢复生产力、发展大工业。但很快苏俄国内战争爆发，当时最强大的帝国主义结成军事同盟，纠结苏俄国内白卫分子对苏维埃政权进行大规模的进攻，企图将苏维埃政权扼杀在摇篮中。为此苏维埃不得不进行三年艰苦卓绝的斗争来捍卫革命。艰苦的战争终于结束了，在和平即将到来时，列宁表达了要恢复大工业、向共产主义过渡的强烈愿望：在战胜帝国主义和白卫分子之后，苏维埃就要开始着手和平建设工作了。列宁将 1919 年底召开的全俄苏维埃第七次代表大会视为苏维埃俄国历史上的转折点，他说：“我们所以这样欢欣鼓舞，这样热烈地祝贺全俄苏维埃第七次代表大会，不是由于别的原因，正是由于这次大会是苏维埃俄国历史上的转折点，在此以前主要是我们所进行的国内战争的时期，在此以后主要是我们大家所向往追求的、愿意为它献出一切力量和整个生命的和平建设的时期。"[①] 此时的苏维埃政权豪情满怀。

向共产主义过渡需要物质基础，因此问题还是回到了如何恢复大工业。在列宁看来，只有恢复了大工业，才能在这个基础上建立起富丽堂皇的共产主义大厦，因此它是和平建设工作的重中之重。

（二）激进的选择

那么，恢复大工业的思路是怎么样的呢？列宁的回答是：将流血战争中取得的经验运用到不流血的战争中去。他在多篇讲话中不断地强调这一思路，他说："如果我们能够……把流血战争中获得的全部经验运用到这场不流血的战争中去，那么……我们一定能够取得愈来愈大的成就。"[②] 列宁指出，经济建设与国内战争相比，不过是改变了形式，战争胜利的经验是能够被运用于经济建设的，因此要特别重视军事战争中取得的经验，要活学活用。

那么，所谓"流血战争中获得的全部经验"指的是什么呢？那便是军事"强攻"战略及其实践模式。在列宁看来，力量弱小的苏维埃能够抵挡住帝国主义和白卫分子的进攻并且在重要战役中迅速战胜敌人，胜利的法宝就在于"强攻"战略及其实践模式（军事共产主义），因此，要继续发挥"强攻"战略及其实践模式的作用，将这种经验运用到经济建设即大工业的恢复中去。下面我们从战略选择和实践模式，即里和表两个层面分析战争结束后列宁等人在过渡问题上的激进尝试。

1. 战略选择：经济"强攻"

"强攻"是什么呢？在列宁看来，军事"强攻"的目标是速胜，它的手段是集中、牺牲和纪律。俄国当时要做的就是将这些经验运用到经济建设中去，是为经济"强攻"。

第一，目标："强攻"求快。

"强攻"求快，政治"强攻"只用了两天时间就夺得了国家政权，军事"强攻"也是用很短的时间就取得了各个重要战役的胜利，因此"强攻"的特点就是快速结束战斗。在战争中，时间拖久了就要付出巨大的牺牲。经济"强攻"自然追求同样的目标。列宁指出，经济"强攻"就是用

---

① 列宁全集：第 37 卷．北京：人民出版社，2017：393.

② 同①397.

“最简单、迅速、直接的办法来实行社会主义的生产和分配原则的尝试”①。经济“强攻”旨在跑步进入共产主义，是一种狂飙突进式的“直接过渡”。

第二，路线：狂飙突进。

与速胜的目标相应，经济“强攻”在路线的选择上是有进无退的狂飙突进。这与军事强攻极为相似。军事强攻投入了全部的人力、物力，要求士兵们必须顶着一切困难，包括牺牲的危险，奋勇冲锋，直至拿下目标，这条道路没有退路可言。同样，经济“强攻”追求狂飙突进，有进无退。

第三，手段：“集中”、“牺牲”与“纪律”。

如何实现“强攻”呢？按照列宁的分析，有两个法宝：国家层面的“集中”和个人层面的牺牲。

我们先说国家层面的集中。列宁指出，新生的苏维埃政权之所以能战胜最强大的敌人，就在于它集中了所有的人力、物力投入战斗。他说：“我们提出了‘一切为了胜利’、‘一切为了战争’的口号。为了实现这个口号……我们确信应当把全部力量集中用在战争上”②。俄国之所以能战胜帝国主义和白卫分子，根本原因之一就在于“集中”，正是凭借“集中”，俄国得以创造军事奇迹。这种经验运用于恢复大工业，那便是要实现最大限度的国有化。用列宁的话来说，就是推行“社会主义的生产和分配原则”，通过国有化，将各种人力、资源集中在国家手中，集中力量来恢复大工业。

我们接着看个人层面的牺牲。列宁指出，“自我牺牲精神”同国家层面的集中一样，是军事取得辉煌胜利的法宝之一。正因为每个人都表现出牺牲精神（党员带头），不怕牺牲，奋勇杀敌，才赢得了胜利。这种经验运用于经济建设，就是要求每个人为了大局而牺牲自己当下的、暂时的个人利益。在利益层面，“强攻”战略要求“压制”正当的个人利益，民众被要求做出牺牲，放弃当下的个人利益来实现一个最高的目标——国家利益。

列宁很清楚地提出要求民众继续做出牺牲的想法。以农民为例，列宁说了这样的话：“我们知道，这（余粮收集制。——引者注）会使许多极为正当的要求受到限制，使许多极为正当的利益受到损害，但是我们不承

---

① 列宁全集：第 42 卷．北京：人民出版社，2017：236.

② 列宁全集：第 38 卷．北京：人民出版社，2017：275 - 276.

受这种损害，就不会取得战争的胜利。”① 这种要求个人做出牺牲的思想贯穿于整个经济“强攻”阶段。既然连农民都被要求做出牺牲，那么工人、军人、党员、干部就更不用说了，他们被要求做出更大的牺牲。后文还会分析，这里就不展开了。

为了保证民众做出牺牲，列宁特别强调纪律。战争时期会出现逃兵，即出现不愿为国家利益做出牺牲的人，对这些人要怎么处理呢？严厉惩罚。通过严厉惩罚，布尔什维克党传递了这样一个信息：大家必须为国家的利益做出牺牲。同样，列宁将恢复大工业的事业视为军事任务，宣布所有的劳动者为现役军人，即劳动军的一员，既然是军人，那么就必须服从纪律和命令，做出必要的牺牲。

普通民众（包括农民）必须做出牺牲，这是铁的纪律。在光复西伯利亚之后，布尔什维克在此地推行余粮收集制，遭遇了顽强的抵制。西伯利亚的农民握有余粮，但不愿无偿交出余粮，而是要求进行自由贸易。农民认为这是他们的“神圣权利”。对于这些不愿做出牺牲的农民，列宁异常愤怒，他指出，这是不遵守纪律，为了个人私利而损害国家利益的自私行为。“对于这些数以百万计的小资产阶级私有者、小投机倒把分子，对于这些握有余粮，以为愈往后他们就愈会发财，饥荒愈严重，粮食持有者就愈有利可图的人，我们的任务、我们的态度就是同他们开战。”② “开战”的意思就是，通过强硬的方式（强制征收、将抗交余粮者驱逐出村庄）迫使其做出牺牲。可见，要求民众做出牺牲是以铁的纪律为后盾和保障的。

2. 实践模式：军事共产主义

经济“强攻”的实践模式便是著名的军事共产主义。总的来看，军事共产主义有两个不同的发展阶段：第一个阶段是 1918 年 6 月—1919 年底，这一阶段的政策主要是为了适应战争需要，即集中一切力量来保卫新生的苏维埃政权；第二个阶段是 1920 年初—1921 年初，这时列宁提出要把适用于战争环境的特殊措施运用到经济恢复尤其是大工业恢复上去，以便直接过渡到共产主义。我们分析的军事共产主义聚焦于 1920 年底—1921 年初这一阶段。

1920 年底—1921 年初是军事共产主义的高潮时期，在这一时期，列

① 列宁全集：第 38 卷．北京：人民出版社，2017：122.

② 同①215.

宁“强攻”的意志被推到了极致。

在农业方面，农业国有化被推到了极致。具体表现是：到 1920 年底，在俄国国内革命战争基本结束的情况下，非常时期的余粮收集制不但没有因战争的结束而收缩，反而进一步扩大了。余粮收集制的范围扩大到棉花、皮革、麻类等农副产品和经济作物，征收力度也是前所未有。

在工业方面，工业国有化也被推到了极致。具体表现是：到 1920 年初，不仅是大型工业企业，连中型工业企业也基本上转入国家手中。到 1920 年 11 月 29 日，苏维埃最高国民经济委员会做出决议：拥有机器动力而工人数目超过五人、不拥有机器动力而工人数目超过十人的一切私人的和团体的工业企业都实行国有化。到 1920 年底，所有企业（包括小型企业）均国有化。

在自由流通方面，自由贸易被全面取缔，商品国有化被推到了极致。具体表现是：1919 年 2 月，《俄共（布）纲领草案 · 党纲中经济部分的条文》规定，“在分配方面，苏维埃政权现时的任务是坚定不移地继续在全国范围内用有计划有组织的产品分配来代替贸易”①。随后，苏维埃政权加强了对贸易自由的限制。1920 年初，俄国关闭了一切自由市场。伴随自由贸易的取缔，银行和货币也失去存在的意义。1920 年初，国家银行关闭。苏维埃政权要打造一个没有自由贸易、没有货币关系的新社会。此时的苏维埃政权豪情满怀，在其设想和计划中，不久的将来就能将“商品”“商品流通”“商品交换”等词汇从语言中消灭掉；借助于直接的社会主义的分配方式，能够将市场关系压缩到最低限度，最后彻底地以直接的“产品交换”取代商品交换；在未来的社会里，人们只能在历史博物馆之类的地方看到业已消失的货币。

在分配方面，平均主义分配制度也被推到了极致。具体表现是：在军事共产主义条件下，工资的差别实际已被抹平。虽然职工的工资还分为实物部分与货币部分，但货币部分的差别几乎可以忽略不计。1919 年秋，十二级工（最高）的总工资只比一级工（最低）的总工资多 9%，在 1920 年只多 4%，在 1921 年初只多 2%。因此，全部工资所得的差别实际上取决于实物部分。而实物部分不是按照劳动贡献，而是按照阶级原则配给的。只要是同一个阶级，例如重体力劳动者，所获得的定量配给就是一样

① 列宁全集：第 36 卷. 北京：人民出版社，2017：110.

的。因此，整个国家在平均主义分配的道路上越走越远，劳动的差异几乎都被抹平了。

还有一个方面不应该被忽略，那便是义务劳动制。在军事共产主义的高潮时期，义务劳动制也被推到了极致。1920 年 1 月 29 日，苏维埃人民委员会正式公布了《关于普遍劳动义务制》法令，规定所有居民都必须承担相应的义务劳动。在此之前，劳动义务制法令主要针对不从事生产劳动的资产阶级及其寄生分子，而这个法令则将范围扩大到各个阶层的居民，苏维埃俄国的每个公民（没有劳动能力者除外），不论从事何种经常性工作，都可被吸收参加一次性的或定期性的义务劳动：采伐和运输燃料、农业劳动、建筑工作，等等。在其高潮时期，有多达 1 500 万～1 600 万的普通居民被要求每天从事 12～16 小时的无偿劳动。为了监督和执行义务劳动制，苏维埃政权还成立了以捷尔任斯基为首的普遍劳动义务制推行总委员会，以强力推行普遍义务劳动。

我们看到，到 1920 年底，在小农国家中“按共产主义原则来调整国家的产品生产和分配”的设想被推到了极致，民众被要求做出彻底的牺牲。这个时期的过渡尝试充满了狂飙突进的色彩。

（三）缘何激进

那么，为何 1920 年底—1921 年初的战略选择和实践模式会如此激进呢？原因有如下四个方面：

一是列宁向共产主义过渡的愿望过于急切。签订《布列斯特和约》后，俄国赢得了喘息时机，列宁本指望利用这一时机来恢复经济，为过渡打下经济基础，未曾想战争马上就来了，而且一打就是三年。1920 年初，苏维埃击败最后一个主要对手——邓尼金，好不容易赢得战争的胜利，布尔什维克自然想尽快过渡到共产主义，一天当十年，将失去的时光追回来。

二是“强攻”在军事上的胜利给了列宁巨大的信心。这是列宁之所以延续军事共产主义的重要原因。苏俄国内战争开打之时，布尔什维克也没想过最后能取得辉煌的胜利，军事共产主义是苏维埃得以胜利的法宝，威力巨大。列宁自然希望继续发挥这一法宝的力量，而且他相信这一法宝必定也能适用于经济建设。正如著名的历史学家波克罗夫斯基后来回忆的，在战时共产主义时期，列宁等人“以为在军事战线上非常顺利，那么在国民教育和国民经济中也会同样地顺利……我们当时在某种程度上已被这种速度陶醉了。事业进行得如此之快，以致当时我们认为，共产主义……离我们已近在咫尺了”①。列宁坚信自己已经找到经济建设的制胜法宝，只要强力推行，必能再次创造“奇迹”。

三是对民众的思想觉悟、承受能力有过高的估计。这一点也是十分关键的。对民众思想觉悟和承受能力的估计是列宁力推“强攻”战略的重要前提。“强攻”要求普通民众勒紧裤腰带支援国家工业建设，那么普通民众尤其是广大农民是否有这种思想觉悟和承受能力呢？列宁认为是有的。他指出，民众勒紧裤腰带支援国家工业建设是会有丰厚回报的，能迎来一个“文明的、光明的、丰足的、健康的”② 社会主义国家，工人在吃饱后就会百倍地偿还农民。既然农民能够为了战争的胜利而做出三年的牺牲，那么为了光明的未来，他们也“一定能够克服一切困难坚持 10 年以至更长的时间”③，没有哪个有觉悟的、正直的农民会拒绝向国家贷出粮食。这就是列宁的底气。

四是列宁的战略考虑。列宁是一位战略家，“强攻”的推行蕴含着他的战略思想。列宁指出，在战役初期，如果不做出适当的“试探”，就很难绝对准确或大致准确地确定攻克要塞的战法。“强攻”就是这样一种必要的和有益的尝试，“因为不用强攻要塞这一实际行动来检查一下兵力，不试探一下抵抗的力量，是没有理由采取比较长期比较艰苦的战斗方式的，要知道这种战斗方式仅仅由于时间长就蕴含着许多别的危险”④。因此，在列宁看来，一开始用“强攻”战略是正确和必要的。在他看来，“强攻”是能奏效的，即使不能奏效，也是试探要塞兵力的必要尝试。

(四) 现实悲歌

对于列宁于 1919 年底—1921 年初在过渡问题上采用的战略选择及其实践模式，普通民众是否买账呢？生产力是否买账呢？这决定了经济“强攻”及其实践模式的成败。

1. 民众和生产力的心声

我们先来倾听民众的心声。由于农民的反应剧烈因而也最具代表性，

① 国际共运史研究室．国际共运史研究资料：第 4 辑．北京：人民出版社，1982：81.

② 列宁全集：第 38 卷．北京：人民出版社，2017：86.

③ 同②204.

④ 列宁全集：第 42 卷．北京：人民出版社，2017：230.

所以我们主要以农民的心声来呈现普通民众对经济“强攻”的感情和态度。余粮收集制和禁止自由贸易政策与农民的关系最密切，所以我们以农民对待这两项政策的态度作为窗口加以考察。

一是农民觉得很苦。我们先来看余粮收集制的实施情况：坦波夫省是俄国的农业大省，其情况最能反映问题。据统计，1909—1913 年，该省的人均粮食消费水平为 17.9 普特（1 普特约等于 33 斤），此外还有 7.4 普特的饲料粮；到了 1920—1921 年度，由于余粮收集制的强力推行，该省的人均占有粮食量下降到 4.2 普特，可以说是断崖式下降。到 1920 年 1 月，俄国农村已经有半数农民饿肚子，有人吃树皮，有人饿死，电影《保卫察里津》中的农民就反映自己村子有不少人饿死了。

我们再来看禁止私人买卖的情况。军事共产主义禁止一切私人买卖，其中包括生活必需品的买卖。国家实行实物配给制，但有许多生活必需品并没有配备到位，如火柴、肥皂等日常用品。在高压政策的压制下，公开的“黑市贸易”转到地下，农民要么得不到日常用品，要么不得不花高价购买，绝大多数的农民陷入物质极度短缺的境地，营养不良和各种流行病蔓延肆虐。农民的上述痛苦在一次列宁召开的非党会议上得到表达。叶尼塞斯克省农民代表对强力推行军事共产主义的列宁说：“很多新住户。寒冷。庄稼要冻死了。我们生活很苦。”① 军事共产主义的强力推行，让农民苦不堪言。

二是农民心生不满乃至愤怒。1920 年 12 月，列宁召开了一次农民代表座谈会，各省农民代表表达了自己的利益诉求。我们先来看代表们都说了些什么。伊万诺沃-沃兹涅先斯克省代表：“对懒汉和勤劳的人都同样地收集余粮，这太不公平了。”② 切列波韦茨省代表：“不能往贫苦农民身上推，不能多征收。应在法律上规定，必须扶持贫苦农民。”③ 图拉省代表：“今天你施肥，可是明天归谁呢?”④ 原喀山省察廖沃科克沙伊斯克县代表：“余粮收得太多。请给我们定个标准，要不，我们会把春播的种子都吃完。”⑤ 彼得格勒省代表：“余粮收集制：我们那里发生过拿手枪顶着人

① 列宁全集：第 40 卷．北京：人民出版社，2017：402.

② 同①398.

③ 同①398.

④ 同①399.

⑤ 同①400.

家太阳穴这样的强迫。大家很气愤”[①]。吉尔吉斯共和国代表：“粮食收集得像扫帚扫过一样干净。一点也没剩。”[②] 从这些话语中，我们能真切感受到农民对余粮收集制的不满。在农民看来，余粮收集制是一种剥夺，而且也不公平，加之征收手段粗暴，农民就更加不满。至于对禁止自由贸易的政策，农民也是极为不满的，只是在这次代表座谈会上，农民们没有提(可能是觉得争取利益得一步一步来)，但这种不满是存在的，这一点可以从后来农民暴动的诉求中得以确证。

我们再来听听生产力的声音。根据历史唯物主义的基本规律，生产力要求的是与自己相适应的经济关系、生产关系，只有当现有的经济关系适应生产力的发展水平，生产力才会不断发展。那么，生产力对于军事共产主义时期人为建立起来的纯之又纯的公有制（“按共产主义原则来调整国家的产品生产和分配”）是否接受呢？民众作为生产力的具体体现，他们的声音就是生产力的声音，他们对待军事共产主义的态度就是生产力的态度。我们看到，农民强烈要求废除纯公有制，恢复自由流转，这实际就表明，对于俄国落后的生产力而言，纯之又纯的公有制显然是与之不匹配的。这种经济关系太超前了，是现实的生产力无法接受的。现实的生产力借农民之口表达了自己对于以自由流转为代表的资本主义经济关系的需求。

到这里，我们可以清楚地看到，列宁所体现的“直接过渡”的国家意志同普通民众、生产力的意志发生了原则性的冲突。

2. 危机爆发

当激进的过渡遭遇现实的民心和规律，结局会如何呢？历史很快给出了答案。到了 1921 年，尤其是 1921 年 2 月，严峻的经济政治危机爆发了。

第一，经济危机。

农民觉得自己是被剥夺的，个人利益得不到实现，他们的生活也就失去了盼头，没有盼头也就失去了动力。在苏俄内战后的军事共产主义阶段，农民对生产兴趣全无，农民经济一片凋敝。据统计，1920 年俄国农业的播种面积为 9 720 万公顷，为 1913 年的 92.6%；1921 年的播种面积为 9 030 万公顷，仅为 1913 年的 86%。其中，在拥有肥沃土地、农业生

① 列宁全集：第 40 卷．北京：人民出版社，2017：400.

② 同①401.

产较为发展的省份，播种面积减少的比例更大，1920 年为 6 594 万公顷，只有 1916 年的 76%，1921 年减少至 5 799 万公顷，仅为 1916 年的 66.8%。经济作物的播种情况更糟糕：1920 年棉花的播种面积为 9.78 万公顷，只有 1913 年的 14.2%；1920 年亚麻的播种面积为 88.5 万公顷，只有 1913 年的 63.3%。总的来看，农业的总产量不足 1913 年的三分之一。[①] 农业总产量的大幅下降正是发生在军事共产主义政策全面和加紧推行的时期。农民一旦受伤，就会以减少播种面积、消极劳动等方式来表示抗议。

工业的情况也好不到哪里去，这是因为工人在平均主义分配制度下觉得生活没有盼头。具体情况我们在后文详加论述。

第二，政治危机。

民众（尤其是农民）对“强攻”战略的不满积累到一定程度后，就会以激烈的形式表达出来。前面提到，1920 年底列宁召开了一次农民代表座谈会，代表们明确表达了自己的利益诉求，这其实是在做最后的忍耐。不幸的是，以列宁为首的布尔什维克党沉默了两个月，到 1921 年 2 月，农民再也不能自控了，大规模的农民暴动爆发了。（在苏联时期的史书上通常都叫作“盗匪活动”，而对农民暴动的镇压则叫作“剿匪”。）1921 年 2—3 月是农民武装暴动的高潮阶段，农民暴动席卷西西伯利亚、坦波夫省和沃罗涅日州、伏尔加河中游地区、顿河流域、库班、乌克兰等农业地区，几乎所有的农业省份都发生了农民暴动。其中，规模最大、最具代表性的农民暴动事件是坦波夫省的安东诺夫暴动和喀琅施塔得水兵兵变。

安东诺夫暴动。1920 年 8 月，在坦波夫省爆发了大规模的农民暴动，因其领导人名为亚历山大·安东诺夫而被称为“安东诺夫暴动”，苏联史书称这场暴动为“安东诺夫叛乱”。据历史学家 M. 库巴宁统计，坦波夫省有 25%～30% 的居民参加了暴动，即实际上所有成年男性都参加了。高潮时期，参加的农民达到了 5 万。坦波夫省农民喊出的口号是：“打倒粮食征收制！”“自由贸易万岁！”“在斗争中夺回自己的权利！”“劳动农民同盟万岁！”[②] 这是有行动、有纲领的农民起义。起义最后被图哈切夫斯基指挥的红军镇压下去了。

---

① 陈之骅．苏联史纲（1917—1937）：上册．北京：人民出版社，1991：179.

② 郑异凡．新经济政策的俄国．北京：人民出版社，2013：6.

喀琅施塔得水兵兵变。政治危机的顶点是喀琅施塔得水兵兵变事件。按照列宁的说法，苏维埃军队十分之八的人员是农民出身，因此喀琅施塔得水兵兵变在本质上是“穿上了军装的农民”对军事共产主义的不满和反抗。

喀琅施塔得水兵“叛乱”发生在 1921 年 2 月 28 日。水兵们在 3 月 2 日的集会上谴责布尔什维克的反人民政策。他们提出的利益诉求有：举行新的完全自由的秘密选举，要求言论自由、出版和集会自由，“没有布尔什维克的苏维埃”，平等分配食物，取消贸易限制，手工业和小工业自由发展，不得限制农民蓄养牲畜，等等。可以看到，水兵们表达的正是广大农民的利益诉求。兵变最终也是被图哈切夫斯基指挥的红军镇压下去了。

从本质上讲，严重的经济政治危机就是民心和规律给予布尔什维克党经济“强攻”战略的沉重一击，它以雷霆万钧般的威力告诉列宁和布尔什维克，真实的民心和规律在想什么，背离民心和规律是要遭受沉重惩罚的。

（五）深刻反思与探寻新路

面对严峻的经济政治危机，是一条道走到黑，还是做出深刻反思并探寻新路呢？幸运的是，列宁选择了后者。

列宁及时停止了军事共产主义。1921 年 2 月 4 日，列宁在莫斯科五金工人扩大代表会议上的讲话中指出，苏维埃已经在 13 个省份完全停止实行余粮收集制了。这 13 个省份基本上覆盖了俄国主要的产粮地区。列宁深知，必须及时平息沸腾的民怨，否则国家就没有未来。

严峻的经济政治危机爆发后，列宁开始进行深刻的反思，他认识到，经济“强攻”失败的根源有两个：

一是“强攻”损害了普通民众的个人利益。列宁在俄共（布）第十次代表大会上首次表述了这一思想。他指出，在军事共产主义政策下，普通民众尤其是农民的个人利益受到严重的压制，在实施余粮收集制的背景下，农民感到不满意、不满足，这种不满意是“合理的”，农民是“不可能”感到满意的。列宁承认，军事共产主义的失败首先在于它没有安顿好正当的个人利益，致使普通民众失去生活的盼头。列宁在后续的报告中多次强调了这一观点。关于这一思想，布哈林也做了十分直白的表述，他说：“在这种制度下（余粮收集制。——引者注），个体生产者即农民失去了对扩大生产的兴趣和刺激，因为不管你扩大多少播种面积，除了口粮部分之外，反正全被人家拿走了”①。军事共产主义背离了现实的民心、民意，必定激发民怨、民怒，最终遭到失败。

二是“强攻”背离了生产力的发展规律。这一认识也是在俄共（布）第十次代表大会上首次表述的，列宁说：“我们在商业国有化和工业国有化方面，在禁止地方流转方面走得太远了”②，“我们做得超过了理论上和政治上所必要的限度，这是不容置疑的事实”③。在 1921 年 10 月 17 日《新经济政策和政治教育委员会的任务》的报告中，列宁将症结揭示得更加清楚，他说：“在农村实行余粮收集制，这种解决城市建设任务的直接的共产主义办法阻碍了生产力的提高，它是我们在 1921 年春天遭到严重的经济危机和政治危机的主要原因。”④ 从这些论述中可以看到，列宁已经清楚地认识到，军事共产主义的做法（建立纯之又纯的公有制）是同俄国落后生产力的发展水平和需要不相适应的，结果导致了生产力的反抗（这种反抗最后是通过严峻的经济政治危机表现出来的）。军事共产主义的做法背离了历史唯物主义的基本规律，注定要失败。

上述认识在 1921 年 10 月 14 日《十月革命四周年》的报告中有了总结性的概括，列宁指出：“我们为热情的浪潮所激励……我们曾计划依靠这种热情直接实现与一般政治任务和军事任务同样伟大的经济任务。我们计划（说我们计划欠周地设想也许较确切）用无产阶级国家直接下命令的办法在一个小农国家里按共产主义原则来调整国家的产品生产和分配。现实生活说明我们错了。”⑤ 高估“热情”意味着军事共产主义没有顾好个人利益，“强攻”只是一味地要求个人为了大工业的恢复做出牺牲；“按共产主义原则来调整国家的产品生产和分配”则意味着人为建立了纯之又纯的公有制，但这种经济关系超越了“小农国家”的生产力发展水平。说白了，这场改革不论是在利益层面还是经济关系层面都太激进了，没有倾听与遵循普通民众和现实生产力的真实心声，背离民心和规律的军事共产主义被现实生活证明是“错的”。上述反思异常深刻，精准地找到了病根。

---

① 布哈林文选：上册．北京：东方出版社，1988：27.

② 列宁全集：第 41 卷．北京：人民出版社，2017：56.

③ 同②.

④ 列宁全集：第 42 卷．北京：人民出版社，2017：195.

⑤ 同④187.

弄清楚了病因，接下来自然就要通过探寻新路来“纠错”。列宁指出，在经济建设的事业中，尤其是在恢复大工业的事业中，布尔什维克党遭受的失败“最多”，所犯的错误“最多”。显然，这里所说的“错误”针对的就是军事共产主义的实践。为此，布尔什维克党必须走一条“新路”，用它来“纠正”自己在经济“强攻”中所犯的错误。

时代在呼唤一条怎样的新路呢？既然是“纠错”，那么这条新路就必定要遵循一条军事共产主义所背离的最高原则：顺民心、遵规律。（1）在利益层面必须安顿好个人利益，必须对民众的个人利益实行让步，并在让步中将民众个人利益的实现和国家利益的实现统一起来；（2）在经济关系层面必须安顿好现实生产力的发展需要，必须从纯之又纯的公有制往后退，退到现实生产力所能接受的经济关系。综合这两点，苏俄的新政改革在形式上必然呈现出“战略退却”的色彩。到这里，新政改革已经呼之欲出了。

以上我们梳理了新政改革的实践逻辑，从中可以得出以下结论：

一是虽然经济“强攻”失败了，但理想、信念、热情本身并不应当被否定。正如习近平指出的：“理想信念之火一经点燃，就永远不会熄灭。”① 理想、信念仿佛火把，永远照亮人们前进的道路；理想、信念也是动力，催人奋进。这种理想、信念在列宁和布尔什维克的心中始终存在，在随后开启的新政改革中，理想、信念、热情被转化为持久的动力，为新事业披荆斩棘。因此，不能因为经济“强攻”失败了而否定理想、信念、热情本身的力量。

二是列宁的经济“强攻”战略确实犯了主观主义、理想主义的错误。经济“强攻”的根本问题在于，此时的理想、信念只是沉迷于自身之中，热情的力量被推到一个无以复加的高度。列宁等人推行经济“强攻”战略已经偏离了正常轨道，它既没有真正倾听民意，也未进行调查、试点，说到底这是一种从理想、热情出发的主观主义，也是一种急躁病，经济“强攻”失败的根源就在于此。

三是我们看到了勇于认错、深刻反思的意义。人类每一次大的灾难，都以历史的补偿为代价。但这是有前提的，其前提便是勇于认错并深刻反思。面对严峻的经济政治危机，列宁并没有一条道走到黑，而是坦率承认“我

---

① 中共中央党史和文献研究院，中央“不忘初心、牢记使命”主题教育领导小组办公室．习近平关于“不忘初心、牢记使命”论述摘编．北京：党建读物出版社，2019：90.

们错了”，并且对经济“强攻”的弊病进行深刻反思。于是，理想的热情被注入了理性的冷静，这才有了新政改革。关于这一点，综论部分还会详加分析。

“强攻”战略及其实践模式军事共产主义失败了，俄国必须探索一条以“顺民心、遵规律”为最高原则，以“以退为进”为基本路线的新的过渡道路。那么，俄国将退到哪里呢？这种退却是否有其思想基础呢？

二、“渐进”过渡

本节分析新政改革的理论基础。任何思想都不是无源之水、无本之木，新政改革也不例外。上一节提到，经济“强攻”（其实践模式便是军事共产主义）的过渡路线失败了，为此必须探索一条新路，这条新路不同于之前的狂飙突进，它充满了退却的色彩，通过退却最终实现以退为进。那么，这是要退到哪里呢？列宁的回答很明确：“国家资本主义”。通过退到国家资本主义来恢复大工业，发展生产力，从而过渡到共产主义。利用国家资本主义来恢复和发展生产力以实现共产主义的思想，是否只是到了新政改革时期才有呢？列宁明确指出，这种思想缘起于 1918 年初的“渐进”过渡理论。

（一）1918 年初的过渡设想

从十月革命前夕到 1918 年初，列宁思考的中心问题是如何恢复被破坏了的生产力，发展国家经济，为向共产主义过渡奠定基础。他在 1918 年 4 月《苏维埃政权的当前任务》一文中指出：“现在提上日程的是恢复被战争和资产阶级统治所破坏的生产力，医治由战争、军事失败、投机活动和资产阶级妄图恢复被推翻的剥削者政权的行径所造成的创伤，发展国家的经济，稳固地维持基本秩序。苏维埃政权目前只有……实际解决这些维持社会生活的基本的和最基本的任务，才能保障俄国向社会主义过渡”①。

那么，上述时期列宁在过渡问题上选择了什么样的过渡方针呢？回顾

① 列宁全集：第 34 卷．北京：人民出版社，2017：156.

其相关论述，可见列宁在这一时期的过渡设想其实是比较谨慎的，他用“审慎”“渐进”等词来表达这一时期过渡的姿态。这一时期列宁并没有像军事共产主义时期那样激进，即通过革命的方式（建立纯之又纯的公有制）过渡到共产主义，而是计划以“国家资本主义”为中介来恢复和发展生产力，从而实现向共产主义的过渡。这可以被视为新政改革的理论基础。

按照列宁的理解，生产力落后的俄国不可能直接过渡到共产主义，必须有一个相当长的“过渡时期”，这便是国家资本主义阶段。列宁说：“以前（指从 1917 年 9 月—1918 年初。——引者注）我们认为，不经过一个实行社会主义的计算和监督的时期，即使要走到共产主义的低级阶段也是不可能的”①。俄国的生产力越不发达，这个过渡时期就越长。那么，什么是“社会主义的计算和监督的时期”呢？答案就是国家资本主义阶段。列宁说：“苏维埃政权下的国家资本主义意味着什么呢？在目前实现国家资本主义，就是实行资本家阶级曾经实行的计算和监督。”② 早在 1918 年 4 月 29 日的《在全俄中央执行委员会会议上关于苏维埃政权的当前任务的报告》中，列宁就估计到了国家资本主义在生产力落后的农民国家进行社会主义建设所能发挥的作用。

（二）国家资本主义缘何是“救星”？

我们先来看国家资本主义的内涵，然后再分析其作用。“国家资本主义”这个词显然包含了国家和资本主义两个部分，意指苏维埃政权要吸收、学习资本主义的先进文明，唯有如此，社会主义的实现才是可能的。关于这一点，列宁做了清楚的表述，他说：“社会主义能否实现，就取决于我们把苏维埃政权……同资本主义最新的进步的东西结合得好坏。”③ 这里所说的“资本主义最新的进步的东西”包含着丰富的内容，既指资本主义的先进技术、能提高生产率和劳动者素质的生产理念、生产方式和管理方式，又指资本主义对经济生活的监督和调控，这些都是资本主义文明的精华。列宁指出，正因为资本主义对俄国建设社会主义具有十分关键的作用，所以，任何一个没有丧失理智、没有被书本上的教条充斥头脑的人

---

① 列宁全集：第 42 卷．北京：人民出版社，2017：193.

② 列宁全集：第 34 卷．北京：人民出版社，2017：236.

③ 同②170－171.

都会说，“国家资本主义是我们的救星”①。这个论断在当时的历史背景下无疑是非常大胆的，甚至可以说是石破天惊。

为什么说国家资本主义是俄国的救星呢？国家资本主义到底为落后俄国向共产主义的过渡准备了哪些条件呢？我们可以从去腐与生肌两个方面加以分析。

1. 去腐

所谓去腐，指的是国家资本主义能为俄国生产力的发展扫清障碍，克服小资产阶级自发势力给经济生活造成的破坏性、无序性。

列宁对俄国生产力的发展状况做了具体的分析，认为俄国的经济成分可以被划分为五种：第一种是宗法式的，主要指自给自足的农民经济；第二种是小商品生产，主要指出卖粮食的农民经济；第三种是私人资本主义，主要指商品买卖；第四种是国家资本主义经济成分；第五种是社会主义经济成分。在这五种经济成分中，占主导地位的是哪一种呢？列宁指出，占据优势而且也不能不占据优势的是“小资产阶级自发势力”，这种势力既指私人资本主义，又指买卖粮食的农民经济。

那么，这种占主导地位的小资产阶级自发势力有何特征呢？列宁指出，其基本特征可被概括为：逐利性、无序性和破坏性。首先讲逐利性。列宁说：“小私有者有一个愿望，那就是多捞一把，多得一些，使大地主、大剥削者破产，把他们消灭”②。小私有者考虑的只是如何“多捞一把”，别无其他，只要能“多捞一把”，哪管它寸草不生。逐利性是其鲜明的特征。

在打倒大地主、大剥削者之后，小资产阶级自发势力是否愿意接受国家的严格监督呢？绝不。列宁指出，小私有者“很乐意消灭资产阶级，但是他不像社会主义者那样，在粉碎资产阶级的反抗之后就开始在严格的劳动纪律的原则上、在严密的组织内、在正确的监督和计算的条件下建设社会主义经济，而是想多捞一把，将胜利的果实据为己有，以达到自己的目的，丝毫不顾全国的利益和整个劳动者阶级的利益”③。可见，小资产阶级自发势力内在地具有无序性特征，天然地抗拒任何形式的监督，因为任何监督都是其追逐私利的阻碍。这种无序性给社会带来的必定是巨大的破

① 列宁全集：第 34 卷. 北京：人民出版社，2017：236.

② 同①.

③ 同①.

坏性。列宁对小私有者心理的分析，不仅是理论上的把握，而且是以他在苏维埃政权建立初期的痛苦经验为基础的。伴随十月革命的胜利，苏维埃俄国诞生了，在经历四年的世界大战后，苏维埃俄国粮食紧缺，为了征集粮食供养前线的军队和城市的工人，苏维埃政权向农民收购粮食，但许多农民尤其是手里握有巨量粮食的富农不愿以国家收购价向政府出售粮食，而是偷偷将粮食运往“黑市”，以二十五倍于国家收购价的高价出售，由此赚得盆满钵满。苏维埃俄国因饥饿而处于灭亡的边缘。正是这段痛苦的经历，让列宁对小资产阶级自发势力的逐利性、无序性和破坏性有了刻骨铭心的认识。因此，列宁指出，苏维埃俄国在从资本主义向社会主义过渡时，主要敌人不是别的，正是小资产阶级自发势力的“风尚、习惯和经济地位”①。如不认真对待，小资产阶级自发势力的逐利性、无序性和破坏性将会毁掉一切，葬送革命。过去的革命之所以失败，主要原因就在于此。苏维埃俄国能否保全政权，发展经济，向社会主义过渡，关键也在于此。

那么，如何消除小资产阶级自发势力所带来的经济破坏和无序呢？列宁指出，希望就在国家资本主义身上。他说：“付给国家资本主义较多的贡赋，不仅不会葬送我们，反会使我们通过最可靠的道路走向社会主义。工人阶级一经学会了怎样保卫国家秩序来反对小私有者的无政府性，一经学会了怎样根据国家资本主义原则来整顿好全国性的大生产组织，那时就会掌握全副王牌（恕我如此来形容），社会主义的巩固就有了保证”②。国家资本主义包含着治愈经济破坏的全部药方，因此，它是俄国过渡到社会主义的必要中介。在资产阶级执政的民主制度下，国家资本主义是俄国走向社会主义的“一个步骤”，而在苏维埃政权下，国家资本主义就是“3/4的社会主义”③。那么，在对抗小资产阶级自发势力的问题上，国家资本主义发挥着什么样的作用呢？

列宁指出，国家资本主义之所以是治愈俄国经济破坏性、无序性的良药，就在于它是集中的、社会化的，包含着对经济生活的计算和监督。列宁说：“如果我们俄国有了国家资本主义，那么过渡到完全的社会主义就会容易，就会有把握，因为国家资本主义是集中的，有计算和监督的，社

---

① 列宁全集：第34卷．北京：人民出版社，2017：236.

② 同①278.

③ 同①237.

会化的，而我们正好缺少这些……国家资本主义是走向社会主义的一个步骤。”① 列宁进一步指出，德国的国家资本主义就是苏维埃俄国的样板，是后者应当效法的榜样。德国的国家资本主义在集中化、国家管控经济生活方面是怎么做的？

在第一次世界大战前后，德国为了备战和进行战争，通过集中化的方式对国家经济生活进行了强有力的管控。这种集中化体现在经济生活的方方面面。在工业生产和分配领域的集中化有这样的表现：1914 年 8 月，德国成立了战时工业委员会和战时原料管理处，这两个机构负责向企业分配订货和工业原料，它们在分配原料时优先满足规模大、实力强的垄断组织的要求，这样国家实际上就将工业的生产和分配集中到自己手中。1915 年，德国又颁布了一个“卡特尔”化法律，加快工业领域的集中化、规模化，在此基础上强化政府对工业领域的干预和管制。在生活资料的生产和消费方面，德国同样实行集中化。政府先后建立了战时粮食公司、中央水果蔬菜局、中央饲料局、中央马铃薯局、帝国谷物局、战时粮食局、战时动植物油脂管理局、国家服装局等机构，通过这些垄断组织的活动，国家就将群众的基本消费需求纳入政府管制的轨道。经过这样一番改革，德国基本上消灭了投机倒把、囤积买卖等现象，经济生活富有秩序和纪律。

德国政府在经济领域的集中化以及在此基础上强有力的干预和管制深得列宁的赞赏。在列宁看来，只要效法德国的国家资本主义，在俄国实行社会生活、生产的集中化、联合化，以及在此基础上建立强有力的监督，就能赋予整个经济生活秩序，消除小资产阶级自发势力给社会经济生活带来的无秩序、经济破坏和松懈现象，从而还俄国生产力的发展一个健康的环境。

2. 生肌

在列宁看来，国家资本主义不仅能扫除俄国生产力发展的拦路虎，而且它所蕴含的生产方法、管理方式和先进技术还能直接促进生产力的发展。

十月革命胜利后，俄国建立了世界上第一个无产阶级专政的国家政权，这意味着俄国具备了实现向共产主义过渡的政治条件。但仅有政治条件是不够的，还需要创造向共产主义过渡的经济条件。在当时的俄国，这

① 列宁全集：第 34 卷．北京：人民出版社，2017：236 - 237.

显然还不具备。经历了战争破坏的俄国经济十分落后和萧条，物资紧缺、经营紊乱、设备不足，工农群众生活极端贫困。列宁由此得出结论：如果不能恢复和发展俄国的社会生产力，那么共产主义就只是空中楼阁。因此，恢复和发展生产力就成了重大而急迫的任务。国家资本主义之所以是“我们的救星”，就在于它能有效地加强劳动纪律和提高劳动生产率、改善劳动组织和管理。包括泰罗制在内的资本主义的生产方法、管理方式和先进技术，都是“我们的救星”。列宁说：“目前应当提上日程的是实际采用和试行计件工资，采用泰罗制中许多科学的先进的方法，以及使工资同产品的总额或铁路水路运输的经营总额等等相适应。”[①] 计件工资、泰罗制体现的就是国家资本主义的生产方法、管理方式和先进技术。

我们先简要地了解一下泰罗制。这种被列宁称为资本主义“最新的进步的东西”[②] 的生产方法和管理方式缘起于美国工程师弗雷德里克·泰罗，它首先在美国实行。这一制度大大提高了劳动生产率，给工厂主们带来了巨大的利润，结果欧洲各资本主义国家就竞相效仿。泰罗制的精髓是追求最大的劳动生产率。它的原则可被概括为：劳动操作标准化，实行联产计酬，明确岗位责任，加强企业管理。其中，劳动操作标准化、制定标准定额是泰罗制的基础。有工厂主曾按泰罗制的精神做了实验。工厂主在工人的手臂上绑一个小灯泡，将工人的劳动过程拍成影片，然后对灯泡的移动进行分析，当发现某个动作多余时，就强迫工人避免该动作，以此来节约时间。泰罗制原则在大机器生产时代更是被发挥得淋漓尽致，流水线作业将最必要的标准动作分解成最细小、最简单的动作，某个工人在流水线上甚至只负责一个动作，如卓别林在电影《摩登时代》中所扮演的工人只负责拧螺丝帽这一分工。这种劳动的标准化和流水线化极大地提高了劳动生产率。列宁对泰罗制赞赏有加，他说：“资本主义在这方面的最新成就泰罗制，同资本主义其他一切进步的东西一样……包含一系列的最丰富的科学成就，它分析劳动中的机械动作，省去多余的笨拙的动作，制定最适当的工作方法，实行最完善的计算和监督方法等等。”[③] 除了劳动操作标准化、制定标准定额以外，联产计酬也是泰罗制的关键一环。所谓联产计酬就是计件工资，它通过物质利益来激发工人劳动的积极性。明确岗位

---

① 列宁全集：第 34 卷．北京：人民出版社，2017：170.

② 同①171.

③ 同①.

责任、加强企业管理则意在培养工人的劳动纪律。实践表明，泰罗制工厂里培养出来的工人仿佛军人一般富有秩序和纪律。可以说，泰罗制集中体现了资本主义在加强劳动纪律和提高劳动生产率方面的高度成就。

列宁指出，包括泰罗制在内的资本主义的生产方法、管理方式和先进技术是俄国发展生产力所必须吸收与借鉴的。在他看来，俄国向共产主义的过渡是离不开资本主义文明这一中介的。国家资本主义是俄国向共产主义过渡的最充分的物质准备。

（三）在俄国如何发展国家资本主义?

1. 不惜通过野蛮的手段效仿德国的国家资本主义

在 1918 年 3 月 11 日《当前的主要任务》一文中，列宁反复指出，一方面，苏俄人民要仇恨德国人，因为德帝国主义迫使俄国签订了屈辱的《布列斯特和约》；但另一方面，苏俄人民始终不要忘了向德国人“学习”！正是德国人身上体现了组织、纪律、现代化的工业技术，以及对经济生活的极其严格的计算和监督的原则。列宁指出，历史发展得如此“奇特”，1918 年的世界竟产生出“两半的社会主义”①，俄国和德国分别体现了实现社会主义的两个方面的条件：前者代表的是政治条件，而后者代表的是社会经济条件。俄国的任务就在于学习德国所体现的高度发达的物质文明，即德国的国家资本主义。

列宁指出，要用坚决的态度，甚至不惜像当年彼得大帝那样使用强力。我们知道，俄国效仿西欧文化的改革遭遇了国内贵族势力、知识分子乃至普通民众的强烈反对，但彼得大帝没有胆怯、放弃，而是不惜用野蛮的手段来推进俄国现代化的进程。列宁指出，这也应当成为布尔什维克的态度，为了效仿德国的国家资本主义，不惜采用野蛮的手段，用野蛮对付野蛮，可见列宁的态度是何其坚决！

2. 对资本主义实行必要的妥协以吸引专家人才

对资本主义的必要妥协主要体现为：部分保留私有制，给予资本家和专家高薪及领导地位。

首先是部分保留私有制。既然要效仿资本主义，那么在经济制度层面就必须给予部分保留。列宁举了一个例子来说明这一点，在 1917 年底苏维埃政权颁布的头一批法令中，有一条关于国家垄断广告业务的法令。这

① 列宁全集：第 34 卷．北京：人民出版社，2017：279.

条法令设想：苏维埃政权在向新的社会经济关系过渡时尽可能采用渐进的办法，对私人报刊先不采用取缔的做法，而是保留报刊的私有制，保留私人经营报刊和刊登广告的权利，并且将它纳入国家资本主义轨道，即国家对报刊行业只进行领导和监督。其他一些行业，包括银行业，也有类似的法令。列宁指出，这些保留私有制的法令包含着正确的成分，它们的出台意味着无产阶级国家政权在向新社会关系过渡时采取了一种最能适应现存的政治经济关系的途径。这种做法意味着对私有制采取某种妥协，但也正是在这种妥协中，国家资本主义才得以建立。

其次是给予资本家和专家高薪及领导地位。列宁指出，为了搞国家资本主义，应当对资本家和专家做出必要的让步。这是因为，要建立国家对经济生活的监督和调控，要吸收资本主义的先进技术和管理经验，就意味着必须利用专家，向专家学习。俄国需要企业联合组织的“优秀组织者”，比过去需要更多的工程师、农艺师以及具有各种科学知识和专业技能的专家。而要让这些专家为俄国服务，就必须做出让步，付给这些专家“高额报酬”。列宁指出，这是一种“妥协”，是对巴黎公社原则的“背离”，后者要求将资本家、专家、政府人员的薪金降到中等工人工资的水平。但这种妥协是必要的，它使俄国得以利用专家。

关于给资本家和专家“领导地位”的问题，列宁特别指出，这里的“领导地位”并非政治地位，苏维埃国家的政治领导力量只能是无产阶级。它是指在生产、管理的过程中，必须听取技术专家、组织专家的意见，给予其经营管理的领导权。毕竟在组织大生产和经营管理的问题上，技术专家、组织专家是苏维埃管理者的老师，因此给予他们必要的位置就能更好地发挥其特长，早日在苏维埃俄国建立起经济生活的集中化和工农业的现代化。

1918 年初，“渐进”过渡理论中的系列观点（搞国家资本主义以发展生产力，培育高素质的劳动者；通过学习和必要的让步来吸收资本主义文明；监督资本主义；等等），都被 1921 年春天开启的新政改革吸收。

以上是对新政改革思想基础的梳理，我们可以从两个方面来评价列宁在十月革命前夕至 1918 年初的国家资本主义思想：其一，它犹如一颗思想的种子，在 1921 年 3 月开启的新政改革中生根发芽、开花结果。这一时期关于学习、利用资本主义文明的态度，关于监督资本主义的思想，关于发挥国家理性的思考，都被新政改革吸收并得到进一步发展。其二，该时期的国家资本主义思想还有待上升到理性自觉的高度。这一时期列宁之所以选择效仿德国，搞国家资本主义，更多是基于一种经验观察。基于自己在德国多年的考察，列宁认为德国除了体现帝国主义的残暴一面之外，还体现了纪律、秩序和高度发达的生产力，而这正是经济上落后、秩序紊乱的俄国需要学习和借鉴的，为此提出效仿德国国家资本主义的主张。因此，列宁此时的选择还只是基于经验，还未上升到理性自觉的高度。经验的东西总是不牢固的，在理想主义和"热情的浪潮"的冲击下，列宁迅速放弃了国家资本主义这一选项而改用军事共产主义的过渡方式。经验认识还有待上升到理性自觉的高度，即从规律的高度来认识并选择国家资本主义，这也就是新政改革的成就和高度。

三、风云新途

本节在议题上是本章第一节的接续。前面提到，列宁承认，军事共产主义的过渡尝试使苏维埃遭受了"最多"失败，犯了"最多"错误。为了"纠错"，必须走一条新路，这便是 1921 年 3 月俄共（布）第十次代表大会开启的新政改革。这一节我们详尽地回答新政改革是什么的问题。其实这个问题已经隐藏着答案："新经济政策"既然是对军事共产主义的"纠正"，那么不论是在最高原则方面，还是在战略路线、实践模式的选择方面，抑或是在改革动力、改革速度和心态保障的理解方面，就都会呈现出与军事共产主义截然不同的特点。

（一）最高原则：顺民心、遵规律

1921 年 3 月，俄共（布）第十次代表大会召开，新政改革诞生。它是对军事共产主义的"纠正"。后者失败的根源在于背离了民心和规律，没有安顿好个人利益和现实生产力发展的需求。以史为鉴，新政改革遵循这样一条最高原则：顺民心、遵规律。

1. 顺民心

顺民心是指在利益层面新政改革对普通民众（首先是农民）的个人利益实行让步和安顿。关于新政改革就是要对个人利益实行让步，列宁的论述颇多，翻开新政改革时期的文献，"让步"是一个随处可见的词语。我们来看几段列宁的论述。他说："我们的观点就是：暂时我们还要作重大的让步，要极其谨慎”①。这里说的“重大的让步”，指的就是对农民进行让步，满足农民的利益要求。新政改革首先就是要满足民众的利益诉求。

这种思想后来被提升到理论原则的高度。1921 年 10 月 17 日，列宁在《新经济政策和政治教育委员会的任务》的报告中概括了新政改革的原则：同个人利益相结合的原则。新政改革不会再像过去的经济“强攻”那样，为了实现国家利益而压制、牺牲个人利益，而是使普通民众通过自身的劳动来改善自己的生活，让他们的生活有盼头。经过严峻的经济政治危机之后，列宁深刻地认识到，一场改革要想成功，必须安顿好个人利益，否则就会失败。“不同个人利益结合，什么也办不成。要**善于**同利益结合起来。”② 这是痛苦中生发出来的智慧。

历经严峻的经济政治危机之后，列宁特别重视普通民众尤其是农民的意愿。那么，如何安顿个人利益呢？自然是从民众尤其是农民的要求中去寻找。列宁指出，只要深入研究，就会立即明白，有两个东西可以满足农民的要求：一是改行实物税，二是允许自由流转。这其实就是农民暴动中喊出的口号。于是，实物税以及在此基础上的自由流转就顺理成章地出台了。同样，普通工人也有其利益诉求，他们希望废除平均主义分配制度，改行经济核算制，实行按劳分配，从而改善生活。于是乎，经济核算制也就出台了。可以说，新政改革就是在顺民心、听民意，安顿个人利益。

2. 遵规律

遵规律是指在经济关系层面安顿现实生产力的发展需要。前面提到，经过深刻反思，列宁认识到，苏维埃政权在经济“强攻”时期所推行的经济关系层面的变革过于激进了。在一个小农经济占主导的国家里按“共产主义原则”来调整国家的产品生产和分配，意味着人为地构建起一种纯之又纯的公有制，这种纯粹的公有制对于俄国落后的生产力发展水平而言显然过于超前了，它应当属于未来共产主义社会的经济关系。由于不匹配，生产力的发展遭到破坏，结果俄国现实的生产力以严峻的经济政治危机的形式来表达自己的反抗。经济“强攻”因背离规律而失败了。作为对军事共产主义的“纠错”，新政改革必然要遵规律。

遵规律就是遵循生产力发展的规律，要从纯之又纯的公有制退回到与俄国现实生产力发展水平和需要相适应的经济关系。列宁指出，新政改革

① 列宁全集：第 42 卷．北京：人民出版社，2017：61.

② 列宁全集：第 51 卷．北京：人民出版社，2017：441.

的实质在于“不**摧毁**旧的社会经济结构——商业、小经济、小企业、资本主义，而是**活跃**商业、小企业、资本主义，审慎地逐渐地掌握它们，或者说，做到有可能**只在**使它们活跃起来的**范围内**对它们实行国家调节”①。经过严峻的经济政治危机之后，列宁明白了，适合的才是最好的。从内心来说，这位改革者并不喜欢商业、小经济、小企业、资本主义这些经济关系（他倾心的是纯之又纯的公有制），但这时他的头脑冷静下来了，认识到必须尊重俄国现实生产力的发展水平和需要，而上面提到的这些经济关系（主要就是资本主义经济关系）恰恰是对路的。因此，遵规律就是安顿现实生产力的发展需要，在经济关系层面实行退却，主要就是退到“国家资本主义”，退到资本主义的经营手段、经营方式、经营方法，以及商业、市场经济（国家调节买卖和货币流通）。实物税基础上的自由流转、经济核算制、租让制、市场经济都是国家资本主义的具体形式。

安顿个人利益是为了什么，安顿现实生产力的发展需要又是为了什么？最终是为了实现国家利益。列宁很清楚地指出，这些让步和退却都是为了无产阶级的“最重要的利益”②，即重建大工业，为过渡事业奠定基础。列宁坚信，苏维埃是可以通过安顿个人利益和生产力的发展需要来达到实现国家利益的目的的。他说：“要借助于伟大革命所产生的热情，靠个人利益，靠同个人利益的结合，靠经济核算，在这个小农国家里先建立起牢固的桥梁，通过国家资本主义走向社会主义”③。在这里，安顿个人利益和生产力的发展需要被列宁视为一座“牢固的桥梁”，借助于这个中介，国家利益就能实现。

可见，顺民心、遵规律意味着新政改革是对个人利益、现实生产力的安顿并通过这种安顿来实现国家利益。这是对军事共产主义在利益层面和经济关系层面有关做法的“纠错”。

3. 发挥国家理性

发挥国家理性体现了列宁的智慧和创造力。顺民心、遵规律意味着要退，那要退到哪里呢？资本主义。这就带来了一个很严峻的问题，那便是资本主义复辟的问题。正像一个医生，猛药去疴，但也有可能因此而产生严重的后遗症。退到资本主义意在解决俄国面临的主要问题，但如果不能

---

① 列宁全集：第42卷．北京：人民出版社，2017：256.

② 列宁全集：第41卷．北京：人民出版社，2017：304.

③ 同①187.

克服资本主义的恢复所带来的新问题，那这场改革无疑就会产生严重的副作用。这一难题如何破解？在这里列宁展现了他的智慧和创造力。

列宁指出，不必担心走资本主义回头路的问题，因为苏维埃要建立的资本主义是一种新型的资本主义——无产阶级专政国家的资本主义，它与资产阶级专政国家的资本主义有着原则性的区别。这是一种为无产阶级政权所监督和调控的资本主义，在这里，国家理性就是调控资本主义、捍卫普遍利益的保证。关于这一点，列宁反复强调："我们过去承认和今后也要承认的只是**国家**资本主义，而国家就是我们，就是我们有觉悟的工人，就是我们共产党员"①。苏维埃建立的资本主义只是国家资本主义，是一种国家能够加以"限制""规定"的资本主义。在列宁看来，苏维埃俄国与其他国家的根本不同就在于它是一个无产阶级专政国家，这是一种新型国家政权，这种国家不仅富有力量，而且是正义之所在。无产阶级专政国家的资本主义同资产阶级专政国家的资本主义是两个"不同的概念"，后者是受资产阶级认可并受资产阶级专政国家监督的，它指向的是资产阶级的利益而非普通民众的利益，而前者是受无产阶级认可并受无产阶级专政国家监督的，这种资本主义有益于广大劳动群众。无产阶级专政国家通过法律、司法、工会监督等各种方式来调控资本主义（这方面的内容我们将在第二章详细展开），通过这些调控，无产阶级专政国家就能驾驭资本主义这匹野马，使它沿着国家设定的轨道前进，最终将俄国带入共产主义。

在"顺民心、遵规律"这一最高原则的指导下，新政改革在战略路线、实践模式、依靠力量、道路特点和心态保障等方面必然会做出与军事共产主义截然不同的选择。

（二）战略路线："围攻"（以退为进）

新政改革的战略路线是"围攻"，即以退为进。这是由新政改革的最高原则决定的。按照前面的分析，顺民心意味着利益层面的退却，遵规律则意味着经济关系层面的退却，因此，在战略路线的选择上，新政改革采取的是以退为进的方式，也就是列宁多次提到的"围攻"。

关于"围攻"，列宁既有比喻式说明，又有直陈式说明。我们先来看"围攻"的比喻式说明。列宁以登山为比喻来说明以退为进的现实性和必

---

① 列宁全集：第42卷．北京：人民出版社，2017：436.

要性。列宁说，假定有一位登山者在攀登一座前人没有到达的非常险峻的高山。假定他克服了前所未有的艰难险阻，爬到了前人没有到达的高处，但这时还没有到达山顶。现在，他发现，如果按照原定的方向和路线继续攀登，不仅危险，而且简直就是不可能的。他该如何选择呢？列宁指出，理智的做法就是转身“往下走”，另找别的、比较远、比较曲折但终究能够爬到山顶的路线。这便是以退为进。

从列宁的叙述中，我们可以提炼出这位登山者登山策略的相关信息：(1) 目标：登到山顶。(2)“围攻”出场的背景：直线攀登已告失败，即按照原定的方向和路线继续前进不仅困难和危险，而且简直不可能。(3)“围攻”出台：以退为进、先退后进的攀登方式，即先退到半山腰或山下，然后再进攻，最终登到山顶。“围攻”就是以登顶为目标，在先前的攀登方式——直线攀登（“强攻”）——已告失败的情况下所采取的以退为进、先退后进的攀登方式。

我们再来看“围攻”的直陈式说明。列宁对此有很多论述。他说：“我们以为在一个无产阶级已丧失其阶级特性的国家里可以按共产主义的命令进行生产和分配。……我们曾尝试用所谓正面攻击的办法来直接完成这项任务，但是失败了。……正面攻击失败了，那我们就改用迂回的办法，采用围攻和对壕战。”① 他还说：“为了**作好**向共产主义过渡的**准备**（通过多年的工作来准备），需要经过国家资本主义和社会主义这些过渡阶段。不能直接凭热情，而要借助于伟大革命所产生的热情，靠个人利益，靠同个人利益的结合，靠经济核算，在这个小农国家里先建立起牢固的桥梁，通过国家资本主义走向社会主义”②。

从这些论述中，我们可以清楚地看到“围攻”的现实内容：(1) 目标：建成共产主义。(2)“围攻”出场的现实背景：军事共产主义已告失败，失败的根源在于它在利益层面和经济关系层面的变革过于激进。(3)“围攻”出台：以退为进、先退后进的过渡方式，“围攻”要在利益层面和经济关系层面实行退却，最终以退为进。“围攻”就是以实现共产主义为目标，在经济“强攻”（军事共产主义）已告失败的情况下所采取的在利益层面和经济关系层面实行退却，先退后进、以退为进的过渡方式。

---

① 列宁全集：第42卷．北京：人民出版社，2017：201.

② 同①187.

（三）实践模式：国家资本主义

新政改革的实践模式是国家资本主义。这是由改革的最高原则和战略路线决定的。顺民心、遵规律必须通过具体的政策体现出来，民心和规律是相通的，这就决定了顺民心、遵规律体现在相同的政策上，而且这些政策必定要体现“围攻”即以退为进的特点。实物税以及在此基础上的自由流转、经济核算制、租让制、市场经济等政策便是顺民心、遵规律的具体体现，它们既是对个人利益的让步，又是经济关系层面的退却。当然，在其实践层面，有的政策更多地体现顺民心，有的则更多地体现遵规律。所有这些政策合在一起是什么呢？在列宁看来，“就是在很大程度上转而恢复资本主义”①。恢复资本主义，必须防止它可能产生的弊端，为此需要发挥国家理性的作用，通过国家法律和机构来监督、调控资本主义。因此，合在一起，便是资本主义＋国家理性。国家资本主义是新政改革的实践模式。

我们来看国家资本主义的构建历程，以及相关政策是如何体现“顺民心、遵规律”这一最高原则的。

从对农民的让步开始，面对风云四起的农民暴动，列宁认识到必须对农民的利益实行让步。1921 年 3 月俄共（布）第十次代表大会召开，首要的措施就是废除余粮收集制，恢复自由流转。这两项政策意在看顾农民的个人利益，将个人利益的实现同国家利益的实现结合起来，这是顺民心、遵规律的开端。

1921 年 4 月 9 日，列宁在《在俄共（布）莫斯科市和莫斯科省支部书记及支部负责代表会议上关于粮食税的报告》中首次对租让制进行系统辩护，指出租让制是一种发展生产力的方式、途径。租让制的设计以及对它的辩护体现了列宁遵循俄国现实生产力的发展水平及需要。这是顺民心、遵规律的重要进展。

1921 年 7 月 10 日，列宁在《对最高国民经济委员会提纲的修改稿》中首次将经济核算制的问题提上议程（背景是 1921 年 5 月俄国国民经济发生了严重危机，工业产值严重下降）。经济核算制的推行意在看顾工人的个人利益和满足现实生产力的发展需要。这是顺民心、遵规律的重要体现。

① 列宁全集：第 42 卷．北京：人民出版社，2017：195.

1921 年春-夏，俄国实施的是以物物交换、有限制的地方流转、固定价格制和工农业“剪刀差”为基本内容的“社会主义方式的商品交换”，即产品交换。列宁寄希望于通过它就能比较直接地过渡到共产主义。这种以反对商业和市场为基础的产品交换失败了，经济规律在布尔什维克面前展示了雷霆万钧般的威力。痛定思痛，列宁于 1921 年秋实施了“第二次战略退却”。布尔什维克开始遵循经济规律、商业原则，产品交换阶段过渡到了商品交换阶段。新政改革终于走到了其坚实的基地——认识和遵循经济规律。这是顺民心、遵规律的重要突破。

从 1921 年 3 月，俄国恢复自由流转，从此列宁就一直致力于构建国家政权对资本主义的监督和调控。恢复资本主义是苏维埃有意识的选择，但是苏维埃要建立的是“国家资本主义”，即要通过无产阶级专政国家理性的调控，使资本主义成为“训练有素的”“循规蹈矩的”[①] 资本主义。这是发挥国家理性的重要体现。

可见，“国家资本主义”是新政改革的理念及战略路线同现实相结合的产物。

（四）人性论基础和改革动力：同个人利益相结合而产生的持久动力

前面提到，在军事共产主义时期，列宁对民众思想觉悟和承受能力的定位是很高的。既然在严酷的战争中普通民众都能坚持下来，勒紧裤腰带支援战争，那么为了未来的美好生活，他们必定能克服一切困难而坚持“10 年以至更长的时间”[②]。列宁相信，普通民众是具有较高的思想觉悟和承受苦难的韧劲的。基于这种认识，在改革依靠力量的问题上，列宁就自然而然地寄希望于民众的“热情”，希望凭借这种热情去完成经济任务。热情和牺牲精神被提高到一种无以复加的地步。

新政改革是对军事共产主义的“纠正”，自然意味着经过严峻的经济政治危机之后列宁对人性以及建基于人性之上的依靠力量有了全新的理解。在俄共（布）第十次代表大会的报告中，列宁以农民为例剖析了普通民众的思想觉悟。他指出，对于余粮收集制，农民是不可能感到满意的，而这种不满意是“合理的”。显然，这种对人性的把握与军事共产主义时期是截然不同的。这种不满意如果发生在军事共产主义时期，就会被列宁

---

① 列宁全集：第 42 卷．北京：人民出版社，2017：439.

② 列宁全集：第 38 卷．北京：人民出版社，2017：204.

斥责为“自私”；但在新政改革时期，列宁承认，民众的思想觉悟并没有他先前想的那么高。列宁指出，要改变的是过去对民众思想觉悟的过高估计，而不是斥责民众思想觉悟低。普通民众追求正当的个人利益，这就是真实的人性，也是必须得到尊重的。

与这一点相联系，新政改革在动力问题上不再强调个人的热情、觉悟，而是寄托于同个人利益相结合而产生的持久动力。这一点我们可以从一件小事中看得很清楚。1921 年 5 月，叶·伊·莫伊谢也夫工程师在一份呈送列宁的报告中阐述了新政改革的动力原则，他说：“必需把国家需要产品和只有产品可以并应该得到报酬作为基础。……必须永远不再把事物建立在热情和勇敢精神的基础上，因为人们不能够成年累月地处于神魂颠倒的热情的状态中，迫使他们工作的只能是经济上的必要。只能建立在这种实惠的基础上。”[①] 对于这一段，列宁标注了“对！对!”[②] 的字样，这是列宁在发展动力问题上认识的重大突破！

（五）改革速度方面的特点：审慎、渐进、缓慢、稳健

新政改革在速度问题上呈现出与军事共产主义强调速度、热情、跃进所截然不同的特点。这些特点就是审慎、渐进、缓慢、稳健。

顺民心、遵规律以及“围攻”战略决定了新政改革在利益层面和经济关系层面要更审慎、渐进。在利益层面，不再像过去那样对个人利益采取单纯的压制，而是同个人利益相结合，通过这种结合来实现国家利益，这就是审慎、渐进。在经济关系层面，也不再像过去那样采取激进的变革，即与旧有的经济关系（主要是资本主义经济关系）一刀两断，试图通过人为建立纯之又纯的公有制的方式过渡到共产主义。新政改革对旧有的经济关系采取的是审慎、渐进的态度，即在很大程度上承认、吸收和恢复资本主义经济关系，以此为中介来安顿民心，发展生产力。可见，整个新政改革呈现出的是一种冷峻、务实的气息。

新政改革在速度问题上自然也强调缓慢、稳健。列宁指出，现在要学习用另一种速度、另一种方式来前进，这种步子要比原来设想的慢百倍，但是却稳当可靠“百万倍”，每走一步都要对这些步骤进行“千百次的”实践检验，时刻纠正做错或没有做好的地方，这样，就能一步一个脚印地

---

① 列宁文稿：第 17 卷．北京：人民出版社，1990：47.

② 同①.

前进，直至到达目的地。列宁用“龟速”来形容新政改革的前进速度。他说，坚定的攀登者应该集中精神做好这样的事情：给自己系上绳子，花好几个小时用铁镐凿出台阶或可以拷牢绳子的地方；他必须像乌龟那样慢慢挪动，而且是向下爬、向后退，看起来离目标越来越远；只有等到退到据点，找到一条比较稳当的绕行的道路，攀登者才再次沿着这条道路更直接、更大胆、更迅速地往上爬，直至登上山顶。缓慢、稳健的背后也是以史为鉴的冷峻选择。

（六）心态保障：信心、干劲和韧劲

列宁指出，既然选择了以退为进的战略路线，那么就需要培育与狂飙突进不同的心态。经济“强攻”要求的是热情、爆发力和英雄主义，而新政改革则呼唤不同的心态。列宁教导全体党员和干部要淬炼自己的心态。

一是不要灰心失望，不要质疑，要有坚定的信心——苏俄走在正确的道路上。从 1921 年春天开始，苏俄终止了军事共产主义“强攻”战略，实施“战略退却”，许多布尔什维克看在眼里，失望在心里，在他们看来，英雄主义凯歌行进的时代已经过去，剩下的只有蝇营狗苟，故而灰心失望。有些布尔什维克则质疑新事业，在他们看来，新政改革实际上是在走资本主义回头路，结果就是使苏俄由“伟大”变成“可笑”。列宁也指出，走“围攻”这条道路很容易情绪低落。这是因为，此时已经没有了先前往上攀登、势如破竹的激昂情绪。列宁批评了上述情绪，他指出，这种灰心失望的情绪是要不得的，会成为苏俄新事业成功的绊脚石。列宁还批评了种种质疑的情绪，他指出，有些布尔什维克认为，可以不犯错误，可以不实行退却，可以不再重做那些没有完成的事情，就可以完成为共产主义奠定经济基础这一具有世界历史意义的事业，必须说，这样的共产党员已经“完蛋了”。退却是形势使然，而且退却绝不是逃跑，绝不是堕入资本主义的泥坑，而是以退为进，终究要登上山顶。列宁指出，在新征程中不容许有丝毫灰心失望，也没有理由灰心失望，因为苏俄虽然处于经济破坏、落后、饥荒和贫困的状况，但是毕竟“在为社会主义创造条件的**经济**领域内**开始前进了**”①。道路正确，所有布尔什维克就要有坚定的信心和乐观的心态。

二是不要惊慌失措，要镇定守序。列宁特别指出，苏俄实现的是全方

① 列宁全集：第 42 卷．北京：人民出版社，2017：461.

位的退却，既然是退却，就必须有十分严格的纪律，不能惊慌失措。列宁指出，每当实行退却的时候，总会有一部分人陷入灰心丧气、惊慌失措的状态，过去军事撤退时是这样，现在经济战线退却时也是如此。这种惊慌失措会给苏维埃的事业带来巨大的危害。现在谁不守秩序，不守纪律，谁就是将敌人放进改革的队伍里来。列宁指出，要像在军事战争时期那样，要有铁一般的纪律；在战略退却时期，要更团结，更守纪律，更和衷共济地工作。

三是不要颓丧，要有耐心、干劲和韧劲。在俄共（布）第十次全国代表会议上，列宁明确指出，新政改革绝非权宜之计，而是必须“认真地和长期地”① 执行。许多布尔什维克知悉此事后产生了消极颓丧的情绪，在他们看来，新政改革是一条不知退到哪里、退到什么时候的道路。他们悲观地问：到底要退到哪里为止？列宁指出，这就是某种“颓丧情绪”的反映，是完全没有根据的。现在是以退为进，不是逃跑，会有转入进攻的那一天，至于什么时候停止退却，转向进攻，那就得看苏维埃什么时候学会了，什么时候做好了转向进攻的准备。颓丧情绪不仅无助于苏维埃的事业，而且还会成为事业成功的绊脚石，因此要坚决加以摒弃。

四是要有顽强的意志。列宁指出，面对一项长期、缓慢、艰苦、审慎和认真的事业，应当淬炼顽强的意志。现在要做的是清醒地估计形势，尤其是要保持饱满的精神和坚强的意志。道长且阻，顽强的意志必不可少。列宁指出，不应当灰心失望，而是要一直保持着“机体的活力和灵活性”，随时准备再一次“从头开始”②，百折不回，保持攻坚克难的决心和意志。

五是要有实干的精神。列宁说：“应该细心地研究具体的条件和情况，应该确定可以利用什么地形站住脚，——利用一条河、一座山、一片沼泽或某个车站？因为我们只有在可以利用某种地形站住脚时，才能转入进攻。”③ 只有用心做好实物税的征收、自由流转和租让等工作，做好同个人利益的结合，做好监督和调控资本主义的事业，才能治好国家的创伤，才能恢复大工业，为日后向共产主义的过渡奠定基础。列宁呼吁全党和全体干部队伍：“把这项需要更缓慢、更谨慎、更坚定和更顽强地进行的工作（指‘战略退却’。——引者注）担负起来吧！”④ 可以说，列宁不仅仅

① 列宁全集：第41卷．北京：人民出版社，2017：323.
② 列宁全集：第42卷．北京：人民出版社，2017：461.
③ 同②250.
④ 同②124.

是一位战略家，更是一位高明的精神鼓动家。

综上所述，新政改革就是以实现共产主义为目标，以顺民心、遵规律为最高原则，以“围攻”为战略路线，以国家资本主义为实践模式，以同个人利益相结合而产生的持久动力为依靠力量，以审慎、渐进、缓慢、稳健为特点的新的过渡方式，是对经济“强攻”（军事共产主义）的“纠正”。

以上是对新政改革到底是什么的回答。从中可以得出什么结论呢？新政改革达到了对本质和规律的理性自觉。前面提到，在十月革命前夕至1918年初的渐进改革中，列宁虽然也选择了国家资本主义，但这毕竟只是基于经验分析；而新政改革已经站到了本质和规律的高度，列宁是基于“顺民心、遵规律”这一最高原则而选择国家资本主义，选择“围攻”战略，这位苏维埃的最高改革者已经做到了遵道而行。从经验选择，到理想主义，再到理性自觉，整个新政改革充满了一种悟道后的气息。关于这一点，我们在综论部分还会详加分析。

在回答了新政改革是怎么来的以及新政改革是什么的问题之后，逻辑上的下一个环节是分析列宁如何落实新政改革。这种落实首先体现为替新政改革的各项政策进行辩护。名不正则言不顺，言不顺则事不成。任何一场改革，都包含着政策辩护环节，尤其是在新政遇到质疑和反对的情况下，理论辩护起着为实践披荆斩棘的作用。下一章我们将详尽剖析列宁在这个方面所做的努力。

第二章　论证国家资本主义

本章剖析列宁对新经济政策（国家资本主义）具体政策的论证。伴随着俄共（布）第十次代表大会的召开，实物税、自由流转、经济核算制、租让制、市场经济等政策纷纷落实。人们对这些政策的推行持何种态度呢？许多人，尤其是一批真诚的布尔什维克从内心深处是无法接受国家资本主义的，他们质疑、不满、愤怒，甚至公开反对。

在这些人看来，实物税基础上的自由流转、经济核算制、租让制，到后来的市场经济，这不是在恢复资本主义吗？他们内心不解、不认同，在这批真诚的信仰者看来，自己流泪流血，目的就在于消灭资本主义，赶跑资本家，现在列宁竟然将资本主义、资本家重新请回来剥削群众，这让他们情何以堪？在他们看来，苏维埃政权的崇高理想已不复存在，剩下的只是蝇营狗苟，剩下的只是“做生意”，成为精明的“批发商”等卑贱的目标。这些人在哀叹之余，要么万念俱灰，要么不满，甚至公开反对。俄共（布）第十次代表大会开启的国家资本主义道路确实让很多有着真诚共产主义信仰的人不解、质疑、反对，甚至绝望。因此，为新经济政策（国家资本主义）的各项政策进行辩护就成了十分重要的事情。列宁必须讲清楚，搞国家资本主义确实是以退为进，而不是走回头路。

本章详细剖析列宁是如何为实物税和自由流转、经济核算制、租让制、商业与市场关系辩护的。这些辩护虽然内容各异，但却贯穿着一个统一的思路：新政改革是顺民心、遵规律并辅以国家理性的改革，故能成事。列宁所有的辩护和论证都是围绕这一思路展开的。

一、论证实物税与自由流转

实物税以及在此基础上的商品交换是国家资本主义的头一批政策。面对质疑和反对，列宁从国家资本主义符合“顺民心、遵规律”这一最高原则的角度加以辩护的。实物税以及在此基础上的商品交换是现实的民心和生产力的深切要求，故而能发挥积极作用：平息民怒，协调工农关系；刺激农民生产的积极性，使农业得以快速恢复，从而为大工业的恢复积累粮食、燃料和资金；商品交换作为国家资本主义，能有效克服小资产阶级自发势力给经济生活造成的破坏性、无序性，为经济发展扫除拦路虎。无产阶级国家政权对自由流转的监督和调控捍卫着普遍利益，防止堕入资本主义的泥潭。国家资本主义有大用。因此，与先前纯社会主义的生产和分配制度相比，实物税以及在此基础上的商品交换在利益层面和经济关系层面虽然表现为一种退却，但能借助于这种退却最终实现以退为进。

（一）实物税、自由流转政策的酝酿、出台和具体内容

为何将实物税、自由流转合在一起来讲？因为在列宁的论述中，两者就是合一的，实物税和自由流转政策共同构成对农民的让步。我们分别来看实物税和自由流转政策的酝酿、出台和具体内容。

1. 实物税政策的酝酿、出台和具体内容

早在 1920 年 12 月的农民代表座谈会上，列宁就直接倾听了农民希望废除余粮收集制的心声，也谋划了一些要减轻农民负担的政策。例如，在 1920 年 12 月的全俄苏维埃第八次代表大会上，列宁提出了要对特别勤劳的个人给予物质奖励的建议，以此来刺激农民生产的积极性。1921 年 1 月 6 日，列宁在致人民委员会办公厅主任哥尔布诺夫的便条中再次提到了莫杰诺沃村的农民请求减少征收额的问题，并请哥尔布诺夫研究一下，帮助农民解决问题。这些举措可被视为实物税政策出台的前奏。

真正将实物税问题提上议程，要到 1921 年 1 月底 2 月初，此时农村的局势骤然紧张，大规模暴动爆发了，为了挽救政权，平息农民的怒火，列宁不得不有所回应，布尔什维克于 1921 年 1 月底 2 月初在 13 个省份完全停止实行余粮收集制。1921 年 2 月 8 日的《农民问题提纲初稿》的提出则正式标志列宁转向实物税的决心。在其中，列宁指出，要满足农民关于用实物税取代余粮收集制的“愿望”，要设法降低实物税的征收额，并且同意根据农民积极性的高低来调整税率，农民生产的积极性越高，税率越低。

紧接着列宁着手准备为实物税的推行营造舆论。1921 年 2 月中旬，

列宁暗中授意莫斯科省粮食委员索罗金和莫斯科省土地局局长罗戈夫，让他们在《真理报》上发表实物税比余粮收集制优越的文章。索罗金和罗戈夫署名的《余粮收集制还是实物税》刊登于1921年2月17日、26日《真理报》第35号和第43号，文章引发了关于余粮收集制和实物税问题的热烈讨论，实物税的造势活动迅速铺开。

1921年2月下旬，农村紧张的局势到了千钧一发的状态，列宁于1921年2月24日在莫斯科市党的积极分子会议上的讲话中公开表明了要废除余粮收集制、改行实物税的决心，他说："实行余粮收集制真有难以想象的困难。……我们得出的结论是，现在普遍存在着不满情绪。"① 因此，不应当再空泛地讨论总的局势，而必须马上集中力量来摆脱困境，言下之意就是要马上着手实施实物税政策。

1921年2月28日，列宁在莫斯科工农代表苏维埃全体会议上的讲话中把话说得更直白了，他说，农村的暴动表明，农民不愿接受余粮收集制，他们请求政府在征收粮食时考虑"小农的需要"，要定出标准：农民需交多少粮食，其余归他们所有和支配。列宁承认农民的这种要求是"有道理"的，并承诺在即将召开的俄共（布）第十次代表大会上提出这个问题，并且做出明确的改革来满足农民群众的要求；在讲话的结尾部分，列宁还特别提到要"早一点"举行俄共（布）第十次代表大会。

1921年2月，列宁曾致信粮食部门负责人亚·德·瞿鲁巴，跟他商量尽快试行新制度的问题。列宁在信中分析了苏俄的粮食状况，1921年2月1日国家有粮食4 570万普特，并且到3月1日大约能有4 800万普特，到4月1日大概能有5 000万普特，这5 000万普特可以维持国家5个月的消耗，从4月1日到9月1日（征收粮食的大概日子）是5个月，列宁将自己的设想告诉并咨询瞿鲁巴：是否可以从1921年3月15日或4月1日起全部取消余粮收集制，并在1921年9月1日前或8月15日前试行实物税？到这里，实物税的酝酿就完成了。苏俄从1921年9月起实施新制度。

我们来看一下实物税政策的具体内容：（1）关于税额。实物税税额应当比采用余粮收集制的方法征收的少。总税额应当能满足城市工人、军队和非农业人口的最低限度的消耗。当大工业的恢复使苏维埃有可能通过工农业之间的交换获得更多的农产品时，总税额应当随之不断减少。（2）关于征税的标准。每户的税额应当依据每户的人口、牲畜数量和实际的收获

① 列宁全集：第40卷．北京：人民出版社，2017：359.

量从每户产品中按份额征收。(3) 照顾政策。相关政策规定，对于处境差的中农、贫农，税额应当低一些，最贫苦的农户可免缴部分甚至全部实物税。

2. 自由流转政策的酝酿、出台和具体内容

相比于实物税政策，自由流转政策的酝酿和出台要晚一些。前面提到，1921 年 1 月底 2 月初，农民在暴动中喊出了要求恢复自由流转的口号，列宁从这时起才认真思考和酝酿自由流转政策，1921 年 2 月 8 日《农民问题提纲初稿》的出台表明列宁下定决心恢复自由流转。1921 年 3 月，俄共（布）第十次代表大会通过了《关于以实物税代替余粮收集制》的决议，自由流转政策正式出台。

自由流转政策的具体内容为：农民在纳税后有权处理剩余的一切粮食、饲料和原料，可以用来提高自己的个人消费，也可以用来交换工业品、手工业品和其他农产品，允许农民在地方经济流通的范围内进行交换。

（二）对实物税、自由流转政策的论证

对实物税、自由流转政策进行论证，这是列宁在俄共（布）第十次代表大会报告以及后续的许多报告中进行的重要工作。这一论证工作持续了大半年的时间。列宁的论证思路可被简要概括为：实物税、自由流转较之于军事共产主义时期相关的过渡政策（余粮收集制、禁止自由流转）虽然是一种退却和让步，即在利益层面表现为对农民的个人利益实行让步，在经济关系层面表现为向资本主义经济关系退却，但这种退却是“顺民心、遵规律”所要求的，正因为此举下顺民心、上合规律，所以必定能成事，即能发展社会生产力，为苏俄向共产主义的过渡创造基础，从而达到以退为进的目的。同时，这种退让又辅以国家理性的监督和调控，所以不会产生严重的副作用。

1. 实物税、自由流转政策有大用

第一，实物税、自由流转政策能协调工农关系，巩固无产阶级政权，防止资本主义复辟，保证走共产主义道路。

列宁指出，像苏俄这样已经建立无产阶级政权的国家，要实现向共产主义的过渡，需要具备两个条件：一是得到一个或几个先进发达国家社会主义革命的支援；二是掌握国家政权的无产阶级能和大多数农民达成妥协，即建立巩固的工农联盟。前者还未到来，后者就显得更为重要。但是，军事共产主义时期工人和农民之间的妥协是不牢固的，直率一点讲，

这一妥协是相当糟糕的，农民对余粮收集制和禁止自由流转的政策极其不满，再加上1921年春天农作物歉收、牲畜死亡、饲料缺乏等因素，农民的处境已经到了不堪忍受的地步，于是农民就通过暴动等方式将自己对布尔什维克的不满、自身的意愿“明确地”表达了出来。列宁指出，农民的这种不满是“合理的”，他们是不可能感到满意的，因此，现有政策无论如何不能继续下去了，否则工农关系就会破裂，资本主义就会复辟，共产主义就会成为迷梦。为此，必须立刻对农民做出让步。只要能缓和并重建工农联盟，使无产阶级政权得到巩固和支持，就可以对农民做出任何让步。列宁指出，必须“开诚布公地、老老实实地对农民说：为了坚持社会主义道路，我们将对你们农民同志作一系列的让步”①，以此来改善他们不堪忍受的处境。

那么，如何改善农民的处境呢？自然必须要努力满足农民的要求。怎样满足农民的要求呢？列宁指出，这就需要从农民的要求本身中寻找答案。如果深入研究，就会立刻明白，有两个东西可以满足农民的要求：一是留部分余粮归农民所有；二是农民能自主支配余粮，包括用于自由交换。因此，为了使农民满意，唯一的办法就是改行实物税、允许自由流转。列宁指出，俄共（布）第十次代表大会正是用这种办法来调整和改善无产阶级与农民之间的关系，并且相信，这种改革一定能在两者之间建立起牢固的关系，从而巩固无产阶级政权。

第二，实物税、自由流转能激发农民生产的积极性，从而提高农业产量，为大工业的恢复积累必要的粮食、燃料和资金。

一是余粮收集制、禁止自由流转的政策扼杀了农民生产的积极性，从而也就破坏了农业生产，阻碍了大工业的恢复。列宁指出，要恢复俄国被战争破坏了的大工业，就必须将大量的粮食储备（至少是4亿普特粮食储备）和燃料集中到国家手中，否则根本谈不上重建大工业。粮食、燃料从哪里来？当时的处境下只能依靠农业、农民。军事共产主义时期，为了获得这些资源，苏维埃政权采取的是余粮收集制、禁止自由流转的政策，这种政策在短期内是奏效的，但是无法长期维持。为什么？农民不买账。列宁说：“在实行余粮收集制的情况下，小农户没有正常的经济基础，许多年都必然死气沉沉，小经济不能存在和发展，因为小业主对于巩固和发展

① 列宁全集：第41卷．北京：人民出版社，2017：314.

家业、增加产量失去兴趣，结果我们就失去了经济基础”①。余粮收集制，再加上 1921 年春天农作物歉收、牲畜死亡、饲料缺乏等因素，导致的就是军事共产主义时期农业生产的急剧下降和农民破产。关于这一点，列宁用实际的事例加以证明。在 1920 年秋季和冬季，布尔什维克曾试图让大工业的某些重要部门开工，但后来不得不停工，一直停到 1921 年春季。原因是什么呢？劳动力不够吗？并不是，工人还是有的。主要原因在于工厂没有获得足够的粮食和燃料储备，结果所有的企业都被迫停工。没有足够的粮食和燃料储备作为保障，国家根本就无法全神贯注地着手恢复大工业，哪怕是小规模的也不行。为何缺乏粮食和燃料储备？因为苏俄的农业已经生产不出这些东西了。在余粮收集制政策下，农民对生产完全失去了兴趣，越勤劳的农民越吃亏，生产积极性根本无从谈起。农业生产力日益下降，源泉都没有了，何来工业积累？列宁承认，用旧的余粮收集制办法是绝对征收不到 4 亿普特粮食的。1920 年和 1921 年的事实已经表明了“这一点”。实践证明，余粮收集制已经走到尽头了。苏俄对农民的经济关系不应建立在余粮收集制和禁止自由贸易的基础上，而必须建立在新的基础之上，这个新的基础便是实物税和自由流转政策。

二是实物税和自由流转政策能刺激农民生产的积极性，从而增加农业生产。列宁指出，实物税和自由流转政策最大的作用在于能刺激农民生产的积极性。列宁在俄共（布）第十次代表大会文献及其他相关文献中反复强调这一点，他说，实物税和自由流转对于农民来说是一种“刺激、动因和动力”②，主要是要有一种能促使农民从事生产的“刺激和动因”③，推动他们增加播种面积、扩大经营，以实物税代替余粮收集制的作用就在于此。经历了严峻的经济政治危机之后，列宁终于明白，唯有直接的物质利益才能激发农民生产的积极性，军事共产主义那种要求农民“吃苦在前，享乐在后”的做法过高地估计了农民的思想觉悟。列宁指出，实物税和自由流转政策的意义在于，它们将个人的勤奋劳动同个人利益的实现直接统一起来。春播、夏作，接着就有秋收，而不用等十年八年后才有收获。苏维埃国家对实现农民的个人利益，表现出了最大的诚意，将实物税压缩到了最低限度（征收的税额仅仅能养活城市工人、军队和非农业人口），从

---

① 列宁全集：第 41 卷．北京：人民出版社，2017：305.
② 同①63.
③ 同①64.

数值来看，1921 年度政府确定的实物税征收额只有 2.4 亿普特，比上一年采用余粮收集制征收到的 4.23 亿普特少了近一半，其他如油料、肉类等的征收额也比上一年少了五成到七成，可见，国家已经准备最大限度地直接让利于勤劳的农民。列宁坚信，在这种机制下，业主是能够感觉到劳动是为了他自己的，是能够实现其直接的物质利益的，因此之故，“业主能够而且一定会为着自身的利益而努力，因为向他征收的将不是他所有的余粮，而仅仅是实物税”①。凭借实物税和自由流转政策，农民一定会对农业生产重新产生兴趣，一定能以更大的信心、更大的劲头，全力以赴地进行农业生产，使剩余的农产品为其提供其所需的东西。实物税和自由流转政策开辟了个人利益实现的空间，所以必将有助于改善农民经济这一事业。

三是农业增产了，大工业的恢复也就有了基础。这一点是顺理成章的。列宁指出，改行实物税和自由流转政策，对个人利益实行让步，根本目标在于恢复大工业。苏维埃首要的而且始终是首要的目标就是“恢复大工业”，如果认为苏维埃什么时候忘记了这一目标，那就是十分荒唐和可笑的。列宁说：“我们过去和现在所作的让步是出于经济的需要、出于无产阶级的利益的需要，而不是出于别的什么需要。无产阶级的基本的和最重要的利益，就是重建大工业及其牢固的经济基础”②。新政改革是要通过实现个人利益来最终实现国家利益。过去，通过余粮收集制国家不能收集到足够的资源，因为农民对生产彻底失去了兴趣。现在，凭借新政改革，国家就能刺激农民生产的积极性，从而使农业增产，最终获得恢复大工业所需的资源。可见，实物税和自由流转既是顺民心的“让步”，同时也正因为是顺民心的，所以能获得丰厚的回报。农民主观上为自己，客观上实现了国家利益，大工业的恢复获得了牢固的基础，从而实现以退为进。这是列宁在论证中反复强调的一点。

第三，自由流转能加速工农业之间的流转，是生产力发展所必需的。

列宁说：“目前商业……是我国经济生活的试金石，是无产阶级先头部队同农民结合的唯一可能的环节，是促使经济开始全面高涨的唯一可能的纽带”③。自由流转是工农业之间的“纽带”，一旦它的作用被发挥出

① 列宁全集：第 41 卷．北京：人民出版社，2017：63.

② 同①304.

③ 列宁全集：第 42 卷．北京：人民出版社，2017：359.

来，工农业之间的流转就会加快，工农业的发展也会随之加快。这是因为，工业在与农业交换的过程中获得自身发展所需的农产品，而农业在与工业交换的过程中获得自身消费所需的工业品，结果工农业在自由流转中都获得发展，经济全面高涨。自由流转适应苏俄现实生产力发展的需要，正因为适应，所以必须实行自由流转。

第四，新政改革所推行的自由流转（“合作制”资本主义）能为生产力的发展扫清障碍。

一是小商品生产和私人资本主义的破坏性、无序性是苏俄的敌人。列宁指出，1921 年俄国的社会经济结构成分与 1918 年相比并没有发生根本的改变，依然是：(1) 宗法式的，主要指自给自足的农民经济；(2) 小商品生产，主要指出卖粮食的农民经济；(3) 私人资本主义，主要指商品买卖；(4) 国家资本主义经济成分；(5) 社会主义经济成分。其中占据主导地位的依然是小商品生产和私人资本主义，那么，小商品生产和私人资本主义是促进还是阻碍俄国生产力的发展呢？答案显然是后者。列宁分析指出，小资产阶级自发势力的根本特点是，只考虑如何牟取私利并抗拒任何形式的国家干预和监督。1921 年春天的俄国，投机商、奸商、垄断制破坏者等小资产阶级自发势力正以粮食为对象进行投机倒把，因此，要么将这些小资产者置于国家的监督下，否则就会像过去那样，让小资产者推翻工人政权；要么扫除上述生产力发展的阻碍，否则就让其继续破坏生产力的发展。小资产阶级自发势力的破坏性、无序性始终是苏俄的敌人。与 1918 年的论述相比，列宁在 1921 年的论述中增加了对建立在小商品生产和私人资本主义之上的上层建筑的分析。他指出，如果观察俄罗斯联邦的版图，就会看到，主宰俄国所有穷乡僻壤和绝大部分土地的是“宗法制度、奥勃洛摩夫精神和半野蛮状态”①，这是同小商品生产和私人资本主义占主导的经济基础相适应的上层建筑，因此小资产阶级自发势力带给新政权、新社会的危害是全方位的。

二是新政改革推行的自由流转（列宁也称之为“合作制”资本主义）是国家资本主义的一个“变种”，能有效克服小商品生产和私人资本主义对社会经济生活造成的危害。列宁在 1921 年俄共（布）第十次代表大会报告中首次提出，新政改革所恢复的资本主义绝不是破坏性、无序性的自由流转，而是“合作制”资本主义。既然不得不实行自由流转，即恢复资

① 列宁全集：第 41 卷．北京：人民出版社，2017：216.

本主义，那么最好的做法便是实行“合作制”资本主义，它在本质上是国家资本主义的一个“变种”。在苏维埃政权下，推行“合作制”资本主义是有好处的，这是因为，“合作制”资本主义不像私人资本主义（私营商业）那样难以监督，而是便于国家实行计算、监督、监察，进行商品交换的合作社本身就处于国家的监督下。因此，搞“合作制”资本主义意味着将自由买卖纳入国家资本主义的轨道。“合作制”资本主义赋予经济生活秩序、纪律，消除小资产阶级自发势力的破坏性、无序性，从而为生产力的发展扫除了拦路虎。可以看到，“合作制”资本主义是对1918年国家资本主义思想的进一步发挥。1918年设想的国家资本主义还只是全行业的托拉斯化、全民参加消费合作社以及在此基础上的国家监督，当时列宁并没有承认以自由交换为基础的国家资本主义。1921年春天提出的“合作制”资本主义则是以自由流转为基础的新型的国家资本主义。

综上可见，整个论证都是围绕着“顺民心、遵规律”来展开的。因为顺民心，所以能巩固工农联盟；因为顺民心，所以能激发个人生产的积极性，为农业和工业的恢复奠定基础；因为退到了符合俄国现实生产力发展需要的资本主义经济关系，所以能扫除生产力发展的阻碍。顺民心、遵规律，故能成事。

2. 自由流转无副作用

如果将实物税和自由流转政策视为对时代病症所下的药方，那么除了要论证这剂药方是有效的（上面的内容就是说明药方的有效性，归结到一点就是，这剂药方为苏俄向共产主义过渡准备了充足的条件），还要证明这剂药方是无副作用的，即证明苏俄不会因为恢复自由流转而蜕变成资本主义国家。前面提到，合作制自由流转是国家资本主义的变种，是受国家监督和调控的，但这只是一个结论，列宁还必须证明国家确实有实力将资本主义纳入自己的轨道，而不是相反。

我们来看一下列宁对该问题的回应：流转自由就是资本主义，且这种资本主义是可控的。什么是流转自由呢？列宁说：“流转自由就是贸易自由，而贸易自由就是倒退到资本主义。”① 流转自由是各个小业主之间进行的商品交换，这种交换不可避免地要分化出资本所有者和劳动者，分化出资本家和雇佣工人，也就是重新恢复资本主义雇佣劳动制。列宁指出，资本主义制度不是从天上掉下来的，它的老根就是商品农业经济。谁要是

---

① 列宁全集：第41卷．北京：人民出版社，2017：54.

不明白这一点，就只能证明他连起码的马克思主义常识也没有。列宁指出，苏俄虽然恢复了自由流转，但这是一种新型的自由流转，是“合作制”资本主义，是国家资本主义，无产阶级政权的国家理性始终在发挥作用，这是在国家理性驾驭下的资本主义。

那么，国家是否有这个力量呢？如何切实有效地驾驭呢？(1) 无产阶级国家政权是强大的。列宁指出，十月革命诞生的苏维埃政权是一个新型的国家政权，是无产阶级专政的国家政权。无产阶级既掌握了政治权力，又掌握了经济权力，因为国家最重要的经济资源如工厂、铁路、对外贸易等都掌握在工人阶级手中。这样的国家力量强大，完全有能力调控自由流转、资本主义。(2) 国家对自由流转进行了全方位、强有力的监督和调控。这种监督和调控体现在国家规定了自由流转的限度。苏维埃政权可以规定自由流转在多大的范围内、在多深的程度上活动。国家还是自由交换的直接参与者。具体来说，国家掌握了工业品，它利用消费合作社等机构进行自由流转，这意味着国家能直接监督和调控自由贸易。苏维埃政权对自由流转的监督和调控还体现在法律层面。国家法律给予自由流转活动规范，并表明了严厉打击投机倒把、盗窃活动的决心。列宁指出，允许商人发财，但也加倍严格地要求他们做“老实人”，要求他们真正对待无产阶级政权国家的法律条文，不得有“一丝一毫”的违背，否则就依法严惩。关于国家如何具体监督和调控自由流转资本主义，我们还会在后文中详细展开。总之，在列宁看来，无产阶级国家政权作为普遍理性的体现，是有决心、有能力、有足够的手段将自由流转、资本主义置于自己的控制之下的。这就避免了因恢复资本主义而走回头路的问题。实物税和自由流转政策有大用而无副作用。实物税和自由流转政策的出台，使共产主义看似远了，实则近了。

以上是列宁对实物税和自由流转政策的辩护，我们从中可以看到列宁思想认识的艰辛突破。余粮收集制和商业国有化寄托着列宁“跑步进入共产主义”的希望，改行实物税则意味着这个美梦被终结了，基于热情的“强攻”不得不让位于长期的、艰苦的“围攻”，这不论是对于列宁，还是对整个布尔什维克党，都是十分艰难的转变。更为艰难的是恢复自由流转。在军事共产主义时期，列宁将自由流转视为革命事业和建设事业的绊脚石，在他看来，自由流转犹如潘多拉之盒，一日不绝，人间便会深受其害。可以说，列宁最尖锐的控诉都是指向自由流转的。因此，在军事共产主义时期，列宁等人推行商业国有化即禁止私人贸易的做法是异常坚定的。从商业国有化转到恢复自由流转，这得经过多么激烈的思想斗争，经历实践的多少次敲打才能完成啊！

而且，列宁对实物税和自由流转政策的辩护散发着现实主义的气息。我们可以从上面的辩护内容中把握到几个关键点：（1）实物税和自由流转政策基于真实的前提。在军事共产主义时期，列宁等人为“热情的浪潮”所激励，沉迷于理想主义、主观主义之中。他们认为，凭借民众的热情和牺牲精神以及国家层面的集中，苏俄一定能跑步进入共产主义，而且民众为了未来美好的生活，一定会支持国家工业化建设。但这种理解真的符合民心、人性吗？事实上，余粮收集制和商业国有化政策的推行既没有倾听民心，也没有经过试点，因此，这种前提是主观虚构的，最终也被严峻的经济政治危机证明是错误的。从上面对实物税和自由流转政策的辩护中，我们可以清楚地把握列宁对民心、人性和现实生产力发展需要的理解，那便是：农民并没有那么高的思想觉悟，他们渴望个人利益得到实现；现实的生产力也无法接受纯之又纯的公有制，它要求的是与之匹配的经济关系，这种经济关系不是余粮收集制和商业国有化所体现的纯公有制，而是实物税和自由流转所体现的资本主义经济关系。实物税和自由流转政策的推行正是基于这样的前提。（2）在列宁的辩护中，我们看到了列宁顺民心、遵规律的理念。整个辩护归结起来就一句话：只有顺民心、遵规律，最终才能成事。只有满足农民和生产力的现实需求，才能充分激发农民生产的积极性，恢复农业生产力，从而为国家利益的实现奠定基础。对实物税和自由流转政策的辩护表明，顺民心、遵规律的理念已经深入列宁的内心了。（3）对实物税和自由流转政策的辩护还体现了列宁注重发挥国家理性的思路与意识。列宁深知，单纯的资本主义（自由流转）是有问题的，这是一匹野马，虽然能带动经济快速发展，但也可能伤人，即损害普遍利益，因此必须用国家理性来驾驭这匹野马，使它始终在符合国家利益的轨道上前行。一句话，国家理性正是用来校正因资本主义的推行而可能产生的偏差的力量和保证。

在列宁对实物税和自由流转政策的辩护中，我们看到了理想依旧，但加入了尊重现实、遵道而行、注重发挥国家理性的内容，思想的成熟由此可见。

二、论证经济核算制

与对实物税和自由流转政策的辩护一样，列宁也是基于国家资本主义符合“顺民心、遵规律”这一最高原则来对经济核算制的实施加以辩护的。经济核算制是现实的民心和生产力的深切要求，因此它能发挥积极作用：激发企业和个人生产的积极性，提高生产效率，从而为创造高度发达的社会主义生产力奠定基础。国家资本主义有大用。同时，苏维埃政权对资本主义强有力的监督和调控也防止了劳动群众的利益受损。国家资本主义无副作用。因此，与纯社会主义的分配方式相比，经济核算制虽是一种“退”，但借助于这种“退”最终能实现以退为进。

（一）“经济核算制”概念与经济核算制的出台

用简要的话来阐述“经济核算制”概念，那便是：经济核算制是一种在生产效率与供应、分配之间建立正相关联系的分配制度。这种分配制度与军事共产主义的平均主义分配制度截然不同。它最大的特点就是对效率进行激励。国家对个人和企业的供应不再像过去那样根据职工人数来定，而是根据劳动产品来定。这种分配制度最鲜明的体现便是计件工资和集体供应。计件工资在生产效率和工资之间、产品件数和供应之间建立直接的联系，它最直接、鲜明地体现了个人和企业有劳有得、多劳多得、自负盈亏的原则。集体供应并非给每个企业平均供应，而是国家根据企业生产效率的高低，选择性地供应一批效率高的企业。效率越高，供应就越充足。这种对效率的激励还体现为奖励优秀。如果企业和个人在一年的工作中富有成效、大幅提高产量，那么国家就会向企业提供特别的供应，也会根据企业的收支情况在年终给表现优异者发放奖金。经济核算制在个人层面体现为有偿劳动、有劳有得、多劳多得、奖励优秀等内容，在企业层面体现为集体供应、奖励优秀、经济责任等内容。

1921年5月初，最高国民经济委员会主席拉林和全俄工会中央理事会负责人哥尔茨曼向中央提出了关于对某些国营企业的员工实施集体供应的决定草案，草案在修改后获得批准。决定草案规定，企业的工资总额不再根据职工人数来定，而是根据劳动成果来定，如果由于企业的劳动组织得以改进而导致职工总数减少，那么企业的工资总额不减少。1921年6月22日，劳动国防委员会开始在第一批国营企业中实施集体供应制。

1921年7月6日，最高国民经济委员会起草了关于废除平均主义分配制度、改行经济核算制的决定草案，1921年7月10日经列宁修改后提交人民委员会通过。人民委员会陆续在各行业推行经济核算制，例如，1922年1月16日通过了《关于在运输业中实行经济核算制》的决定。

在前面改革的基础上，1921 年 9 月主管工资改革的基谢廖夫提交了关于《工资问题基本原则》的草案，草案以俄共（布）中央委员会关于经济核算制的原则为基础。列宁于 1921 年 9 月 4 日审阅并修改了草案，强调劳动报酬要同生产成果直接挂钩。经俄共（布）中央委员会、劳动国防委员会、全俄工会中央理事会党团委员会、莫斯科省工会理事会党团委员会和最高国民经济委员会主席团党团联席会议全面讨论后，《工资问题基本原则》由人民委员会批准，并于 1921 年 9 月 17 日发表在《全俄中央执行委员会消息报》第 207 号上。至此，经济核算制的改革基本到位。

（二）对经济核算制的论证

经济核算制的推行是否遭到了质疑和反对呢？答案是肯定的。在反对者看来，推行经济核算制就是倒退到资本主义的分配原则。他们担心，经济核算制最终会导致苏俄蜕变为资本主义国家。因此，想要顺利地推行经济核算制，就必须论证清楚两个问题：一是经济核算制有大用；二是经济核算制无副作用。

1. 经济核算制有大用

我们通过文本梳理可以看到，列宁对经济核算制作用的论证并没有像前面论证实物税和自由流转政策那么直接，而是通过认同其他人的观点来进行的。这种论证主要围绕着正反两个方面来进行。

第一，列宁进行了反面论证，在他看来，旧路不通，军事共产主义的平均主义分配制度在和平建设时期弊端尽显。

在改行经济核算制之前，俄国在工人和企业中实行的是军事共产主义的平均主义分配制度。从它的名称就可以看出，这是一种按照人头来分配的制度。工人所获粮食的正当来源有：（1）国家按人头给每个人的标准供应（以卡片为凭证）；（2）通过合作社发给的实物奖励；（3）工人或企业变卖实物储备所得。在战争时期，这种分配制度的作用在于保证每个个体都能活下去，为战争的最终胜利奠定基础。但是，这种分配制度也有其深刻的弊端，最根本的一点在于，它没有建立起效率和分配之间的正相关联系。

国家对企业和个人粮食、工作服的供应，不是根据生产效率，而是按需供应，干多干少一个样。还有一点需要提到，每个工人分到的供应有多少呢？显然是很少的。按照当时国家分配给个人的口粮标准，所有劳动者按四个等级发放实物配给卡：重体力劳动工人可以领到最多的口粮，但也仅为每月36俄磅（约15公斤）；一般工人每月获得25俄磅（约10公斤）口粮；职工每月获得18俄磅（约7.3公斤）口粮；其他居民每月获得12俄磅（约5公斤）口粮。可见，工人劳动所得也就能勉强维持生存。这也符合经济“强攻”的思路，这种思路要求每个人都勒紧裤腰带支援国家工业建设。在余粮收集制政策下，农民得到的只是维持基本生存的口粮，同理，工人得到的供应也多不到哪里去。因此，平均主义分配制度无视生产效率，而且导出的是一种普遍低下的个人所得。这种深刻的弊端带来了三个方面的不良后果：

一是个人和企业没有生产积极性。干多干少一个样，勤奋的工人肯定会觉得不公平，心生被剥夺之感；同时，供应的普遍低下更加损害了工人生产的积极性，反正勤奋劳动也无法改善生活，那还折腾什么。以捕鱼业工人的情况为例，1921年6月16日渔业负责人伊·彼·巴勃金向列宁递交了一份关于阿斯特拉罕渔业状况和前景的报告（列宁于1921年7月24日对报告做了批注）。在报告中，巴勃金揭露了在实施平均主义分配制度下捕鱼工人的工作状态。在劳动力最充足的渔场作业区，捕鱼工人的劳动积极性、劳动生产率最低，1921年春季捕鱼工人的平均劳动生产率为每人145普特捕鱼量，仅为1920年春季鱼汛期工人劳动力的58%。列宁在这段陈述后面标了“注意”两个字。巴勃金还将当时捕鱼工人的劳动生产率和第一次世界大战前捕鱼工人的劳动生产率相比较，差距就更大了，第一次世界大战前一个捕鱼工人12小时从渔场往码头卸鱼的量是600普特，而1921年最近一次鱼汛期渔场卸鱼工人12小时的劳动量仅为200普特左右，第12作业区的劳动效率甚至还要低一半。对于这种现象，列宁也重点标了“注意”两个字。其他行业的情况也如同捕鱼业一样，工人没有生产积极性。

工人没有生产积极性还体现为熟练工人纷纷改行。负责工资改革的基谢廖夫曾有过这样具体的描述：在实施平均主义分配制度的情况下，“工程师去当饲马班长，去当粮食科长”，或者去“修理炊具和喷嘴”，熟练工人去“种马铃薯和清理污水坑”①。各行各业的情况都是如此。工人无心于主业，因为干多干少一个样，更因为无论如何勤奋劳作，所得都少得可怜。我们看到，平均主义分配制度与余粮收集制一样，导致的是个体的生产积极性荡然无存，甚至心生不满。

① 列宁全集：第60卷．北京：人民出版社，2017：444.

二是工业各部门没有得到发展，反而倒退。由于各行各业的工人失去了生产的兴趣，其结果必然是国家工业的严重倒退。据统计，在实施军事共产主义的1920—1921年度，苏俄工业产量严重下降，顿巴斯矿的产量降到当时历史最低水平，整个冶金工业的形势都在恶化。1920年提炼的生铁为11.6万吨，仅为第一次世界大战前产量的3%，煤产量比第一次世界大战前减产了2/3，钢产量从420万吨跌到18.3万吨，只及第一次世界大战前水平的1/23，石油产量几乎减产了3/5，纺织品产量减少了19/20。生铁的人均产量不到1公斤，棉织品的人均产量不到1米。总体来看，1920—1921年度大工业的产值与第一次世界大战前相比几乎减少了60%～70%。① 可见，平均主义分配制度导致了各部门劳动产量的急剧下降。

三是使国家背负沉重的负担。在平均主义供应制度下，不论企业是否有效率，国家都必须对其供应粮食和燃料。当时，国家必须维持一大批效率低下的企业，结果政府财政就不得不背负沉重的负担，事实上苏维埃国家所掌握的粮食和燃料已经远不敷各个企业的需要，整个国家陷入泥潭中。基谢廖夫的工资改革草案以及最高国民经济委员会主席团1921年7月6日决定草案都指出了这一点。

从前面的分析可以看到，工业领域平均主义和量少质差的分配制度尽管在战时发挥了巨大作用，但在和平建设时期则导致了多方面的不良后果，究其原因在于这种分配制度同农业领域实行的余粮收集制、禁止自由贸易的政策一样，是背离民心和规律的。一方面，它压制了个人利益，个人无法凭借勤奋劳动而获得更多，个体自然没有生产积极性，工业自然发展不起来，国家也由此背上沉重负担；另一方面，它阻碍了生产力的发展，这种平均主义分配制度并不适应俄国生产力的发展需要。工人无心生产，工业产量不断下降，就是这种不适应的具体表现。

因此，在和平建设时期，布尔什维克一定要废除平均主义分配制度，改行能实现个人利益、适应工业生产力发展需要的新的分配制度，这种新的分配制度和平均主义分配制度有着截然不同的原则，它便是经济核算制。

第二，列宁也进行了正面论证，在他看来，经济核算制益处多多，也是民心之所向。我们先来看经济核算制的诸多益处。

---

① 鲍·尼·波诺马辽夫．苏联共产党历史．莫斯科：外国文书籍出版社，1960：356-357.

一是经济核算制能激发个人和企业的活力。一方面，经济核算制通过物质利益之得来激发个人和企业的动力。工人凭什么有劳动的动力？长期来讲，只能是为了获得物质利益的回报，为了个人利益的实现。关于这一点，我们可以从 1921 年 5 月叶·伊·莫伊谢也夫工程师呈送给列宁的报告书中看得很清楚。在报告中，莫伊谢也夫指出，国家之所以必须将产品、产量作为获得报酬的基础，这是因为，我们“必须永远不再把事物建立在热情和勇敢精神的基础上，因为人们不能够成年累月地处于神魂颠倒的热情的状态中，迫使他们工作的只能是经济上的必要。只能建立在这种实惠的基础上”①。这话将实施经济核算制的缘由深刻地揭示了出来。在当时那个阶段，人们的思想觉悟只到这个高度，认为普通民众可以为了一个伟大的理想而长时间地勒紧裤腰带，这无疑拔高了他们的思想觉悟，也是经济“强攻”失败的根本原因之一。

经济核算制为个人利益（首先是物质利益）的实现开辟了空间，个人能够凭借勤奋劳动来改善自己的生活，这无疑会极大地激发工人劳动的积极性。推行经济核算制，将会使工人尤其是熟练工人重返工作岗位；再也不会看到工程师们去当饲马班长、粮食科长，或者跑去修理炊具和喷嘴，种马铃薯和清理污水坑。现在对于工人而言，企业工作是一种有盼头的事业。企业是由个体工人组成的，工人有生产积极性也就是企业有生产积极性。对于莫伊谢也夫的这种观点，列宁在报告书中标注了“注意，对！”②这显然是高度赞同这种观点。

另一方面，经济核算制通过物质利益之失给个人和企业施加压力。在经济核算制的设计中，国家在国民经济领域不会白给个人任何东西，这是经济核算制的重要原则。这就意味着，过去那种即使偷懒也能依靠国家供应活下去的日子一去不复返了，个人必须依靠自己的劳动、依靠产品的数量来获得相应的供应品，否则就得挨饿。这是一种奖勤罚懒、优胜劣汰的制度。在生存压力下，即使本性并不勤奋的人，也定会比过去表现出更大的工作积极性。对于企业，经济核算制起着同样的作用。平均主义供应、全盘供应制已经一去不复返，现在国家只供应效率高的企业，效率低的企业就会被无情地淘汰。企业必须自主经营，自负盈亏。一旦企业效率低，国家不再供应，企业面临的结局就是被出租，甚至直接关闭，因此，企业

① 列宁文稿：第 17 卷．北京：人民出版社，1990：47.

② 同①48.

为了生存也会拼尽力量提高生产效率。

二是经济核算制切实提高了各个行业的劳动生产率。1921 年 9 月 21 日，渔业和鱼品工业总管理局局长波嘉耶夫致信列宁，信中指出，由于某地区在渔业劳动中采用了新的付酬方式（计件工资、奖励优秀）以及根据市场价格进行鱼品收购，渔场的捕鱼量急剧增加。渔民在将捕获的鱼卖给管理局后，就能获得在商店兑现货物的凭证，渔民深受鼓舞，积极性大大提高。波嘉耶夫写道："我深信，只有使渔民、工人和职员的物质利益同他们的劳动成果直接挂钩，我们才能有出路并创造出最高的劳动生产率。"① 列宁无疑是认可这一观点的，他在回信中特别指示，请波嘉耶夫将新的付酬方法介绍给阿斯特拉罕和莫斯科两地的渔业管理局。不仅是捕鱼业，采煤业的情况同样如此，1921 年 11 月，尤·列梅科在向列宁汇报的小册子《俄共第十次代表大会的决定，工会与顿巴斯工人》中指出，由于实行了新的实物劳动报酬方式（按劳分配、计件工资、奖励优秀），全体工人，尤其是采煤工人的积极性、劳动生产率"大大地"提高了。

三是经济核算制让国家摆脱沉重的包袱，轻装上阵。经济核算制包含着优胜劣汰原则、盈利原则和责任原则。前面提到，平均主义分配制度意味着国家必须养活所有企业，而事实上国家的粮食和原料早已入不敷出，结果国家背负了沉重的包袱。现在，国家实施经济核算制后，无疑获得了一把能卸掉包袱的利刃。国家只供应效率高的企业，效率低的则自行被淘汰。经济核算制的优胜劣汰原则让国家摆脱了沉重的包袱。经济核算制的盈利原则和责任原则使国家可以对企业与托拉斯提出更高的要求，即必须创造出更大的生产效率，如果企业亏损，国家就要追责。列宁说："托拉斯和企业建立在经济核算的基础上正是为了要它们自己承担责任，而且要承担全部责任"②。这种压力显然是平均主义分配制度下无法传导的。可见，经济核算制虽然是不留情面甚至残酷的，但能切实卸掉国家身上的包袱，国家可以集中力量供应效率高的企业，让强者更强，从而推动生产力的恢复和发展。

我们再来看各行各业工人对经济核算制的呼唤。列宁观察到，经济核算制是各行各业工人的呼声，可以说是民心所向。这里列举几个具有代表性的行业。

---

① 列宁全集：第 51 卷. 北京：人民出版社，2017：640.

② 列宁全集：第 52 卷. 北京：人民出版社，2017：240.

首先是捕鱼业。有两位捕鱼业负责人先后致电列宁呼吁实施经济核算制。第一位就是前面提到的伊·彼·巴勃金，他在 1921 年 6 月 16 日向列宁递交的报告中指出，鉴于平均主义分配制度对捕鱼业造成的危害，他早在 1921 年 3 月 11 日就电告渔业和鱼品工业总管理局与食品工会中央理事会，请求落实经济核算制，尤其是物质奖励制度。巴勃金说："渔民的劳动强度和劳动生产率直接依赖于实物奖励。渔工至今没有奖金定额，这将严重影响春季渔汛期的捕获量。我请求立即电告已制定的奖金定额，立即给阿斯特拉罕发送必需数量的布匹，作为奖励基金。"① 可是，新工资制直到 1921 年 4 月 1 日起才在春季渔汛期实行。列宁在这段话的后面标注：3 月 11 日，"几乎一个月!!"② 显然，列宁对渔业和鱼品工业总管理局的拖拉作风相当不满。

第二位是克尼波维奇，他在 1921 年 8 月 5 日致电列宁，详细分析了军事共产主义时期平均主义分配制度对捕鱼业的破坏，并且呼吁实施经济核算制，其观点极具代表性，因此我们详加分析。在电报的第一部分，克尼波维奇分析了摩尔曼基本渔场的状况，这是俄国北方最重要的一个渔场，盛产鳕鱼、黑线鳕和其他伴随而来的鱼群。自古以来，渔民自行在渔场捕鱼，然后将鱼卖给渔商，渔民虽然在经济上对渔商有较大的依赖性，但能支配自己捕获的鱼，渔民也在捕鱼活动中表现出巨大的干劲、勇气、毅力和主动性，因为他们觉得生活有盼头，只要勤奋劳作，就能获得物质利益的回报。

克尼波维奇接着分析，军事共产主义在捕鱼报酬问题上却是很不公道、很不及时的，渔民捕到鱼后必须上交给渔业和鱼品工业总管理局，他们得到什么呢？均等的"很差的"口粮和鱼款，这些口粮和鱼款有时甚至不能维持基本生活。渔民不能保留自己的鱼，白海海岸的军事当局甚至会粗暴地抢走渔民的鱼。世代在摩尔曼渔场劳作的老渔民都不愿出海捕鱼，放弃了世代经营的渔业，他们宁愿在自家门口的海岸边捕些小鱼小虾，这种营生在过去是那些无法在海上开展作业的老人和妇女干的。1921 年上半年，摩尔曼渔场的鱼很多，可是渔民却少得可怜。摩尔曼渔场的产量已经下降到令人吃惊的历史低水平。总结原因，克尼波维奇指出，根据他这位"渔人"的长期经验，问题的根源在于渔业和鱼品工业总管理局在捕鱼

① 列宁文稿：第 17 卷. 北京：人民出版社，1990：244.

② 同①.

业方面执行的政策是“错误和有害的”[①]，平均主义分配制度损害了渔业职工的积极性，毁掉了捕鱼业。在电报的末尾部分，克尼波维奇诚挚地请求“纠错”，他指出，为了捕鱼业的未来，在制定相关捕鱼报酬制度时，“对渔民的个人主动性、干劲和物质利益应持非常关心的态度”[②]，应当给渔民多一些自由，少一些清规戒律甚至是无理苛求！克尼波维奇请求将捕鱼业的全部工作都建立在纯粹经济核算制的基础之上。

这是一位富有良知、洞察力和思考能力的管理者！他看到了问题的症结所在，渔民的主动精神和干劲是宝贵的，是捕鱼业兴盛与否的关键，而要激发渔民的积极性，就必须满足渔民正当的物质利益诉求，平均主义分配制度的失败在于忽视了这一点。克尼波维奇对经济核算制的呼吁也是基于此因，这位管理者的呼吁代表的是绝大多数捕鱼人的期待。

不仅是捕鱼业，其他行业也在热切期盼改行商业经营原则，例如运输业。1921 年 11 月，高加索铁路局局长马尔柯夫起草了《关于改组交通人民委员部的报告提纲》，他根据弗拉基高加索地区铁路运输工作的成功经验（由于该地区实行了经济核算制，铁路员工根据其运输量而获得报酬，劳动积极性大大提高，该地区的运输业面貌大为改观），建议在整个运输业改行经济核算制。该提纲在 1921 年 11 月 9 日为列宁所阅，列宁请克尔日扎诺夫斯基征求几位内行人的意见，1922 年 1 月 16 日人民委员会通过了《关于在运输业中实行经济核算制》的决定。

经济核算制作为各行各业工人的期盼，还可以从工资改革的提纲草案获得全体代表通过的事件中得到证明。前面提到，1921 年 9 月基谢廖夫提交了关于《工资问题基本原则》的草案，建议在国家经济领域改行经济核算制，列宁在阅读后做了批示，请最高国民经济委员会主席波格丹诺夫召集大型生产联合企业领导人来谈论，倾听他们的声音，结果，出席会议的约 30 个行业的代表一致同意工资改革的提纲草案，这也让列宁和其他人看到，经济核算制的推行有着广泛的群众基础。

列宁无疑是认同上述关于经济核算制的论证的，他有时是在相关文件中对有些论述给予明确的认可，有时是在行动上给予支持。

2. 经济核算制无副作用

列宁在这个方面的论证是直接的。他指出，改行经济核算制是经济关

① 列宁文稿：第 17 卷．北京：人民出版社，1990：355.

② 同①.

系层面的一种退却，即退到“商业的即资本主义的原则”①，更确切地说，是退到资本主义的分配原则。但这只是一种“退却”，而非“蜕变”，这是因为，苏俄要恢复的资本主义始终是无产阶级国家政权下的资本主义，即无产阶级国家资本主义。

列宁指出，国营企业改行经济核算制，难免会造成工人同国营企业的经理或企业主管部门在利益上的“某种对立”，工人的利益有可能受损。通过什么来保证工人的利益呢？列宁对工会寄予厚望。他指出，苏维埃的工会是无产阶级的工会，它们会通过各种形式的斗争，乃至罢工来保卫工人的利益。这种斗争指向的是国家政权中的官僚主义弊病和各种资本主义的旧残余。工会在这里发挥的就是国家理性的作用。同时，列宁也指出，由于苏俄的国家政权是无产阶级掌握的政权，在这个新型的国家政权中，包括法院在内的一切国家机关都是劳动者建立的，并将资产阶级排除在外，因此，劳资之间、受雇者和雇用者之间冲突的解决，应当越来越多地采用由工人直接向国家机关投诉这种正常的诉讼方式。

以上是列宁对经济核算制的辩护，我们从中感受到强烈的现实主义气息。这位改革者对人心、人性的理解趋于现实。在列宁看来，工人的思想觉悟并没有过去想象的那样高，他们与农民一样，渴望个人利益的实现，因此在和平建设时期搞经济建设必须安顿好工人的个人利益。经济核算制就是基于这样一种认识，它给个人利益的实现开辟了空间，同时将个人利益与国家利益的实现统一起来，在安顿个人利益的同时也在实现国家利益。对经济核算制的辩护也意味着列宁对俄国生产力的需求的把握趋于现实。经济核算制较之于军事共产主义时期纯社会主义的分配制度而言，是一种经济关系的“退却”。列宁认识到，纯社会主义的分配制度并不适应俄国小农经济占主导的生产力的发展需求，经济核算制才是和现实生产力匹配的经济关系。因此，推行经济核算制包含着列宁从现实出发，顺民心、遵规律从而谋求发展的改革理念。关于经济核算制的辩护还体现了列宁注重发挥国家理性的思路和理念。在列宁看来，只要充分发挥国家理性的作用（主要是发挥工会和国家法律的作用），对资本主义进行监督和调控，就能克服因恢复资本主义而可能带来的弊端。

在列宁对经济核算制的辩护中，我们看到了理想依旧，但加入了尊重现实、遵道而行同时注重发挥国家理性的理念和内容。思想的成熟于此可见。

---

① 列宁全集：第42卷. 北京：人民出版社，2017：378.

三、论证租让制

租让制是新政改革最为大胆的创建，故遭受的非议和阻力尤巨。与前面的辩护一样，列宁也是基于国家资本主义符合“顺民心、遵规律”这一最高原则来对租让制的实施进行辩护的。租让制是现实的民心和生产力的要求，它的实施能为苏俄带来积极的变化：迅速改善工农的生活；带来大工业的恢复所必需的设备、资金、技术；能对生产和消费进行有效的“计算和监督”。

（一）“租让”概念与租让制的出台

租让制可以说是新政改革最为大胆的创建（顺便交代一句，新经济政策有关工业领域的改革包括租让制和租赁制，本书之所以不对租赁制进行专节论述，是因为列宁的相关论述很少，而且在其理解中，租赁制只是一个辅助政策，意在为自由流转提供工业品），它体现了改革者的创造力和勇气。

列宁多次对“租让”概念进行界定，在他看来，租让本质上是一种国家资本主义。具体说来，它是无产阶级专政国家同资本主义的一种经济合作，这种合作以合同的形式呈现。根据租让合同，无产阶级专政国家将一定数量的原料、森林、矿山、矿石、油田甚至专门的工厂交给资本家，后者以定约人或承租人的身份用这些生产资料从事生产。资本家以其资本赚取利润甚至是高于一般利润的超额利润，而无产阶级专政国家也获得部分产品。

总的来看，租让制酝酿于苏俄国内战争时期，成熟于新政改革时期。在国内战争时期的尾声阶段，列宁就开始酝酿租让政策。1920 年 10 月 9 日，列宁在俄共（布）莫斯科组织积极分子会议上提出了将堪察加和部分东西伯利亚地区的渔场、石油、煤炭的开发权租让给万德利普辛迪加的想法，并指出这样的租让设想主要是出于政治、军事的目的。当时的远东局势是：美帝国主义想在远东发展势力范围，这就不得不面对日本在这片土地上的威胁，美国的万德利普辛迪加向苏俄提出一个租借堪察加的合同，想以堪察加为跳板来打压日本。列宁看到，租借堪察加能起到分化帝国主义的作用（虽然该租让最后没能实现，但日本对这一合同方案、对美国表现得极为愤怒），因此有了租让的设想。

到了新政改革时期，租让政策从原来主要着眼于政治、军事的目的转向了改善民生、发展经济。1921 年 2 月 28 日，列宁在莫斯科工农代表苏维埃全体会议上的讲话中指出，苏俄现在要采取租让政策，之所以要实施这一政策，主要是为了获得必要数量的食品和纺织品，为了立即“改善工农生活状况”[①]，从这里开始，新政改革意义上的租让制就酝酿成熟了。租让制出台的时间是 1921 年 3 月底，列宁亲自拟定了关于租让合同的基本原则的法令。

（二）对租让制的辩护

对租让制进行辩护，最主要是回答好两个问题：租让有什么用？租让是否危险？在梳理列宁对第一个问题的回答之前，我们需要弄清一点：列宁坦承，实行租让制在经济关系上是一种“退却”，而且这种退却还意味着苏俄必须向资本主义缴纳巨额“贡赋”。以油田租让为例，假如资本家在苏俄开采出 1 亿普特石油，那么按照租让合同，他们拿走的是 5 000 万乃至 6 000 万普特石油，这些石油往外出售，可以获得 1 000%的利润，甚至更多，留给苏俄的只是小头。因此，在租让中苏俄无疑是对资本主义和资本家做了巨大的利益让步。那么，为何要进行这种退却？为何要缴纳如此巨额的“贡赋”呢？列宁的观点是：租让制有大用且无副作用。

1. 租让制有大用

第一，租让制能够改善工人、农民、军人的生活。

关于“租让制能够改善工人、农民、军人的生活”这一点，我们可以从列宁亲自起草的租让合同基本原则中得到证明。我们来看租让合同的四条基本原则：

第一条是：“承租人有责任改善承租企业中工人的生活状况（与当地同类企业的其他工人相比），使其达到国外的中等标准。”[②] 列宁指出，从这一原则中可以看到问题的实质，即国家的目的就是立即改善租让企业工人的生活境况，因为只有他们的生活条件改善了，才能要求他们提高劳动生产率。为什么俄国不通过自己的资源配置来改善工人的生活呢？列宁指出，当时的俄国没有这个条件，经过四年的世界大战、三年的国内战争之

① 列宁全集：第 40 卷．北京：人民出版社，2017：375.

② 列宁全集：第 41 卷．北京：人民出版社，2017：155.

后，国家经济已经破败不堪，无力改善工人的生活。而资本主义托拉斯、卡特尔既有这样的实力，又能接受相应的条约来改善俄国工人的生活。在实力方面，这些垄断公司控制着亿万财富，同世界市场有着极为密切的联系，因此能不费力地为几万工人弄到数量庞大的粮食和其他必需品，并且把这些东西运到俄国来。这对它们在经济上是没有任何困难的。在意愿方面，资本家垂涎俄国的宝贵资源，为了能获得这些资源，他们是愿意帮助俄国工人改善生活的。租让制正是利用了这一点。

第二条是："鉴于俄国工人劳动生产率不高，可以根据他们生活条件的改善情况在可能的范围内修改他们劳动生产率的定额。"① 列宁指出，这一条是第一条的补充，这是要告诉国外的垄断资本主义，想要俄国工人提高劳动生产率，就必须改善他们的生活条件，否则，资本家的利益也别指望得到实现。

第三条是："承租人应当从国外为承租企业的工人运来生活必需品，其出售价格不得高于成本加一定比例的附加费。"② 列宁指出，这一条也是对第一条的补充，原先将附加费确定为百分之十，后来将它删掉了，因为重要的是让垄断企业资本家从国外为俄国工人运来生活必需品，尽快改善工人的生活境况。从和资本主义商人的谈判情况来看，这些商人是初步同意的，他们非常需要俄国的有价值的原料，不管这些资本家的企业在俄国雇了多少万工人，他们都能毫不费力地弄到粮食和其他生活必需品来改善工人的处境。列宁指出，应当将改善工人的生活状况这一点作为租让政策的基本原则。

第四条是："如经俄罗斯联邦政府要求，承租人除运给承租企业工人必需品以外，还应当按这个数量再增加50%—100%，以同样价格（成本加一定比例的附加费）卖给俄罗斯联邦政府。俄罗斯联邦政府有权用承租人生产的部分产品来支付这笔货款（即从自己的提成中扣除）。"③ 列宁指出，如果把这一条同前面几条合在一起，那么就能很清楚地看到租让制的中心问题是什么，那便是首先要改善企业工人的生活，其次要改善其他工人的生活。在当时的环境下，即使有黄金货币，俄国也无法在国际市场上购买到粮食和各种物资，因为整个市场已经被辛迪加、卡特尔和托拉斯占

---

① 列宁全集：第41卷．北京：人民出版社，2017：156.

② 同①157.

③ 同①158.

据了，因此只能借这些垄断资本家之手来为俄国工人提供生活必需品。这些追逐利润的资本家，为了俄国的丰富资源，是愿意满足俄国的要求的。克拉辛已经同国外的石油大王、金融大王们多次磋商，这些资本家准备接受俄国的条件。

租让制不仅能改善工人的生活，在一定程度上也能改善农民的生活。这是因为，通过租让俄国可以获得更多煤油、食盐、石油、煤以及农具等（通过要求垄断资本家提供或者通过分成等条约），可以将这些物资投入工农业的流转中，这样就能改善农民的生活，让其获得生活必需品。列宁指出，国家没有权利不去立即改善工农的生活，为此可以做必要的牺牲，将几千万普特宝贵的资源交给资本家。

还可以通过租让来改善军人的生活。这里有一个具体的例子，在经过三年内战后，苏维埃军队的处境十分困难，国家无力养活数量庞大的军队人口，其中第 11 集团军正饥肠辘辘，颓丧和不满情绪在军中蔓延，如果不立即给予救济，局势就会进一步恶化。在这种情况下，1921 年 3 月 29 日列宁致电格·康·奥尔忠尼启则，要求尽快落实格鲁吉亚的租让项目（开发格鲁吉亚的矿石资源），以尽快从国外换回粮食，接济第 11 集团军。在各方的努力下，最后是通过租让换回粮食，缓解了军队的困境。

可见，在列宁看来，租让的第一个作用就是改善群众的困难处境，这是顺民心的需要。改善民众的处境，对于增强他们对无产阶级政权的认同、对于提高他们的劳动积极性具有重要的作用。

第二，凭借租让制，俄国可以利用资本主义的资金和技术来恢复与发展大工业。

一是为俄国带来了设备、器材和资金。列宁指出，由于战争的缘故，俄国的工业遭到了巨大的破坏，国家无力购买相应的设备和器材。怎么办呢？租让是一个很好的解决途径。关于租让合同的第七条基本原则是这样规定的："关于承租人从国外运来装备的问题，参照第 4 条规定的办法处理。"① 第四条规定，承租人除了运来工程本身所需的设备、器材以外，还必须根据合同再多运来一些卖给俄国（成本加一定比例的附加费）。列宁指出，这样俄国就能获得资本主义的精良设备和器材，用以重建大工业。为了不间断地，哪怕是缓慢地恢复大工业，不妨让垄断资本家们占些便宜，将宝贵的资源作为"贡赋"交给资本家，但俄国也因此获得了恢复

① 列宁全集：第 41 卷．北京：人民出版社，2017：162.

大工业所需的设备和机器，这对于俄国而言是有利的，至少是利大于弊的。

二是为俄国提供了利用资本主义先进技术的条件，这一点更为重要。在《论粮食税》一文中，列宁指出，“没有建筑在现代科学最新成就基础上的大资本主义技术”，那么“社会主义就无从设想”①。俄国作为一个技术落后的国家，如果不吸收资本主义创造的现代科学来提升自己，是无法实现工业现代化的。俄国的发展离不开资本主义文明。1921 年 5 月 19 日，列宁致信格·瓦·契切林，在信中阐述了租让制对于恢复俄国大工业的意义。当时德国工业家集团的代表诺伊曼来俄国考察，想承租俄国的工厂，列宁指出，对双方最有利的是彼得格勒、乌拉尔、库兹涅茨克煤田、顿巴斯和巴库地区五座超大型电站的租让，如果租让成功，资本家就会用最先进的技术来经营，在几十年后，租让合同到期，俄国就拥有不多但是达到世界先进水平的现代企业。如果这五座超大型电站都达到了现代的先进水平，那俄国就建立起电气化的坚实基础，建立起向共产主义过渡的经济基础。列宁说：“一句话，从法律上、从经济上、从对全世界的政治意义上看，这笔交易都会是理想的。”② 利用租让制资本主义，俄国将能获得梦寐以求的现代技术和现代化大工业。

上述观点，在 1921 年 8 月列宁会见年轻的美国商人哈默时又被强调了一遍。阿曼德·哈默的父亲是美国共产党的创始人之一，他也因此对新生的苏维埃俄国充满关注。他在大学毕业后来到俄国，当时俄国各地都在闹严重的饥荒，哈默为俄国人民运来了急需的药材和其他物品，此举让列宁深为感动，后者在克里姆林宫接见了哈默并与之进行了一番交谈。可以看到，列宁最关心的是大工业的恢复问题，只有解决了这一问题，才能实现向共产主义的过渡，而要做到这一点，思路就是利用美国的技术，只有现代技术才能真正振兴俄国的大工业。列宁同哈默谈话的重点聚焦于租让制，原因就在于此。

列宁指出，不管看起来多么奇怪，现实的状况就是要求俄国根据资本主义世界的特点，利用资本家对利润和原料的贪婪来获取恢复大工业所必需的物质、资金和技术，来发展自己，巩固自己的经济地位。

第三，租让制作为国家大资本主义，能赋予经济生活秩序、纪律，消除小资产阶级自发势力带来的无序性、破坏性。

---

① 列宁全集：第 41 卷．北京：人民出版社，2017：199.

② 列宁全集：第 50 卷．北京：人民出版社，2017：325－326.

列宁指出，1921年的俄国同十月革命前后的俄国一样，始终面临着小资产阶级自发势力的威胁和破坏，这种力量的特点在前面的章节里已经详细剖析了，它的根本特征就是无时无刻不在狭隘地（通过投机倒把、盗窃公物等手段）追逐私利，并且抗拒一切监督和调控。这种特征必然会给经济生活带来无序性、破坏性。因此，它始终是国家政权的敌人和生产力发展的阻碍。要克服小资产阶级自发势力的无序性、破坏性，就必须对全国生产和经济生活进行组织、管理、计算、监督、调控。问题是，布尔什维克是否具备这样的本领呢？列宁说："我们有社会主义的知识，但是没有组织千百万人的知识，没有组织和分配产品等等的知识。"① 没有这种本领，就没有共产主义。因此，监督、调控小资产阶级自发势力始终是一个严峻的问题。

出路在哪里？自然是利用与学习资本家组织、管理大生产和经济生活的本领。列宁指出，承租人（大托拉斯、大卡特尔的资本家）固然是一批唯利是图的资本家，但是在他们身上体现了现代社会管理的智慧和才能。这些在资本主义经济活动中成长起来的资本家是一批"最文明、最有才干、最有组织能力"② 的大生产组织专家，他们经营管理下的大生产、机器生产鲜明体现了对产品生产和分配的计算与监督。这种大组织、对经济生活的严格的计算与监督，就是小生产、手工生产、落后生产和小资产阶级自发势力的克星。

俄国要通过什么样的途径来利用和学习资本家及其专家的组织管理的本领呢？列宁指出，俄国必须同大资本家签订租让合同，他说："就各种社会经济结构及其相互关系来看，苏维埃制度下的租让是什么呢？这就是苏维埃政权即无产阶级的国家政权为反对小私有者的（宗法式的和小资产阶级的）自发势力而和国家资本主义订立的一种合同、同盟或联盟。承租人就是资本家。"③ 列宁对租让下过好几个定义，其他一些定义主要是将租让界定为能获得外国先进设备、机器和技术的手段，而这个定义则是将租让界定为反对小资产阶级自发势力无序性、破坏性的手段。

列宁具体到国家经济生活中去说明租让制的意义。苏维埃俄国有100个油田、矿山和林区，但由于缺乏足够的机器、粮食，不能将它们全部开

---

① 列宁全集：第34卷．北京：人民出版社，2017：238－239.

② 列宁全集：第41卷．北京：人民出版社，2017：204.

③ 同②212.

发，甚至于大部分都无法开发，由于同样的原因，即使已经开发的产区也工作得不好。正因为大企业的开发工作做得不好，小资产阶级自发势力在各方面都猖獗起来，它们盗窃公共财物，从事小规模的但也是普遍的投机倒把活动，俄国的经济生活遭到巨大的破坏。在这种情况下，苏维埃政权“培植”租让制，就是要“加强大生产来反对小生产，加强先进生产来反对落后生产，加强机器生产来反对手工生产，增加可由自己支配的大工业产品的数量（即提成），加强由国家调整的经济关系来对抗小资产阶级无政府状态的经济关系”①。可见，包含着对生产和分配进行有效计算与监督的大生产、机器生产，始终是俄国克服小资产阶级自发势力无序性、破坏性的良药，而具有组织大生产本领的资本家则是俄国必须加以利用的。

当然这里必须要回答一个问题：俄国须向大资本家缴纳巨额“贡赋”，这是否会让苏维埃国家破产呢？列宁的回答是不会。这里的关键在于布尔什维克会不断向资本家及其专家学习组织和管理的本领。列宁指出，工人阶级一经从大资本家那里学会了怎样维护国家秩序来反对小资产阶级自发势力带来的无序性、破坏性，一经学会了用国家资本主义的原则来组织、整顿好全国性的大生产，就会掌握“全副王牌”，到那时，减少“贡赋”就会是轻而易举的事情。因此，推行租让制，利用并学习资本家组织大生产、调控国家经济的本领，不仅不会葬送苏俄的事业，相反，还会让苏俄通过最可靠的途径过渡到共产主义。

列宁对租让制资本主义的作用做了如下总结：“同社会主义比较，资本主义是祸害。但同中世纪制度、同小生产、同小生产者涣散性引起的官僚主义比较，资本主义则是幸福。既然我们还不能实现从小生产到社会主义的直接过渡，所以作为小生产和交换的自发产物的资本主义，在一定程度上是不可避免的，所以我们应该利用资本主义（特别是要把它纳入国家资本主义的轨道）作为小生产和社会主义之间的中间环节，作为提高生产力的手段、途径、方法和方式。”② 可以看到，列宁在这里是着眼于俄国生产力发展的现实需要来谈租让制的作用，在小生产以及它所引起的官僚主义占主导的俄国，要发展生产力就必须消除小资产阶级自发势力对经济生活的破坏性。租让制资本主义代表的是垄断资本主义文明，它自身所携带的组织性、对经济生活的监督和调控恰恰是俄国发展生产力所必需的，

① 列宁全集：第41卷．北京：人民出版社，2017：212.

② 同①217.

因此，推行租让制就是遵循生产力发展的规律。遵规律必然能迎来丰厚的回报，即为俄国向共产主义的过渡准备最充分的条件。

可以清楚地看到，列宁的辩护也是基于“顺民心、遵规律”这一最高原则。租让制能改善民众的生活，这是顺民心，顺民心就能得民心；租让制在经济关系上退回到资本主义，这意味着俄国能充分利用资本主义创造的文明成果，同时租让制作为国家资本主义也能给国家经济的发展带来必要的秩序和纪律。一句话，租让制作为资本主义经济关系是适应俄国生产力的发展需要的。因顺应，故能促发展。

2. 租让制无副作用

租让制可以说是新政改革中最激进、最具胆识的政策了。这自然会引起许多人的担忧、质疑、愤怒乃至公开反对：这不是明目张胆地走资本主义回头路吗？改革者必须证明，租让只是策略，不是蜕变。列宁对租让制的辩护思路与对自由流转的辩护思路是一致的，他以国家理性、国家监督和调控为突破口。

首先，无产阶级国家政权是强大的。除了政治权力，列宁在这里特别论证了无产阶级国家手中掌握的经济力量。他指出，俄国搞的是租让，不是恢复地主和资本家的统治，转让的始终是生产资料的有限期的使用权，而非所有权，资本家只是一定时间期限内俄国国家财产的租借者。无产阶级政权始终将生产资料的所有权牢牢掌握在自己手中。这就决定了这个代表普遍利益的国家政权始终是强大的，完全有能力解决租让制所可能引发的问题。

其次，无产阶级国家政权对租让制资本主义进行全方位、强有力的监督和调控。列宁指出，无产阶级国家政权对租让企业的监督和调控体现在国家确定实行租让的限度。苏维埃政权会严格地权衡轻重，对能够出租什么，出租的条件、时间、限度等问题做精确的考量，国家法律与相关机构还对承租人、承租企业的行为进行严格的监督和调控。关于无产阶级国家政权具体如何规定租让的限度、如何监督和调控租让制资本主义，我们在后文会详细展开。

因此，无论是前面提到的自由交换，还是租让制资本主义，都不可怕。在列宁看来，无产阶级国家政权作为普遍理性的体现，有决心、有力量并且有足够的手段将租让制资本主义置于自己的监督和调控下。搞租让制不会导致俄国向资本主义蜕变。

以上是列宁对租让制的辩护，我们从中可以感受到：（1）列宁的勇气。推行租让制可以说是新政改革中最富有胆识和魄力的举措了。这项政策遭到许多人，尤其是一批老布尔什维克的强烈反对，列宁的辩护显示了决心、意志和勇气。(2) 列宁对俄国生产力发展状况和需求的把握趋于现实。这位改革者认识到，过去俄国在工业国有化方面走得“太远了”，其结果是人为构建的纯公有制的经济关系不适应其现实生产力的发展。现实的生产力最终通过严峻的经济政治危机来表达自己的反抗。与俄国现实生产力的需求相适应的是以租让制为代表的资本主义经济关系，因此要通过经济关系的退却来发展生产力，最终过渡到共产主义。顺民心、遵规律的理念已经深入列宁的认识中。(3) 列宁对租让制的辩护也体现了通过发挥国家理性来克服因恢复资本主义而可能带来的弊端的思路。顺民心、遵规律的改革原则在列宁对租让制的辩护中水落石出般地呈现了出路。

四、论证商业与市场关系

1921 年秋天，在经历了产品交换的惨痛失败后，列宁提出要在商业领域实行“第二次战略退却”，即退回到商业、市场、货币等经济关系，退回到“按商业原则办事”。对于这一新事业，列宁也是基于“顺民心、遵规律”这一最高原则来论证的。列宁指出，学习、掌握并遵循市场规律，就能兑现“政治期票”，赢取民心；就能在经济战场上打败资本家，防止资本主义复辟；就能借助于自由流转来发展生产力。无产阶级国家政权始终发挥着监督和调控的作用，因此，俄国不会走资本主义回头路。“第二次战略退却”有大用而无副作用。

（一）从产品交换到商品交换

我们来梳理从 1921 年春天到 1921 年秋天布尔什维克在自由交换问题上的转变。

1. 1921 年春-夏，搞“社会主义方式的商品交换”

第一，关于工农业流转的设想。

1921 年春天，俄国从原来的禁止自由流转退回到了恢复自由流转，那么，此时列宁对自由流转是如何设想的呢?

按照经济发展的正常进程以及对其的通常理解，工农业之间的自由流转要走向通常意义上的商业即市场经济，然后再以市场经济为中介来恢复大工业，从而为过渡事业奠定基础。其图景是：工农业之间的交换→商业和市场经济→恢复大工业→过渡到共产主义。但是，列宁等人在1921年春天设想的却不是上述模式，他们希望将自由流转搞成“社会主义方式的商品交换”即产品交换，“在全国范围内，或多或少要按照社会主义方式用工业品换取农产品”，以此来“恢复作为社会主义结构唯一基础的大工业”①，从而就能“比较直接地”过渡到共产主义。其图景是：工农业之间的交换→（“社会主义方式的商品交换”）产品交换（不通过商业和市场经济）→恢复大工业→直接地过渡到共产主义。

可以清楚地看到，“社会主义方式的商品交换”的关键点在于，它试图绕过商业和市场经济从而比较直接地过渡到共产主义。尽管列宁也常常用“商品交换”来称呼1921年春天开启的工农业之间的流转，但这个概念不是通常意义上的商品交换。关于这一点，列宁专门做了说明：“必须特别重视商品交换问题（包括产品交换在内，因为用来交换农民粮食的国家产品，即社会主义工厂的产品，已不是政治经济学意义上的商品，决不单纯是商品，已不是商品，已不再是商品）”②。因此，这个时期俄国搞的自由流转在本质上是产品交换，而非商品交换。

客观来看，这时的产品交换兼具了退和攻的性质。退是指1921年春天俄国恢复了自由交换，这同军事共产主义时期的商业国有化相比，在经济关系层面无疑是一种退却。关于攻的性质，列宁自己做了说明，他说：“如果用强攻方式能拿下资本主义商业这块阵地，而且在一定条件下（工厂完好，有高度的经济和文化水平）采取‘强攻’即直接建立商品交换，没有犯任何错误，那是痛快得多。”③ 这就是1921年春-夏俄国在关于自由流转问题上的思路和做法。总的来看，在这个时期“强攻”的因素还占据优势。

第二，“社会主义方式的商品交换”的实践模式。

那么，“社会主义方式的商品交换”的具体表现形式是怎样的呢？它有哪些特征呢？概括起来，1921年春天开启的产品交换有这样几个基本内容：物物交换、有限制的地方流转、固定价格制和工农业“剪刀差”。首先是物物交换。1921年春天实施的自由流转是以农产品直接交换工业

① 列宁全集：第42卷．北京：人民出版社，2017：239.

② 列宁全集：第41卷．北京：人民出版社，2017：268.

③ 同①247.

品的形式展开的，列宁等人希望以此来绕开货币这一商品经济的中介。其次是有限制的地方流转。相关政策规定，只允许在地方经济流通的范围内实现自由交换，这一规定的意图很明显：限制市场关系，强力监督商品交换。最后也是最重要的是，固定价格制与工农业“剪刀差”。消费合作社代表国家实施固定价格制，当时的情况是，工业品的价格被人为地抬高了，工业品对农产品的兑换比率与第一次世界大战前相比整整高了 3 倍，中央消费合作总社要用手中价值 2 000 万卢布的工业品换取价值 6 000 多万卢布的谷物以及其他农产品。这是突出的工农业“剪刀差”。可以看到，前两点主要是为了对自由流转进行国家监督，体现产品交换的社会主义国家主导的性质，最后一点则表明了 1921 年春天自由交换的目标——尽快恢复大工业。这些特征表明，这种自由交换不是通常意义上以市场和商业关系为基础的商品交换。

第三，推行产品交换的原因。

列宁等人为何会在 1921 年春天推行如此奇特的产品交换？主要原因有如下三点：

一是列宁等人过渡的愿望依旧急切。正常的过渡应该是：最初是产品的物物交换，接着是以货币和市场为媒介的商品交换，最后才是共产主义根据人的需要而进行的产品分配。而列宁等人虽然恢复交换，但却跨过了货币和市场关系，这就是心太急的表现。关于这一点，列宁用“强攻”来形容 1921 年春天自由流转的做法，其急切过渡的心情显而易见。当然，这种急切心理也是能理解的，毕竟，苏俄内战耽误了苏维埃政权太多时间，列宁希望通过“强攻”挽回一些时间。

二是列宁等人对商业、市场、货币等经济关系有着根深蒂固的前见。这一点我们可以在列宁先前的著述中看得很清楚。在他看来，商业、市场、货币等经济关系在本质上是同社会主义不相容的，社会主义就意味着消灭货币与资本的权力，消灭商品经济。他甚至断言：“只要仍然有交换，谈论什么社会主义就是可笑的。”① 这些表述清楚地传达了商品经济同社会主义的对立关系。从列宁本人对商业、市场、货币等经济关系的情感来看，他无疑是将这些东西视为潘多拉之盒，对这些关系进行过最激烈的批判，诸如将自由贸易视为“狗咬狗”的自由，等等。因此，不管是对于商品、市场同社会主义之关系的认识而言，还是对于商品经济、市场关系的

① 列宁全集：第 17 卷．北京：人民出版社，2017：111.

个人情感而言，列宁无疑都是否定这些关系的。1921 年春天俄国开启奇特的排斥市场和商业关系的产品交换，也就是自然而然的事情了。

三是列宁的战略思维。列宁是一位战略家，1921 年春天的产品交换体现了他的战略思维，在他看来，当要去攻克一个难关时，首先应当采用“强攻”战略，因为不先采用“强攻”这一行动来检验一下对方的兵力，不测试一下抵抗的力量，就不知道“强攻”能否奏效，如果无法奏效，才应当退而求其次，采用以退为进的策略。

2. 1921 年秋天，开启真正意义上的商品交换

到了 1921 年秋天，列宁提出，要在商业领域实行“第二次战略退却”，他说：“我们还退得不够，必须再退，再后退，从国家资本主义转到由国家调节买卖和货币流通”①。他又说，在 1921 年秋天，“调节商业和货币流通的问题已提上日程”②。在列宁看来，1921 年秋季乃至 1921 年冬季，苏维埃俄国在经济领域的主要任务就是进行“第二次战略退却”，从产品经济退到“由国家调节买卖和货币流通”。

那么，什么是“由国家调节买卖和货币流通”呢？说白了就是要搞市场经济。这次退却的具体含义就是退回到商业、市场、货币等经济关系，承认、学习商业、市场、货币等经济关系。一句话，学习按照商业原则搞商业！列宁说：“掌握商业，引导商业，把它控制在一定的范围内，这是无产阶级国家政权能够做到的。”③ 列宁指出，俄国有进行革命的知识，但没有进行经济建设尤其是搞市场经济的知识，因此需要学习，要从产品交换过渡到真正意义上的商品交换。列宁指出，伴随着“第二次战略退却”，苏维埃俄国面临的主要任务有了新的内容。

一是恢复货币系统，稳定币值。市场经济、商品经济内在地要求建立货币系统，并且这个系统必须建立在币值稳定的基础之上。军事共产主义时期的商业国有化政策基本上将货币系统都摧毁了，国家银行也被取缔了，因此，恢复货币系统、稳定币值在 1921 年秋天的俄国就成了重大而紧迫的任务。这就意味着必须调节情况相当糟糕的货币流通。重建银行业、整顿混乱且急剧贬值的货币体系，成了苏维埃政权的实际任务。

---

① 列宁全集：第 42 卷．北京：人民出版社，2017：239.

② 同①244.

③ 同①261.

二是搞自由市场，消除地域限制。自由市场是市场经济的内在要求。1921 年春天，俄国搞自由流转，允许交换，这较之于军事共产主义时期的政策是一种退却，但这时的交换只允许在地方范围内进行，实际是人为地限制市场。1921 年秋天，开启市场经济，这就要求苏维埃政权必须按照市场经济原则办事，取消对市场的地域限制，让市场主体可以在整个国家的范围内进行自由交换。

三是按照市场经济的内在原则同资本家竞争。这是 1921 年秋天苏维埃政权面临的最重要的任务。1921 年秋天，俄国开启市场经济，列宁指出，苏维埃政权必须努力成为一个勤勉、谨慎、能干的业主，“成为一个精明的**批发商**，否则，就不能使这个小农国家在经济上站稳脚跟”①。国家必须按照市场经济的内在原则即自由竞争原则同资本家竞争，国家要在竞争中掌握市场，排挤私人资本，对私人资本的活动进行积极有效的监督。为此，国家必须学习处理好价格关系、提供充足的货源、组建商业代办网、推行分成制等，一句话，学习按照商业原则办事。

（二）对市场经济的辩护

按照先前的思路，我们将列宁的辩护分为两大点：搞市场经济有大用；搞市场经济无副作用。

1. 搞市场经济有大用

第一，反面论证：经济规律如滔滔洪流，逆之者败。

1921 年春天，俄国开启产品交换的尝试，结局如何呢？经过半年的检验，“社会主义方式的商品交换”失败了。列宁说：“商品交换失败了。所谓失败，是说它变成了商品买卖。……私人市场比我们强大，通常的买卖、贸易代替了商品交换。”② 具体说来，这种失败表现为如下三个方面：(1) 市场被私商占领了。这一点是最致命的。布尔什维克本指望通过包含工农业“剪刀差”政策的工农业流转来尽快为大工业的恢复做好必要的物质储备，但结果却是消费合作社前门可罗雀。农民更愿意同私商做买卖，一批“背口袋的人”从中部和西部工业地区来到产粮省份，他们用各种金属制品同农民进行交换，这些私商给出的交换比率相对公道，农民更愿意同他们做买卖。据统计，1922 年下半年私商在商品流转中几乎占据了

---

① 列宁全集：第 42 卷．北京：人民出版社，2017：187.

② 同①239.

73%的市场份额，而代表国家的国营商业的数字是18%，合作社则仅有9.5%，私商取得压倒性优势。(2) 进行自由交换的主体要求用货币进行交换。居民们不习惯于物物交换，每天都必须背上粮食去合作社换东西对于他们太麻烦了，所以强烈要求恢复过去那种以货币为媒介的自由交换，俄罗斯大妈们每天叫嚷着要求印制新货币并投入流通领域。(3) 参与自由流转的交换人员突破了地方贸易的限制，这些人冲破了地区和行政限制，到各地进行商品交换。这些现象表明，1921年春-夏的产品交换尝试失败了。

面对失败，列宁做了深刻的反思，在他看来，“社会主义方式的商品交换”之所以失败，根本原因在于它背离了经济规律、商业原则。列宁问：1921年春-夏的尝试是“**以**市场、商业**为基础**还是**反对**这个基础?”[①]答案显然是后者，这就是产品交换失败的原因，背离市场、商业规律必定会失败。列宁由此得出结论：经济规律如滔滔洪流，逆之者必败。因此，必须走一条遵循经济规律的新路。这条新路用列宁的话来概括就是“按商业原则办事”[②]，即必须遵循市场和商业的规律。到这里，国家资本主义终于同商业的作用联系起来。布尔什维克开始遵循经济规律、商业原则。经济规律在列宁面前展现了雷霆万钧般的威力。列宁再次深刻认识到，违背规律者必败。

第二，正面论证：只有遵循经济规律，才能兑现“政治期票”，赢取民心；才能在经济战场上打败资本家，防止资本主义复辟；才能借助于自由流转来发展生产力。

一是掌握经济规律，搞好市场经济，才能兑现“政治期票”，赢取民心。列宁指出，由于采用了正确的政策，获得了人民的“贷款”，所以可以延期偿还。用新经济政策的用语来讲，这叫作“期票”。这是有别于商业期票的“政治期票”，上面没有写明兑现期限，但危险就在这里，国家不能因为没有期限就无限地延长兑现日期。国家必须深刻理解人民的渴望，他们渴望国家能通过商业来满足他们的需要，能给他们提供物美价廉、品种丰富的商品，他们期望在这方面苏维埃政权能比私商做得更好。因此，“国家必须学会这样经营商业，即设法使工业能满足农民的需要，使农民能

---

① 列宁全集：第42卷. 北京：人民出版社，2017：518.

② 同①251.

通过商业满足自己的需要"①。如果国家不能尽快掌握经济规律，按照商业原则来满足人民的需求，那么上面提到的"政治期票"就无法兑现，失民心就失天下；反之，满足人民的需要，兑现"政治期票"，国家才能得民心。

二是只有学习、掌握并遵循经济规律，按照商业原则办事，才能在经济战场上打败资本家，防止资本主义复辟，巩固无产阶级政权。列宁指出，在实施自由流转政策后，俄国在经济战场上就面临着资本家强有力的挑战，能否在经济战场上战胜资本家是一个十分关键的问题。列宁说："谁战胜谁？无产阶级的国家政权是不是能够依靠农民，对资本家老爷加以适当的控制，把资本主义纳入国家轨道，建立起一种受国家领导并为国家服务的资本主义呢？必须清醒地提出这个问题。"② 在1921年春-夏的实践中，苏维埃政权并没有在经济战场上战胜资本家，私人市场更强大。列宁指出，这是很危险的，如果不能尽快将商业置于国家的掌握中，而是让无政府状态的资本主义和无政府状态的商品交换继续存在，那么资本家老爷就会对农民说："我们回头吧，这样保险一些，别让他们用什么社会主义来打扰我们了。"③ 因此，关键问题是谁跑在谁的前面。布尔什维克已经落后于资本家了，现在更要抓紧宝贵的时间，努力学习、掌握经济规律和商业原则，按照商业原则办事，用自由竞争来击败资本家。这是当时苏维埃政权最重要的任务，只有完成这一任务，才能在无产阶级政权的支持下将农民组织起来，从而在经济战场上打败资本家，巩固无产阶级政权。

三是只有学习、掌握经济规律和商业原则，才能发展农业和大工业，奠定向共产主义过渡的坚实基础。列宁指出，在1921—1922年的俄国，商业成为整个工作的中心环节，成为无产阶级国家政权必须**"全力抓住的环节"**，如果能抓住这个环节，那么不久后就必定能掌握**"整个**链条"④，建立起社会主义的经济基础。为何这么说呢？列宁解释如下：

一方面，只有退回到市场、商业关系，努力在其中摸爬滚打，用自由竞争原则击败自由竞争，才能通过商业来满足广大农民的需求，而这正是农民的要求。一旦能用商业满足农民的需求，就能激发农民生产的积极性，实现农业生产的高涨。列宁指出，在这一问题上俄国一直做得不好，

① 列宁全集：第42卷．北京：人民出版社，2017：204.

② 同①197.

③ 同①196.

④ 同①259.

因此必须加倍努力学习“做生意”。

另一方面，只有退回到市场、商业关系，搞好商业，才能通过商业来为大工业的恢复积累粮食和其他物资。列宁指出，发达资本主义国家恢复大工业比较容易，它们可以通过贷款，通过工农业之间的直接产品交换来做到这一点。俄国的大工业和农业都很落后，这种先天的不足就决定了它只能走一条迂回漫长的道路，即通过商业，通过市场经济来逐步积累工业所需的资源和资金。列宁指出，这是现实生活所要求的，俄国不仅要退到国家资本主义，而且要退到国家调节商业与货币流通。俄国不得不退这么远，因为商业问题成了俄国经济建设的“实际问题”，但同时，这种退却也为俄国向共产主义过渡打下了坚实的基础。只要搞好商业，就能击败私商，占领市场，利用商品交换来恢复俄国的大工业。因此，列宁说：“学会了解商业关系和经商是我们的责任”①。商业是苏维埃俄国必须抓住的中心环节，学习商业就是最重要的事情。

从上述论证中可以看出，学习按照“商业原则”办事，就是顺民心、遵规律，就能得到丰厚的回报：巩固无产阶级政权；赢得民心，激发干劲；在经济竞争中获得胜利；恢复和振兴工农业；等等。总之，搞市场经济有大用。

2. 搞市场经济无副作用

列宁指出，俄国虽然退到了市场和商业，但并不会因此而走资本主义回头路。这是因为，作为普遍理性的无产阶级国家政权始终在发挥监督和调控的作用，国家的法律时刻在同企图逃避监督和监察的商品交换做斗争。除了国家法律与机构的监督和调控以外，列宁特别提到了通过经济手段来调控资本主义。他说：“为了实现商品交换，为了不被自由市场击败，即不被自由贸易击败，我们就需要很熟悉自由贸易，同自由贸易进行竞赛，并用自由贸易的王牌和武器来击败自由贸易”②。在这里，列宁实际上已经将自由竞争视为对资本主义进行调控的手段。在他看来，借助于有效的市场竞争，苏维埃政权可以将私营商业限制在一定的比例里，将它纳入监督和调控的轨道。当然，前提是苏维埃政权的经济工作者能搞好商业、占领市场，使自己生产的产品比私商的更物美价廉，更具竞争力。我们将在后文详细展开列宁监督商业的相关设计和实践。

① 列宁全集：第42卷．北京：人民出版社，2017：248.

② 列宁全集：第41卷．北京：人民出版社，2017：356.

以上是列宁关于实施“第二次战略退却”的辩护，我们从中可以得出这样的认识：(1) 实施“第二次战略退却”同恢复自由流转一样，也是列宁思想认识的艰辛突破。如前面所分析的，列宁对商业、市场、货币等经济关系有着根深蒂固的前见，要突破这种认识是十分艰难的。“第二次战略退却”的实施意味着列宁在思想上啃下了市场、商业这块最硬的骨头。(2) 我们看到了规律本身的力量。只要恢复自由流转，经济规律就必定发挥作用。列宁试图绕开经济规律，结果碰得头破血流，在私人的商品贸易面前，违背经济规律的产品交换一败涂地。(3) 遵道而行的观念深入列宁的内心，整个辩护其实就是围绕着“顺民心、遵规律”这一最高原则展开的。实施“第二次战略退却”在经济关系层面虽然是退却，但由于它本身符合民心和规律，所以最终能实现以退为进。顺民心、遵规律的观念在列宁内心中刻下了深深的印记。

第三章　亲力推行新政

一分部署，九分落实。“顺民心、遵规律”这一最高原则必须在具体实践中方能落实。本章分析列宁是如何亲力推行新政改革的。在落实国家资本主义的事业上，这位改革者做了大量工作，可谓是尽心竭力。在其中，列宁扮演着掌舵者、推动者、参与者、纠错者、鼓励者、鞭策者等多重角色，发挥着重要的作用。

一、落实实物税与自由流转

本节分析列宁是如何推动实物税与自由流转政策的落实的。这种努力是顺民心、遵规律的具体体现。

（一）落实实物税政策

为了落实实物税政策，列宁做了两个方面的工作：一方面，在征税过程中注重保护农民的利益；另一方面，在对农民利益让步的基础上保证实物税的足额征收。

1. 保护农民的利益

一是要求明确实物税的税赋，选择农民负担较轻的税赋。列宁在1921年4月17日致列·波·加米涅夫的信中指出，应当将哈尔科夫省委书记伊万诺夫关于实行实物税的报告提交给政治局审核。在报告中，伊万诺夫主张明确税赋，要使农民事前确切地知道，“一年一次向他征收多少，而且要使收多少税绝不由地方粮食部门的代表擅自作主”[①]。列宁在这条建议的页边特别批注了“注意!”的字样，并且明确表示报告人的意见是

① 列宁全集：第60卷．北京：人民出版社，2017：389.

“正确的”，可见他十分重视明确税赋的问题。明确税赋，才能保护农民的利益，防止地方官员任意征收。列宁在 1921 年 3 月 27 日致列·波·加米涅夫的信中提出，要选择最能减轻农民负担的实物税方案。当时乌克兰共产党中央政治局就实物税的征收方案问题产生了分歧：一派主张要按俄亩统一征收实物税，该方案征收的总税额约为 12 000 万普特，并且宣布立即取消余粮收集制，改行实物税；另一派则主张从收获新粮起实行实物税（与此对应，余粮收集制并未立即停止，而是逐渐减少余粮收集，直至废除），征收的总税额约为 13 000 万普特。两种观点争执不下，为此全乌克兰中央执行委员会主席致电列宁征求意见。对于这两个方案，列宁果断地选择了第一个，即立即实行实物税，征收的税额也较轻。显然，列宁在此考虑的是如何尽快减轻农民的负担，对农民的利益做出最大限度的让步。

二是要求征税工作在尽可能短的时间内完成。列宁指出，必须立即改善农民的状况，因此征税工作完成的时间要尽可能短。此举还是意在看顾农民的利益，如果征税工作时间过长，就会给农民的生活带来不必要的麻烦，甚至有可能节外生枝，造成不必要的矛盾。列宁指出，必须迅速行动，这是一项政治任务。

三是要求严惩征收实物税过程中出现的营私舞弊、欺下瞒上的行为。1922 年春天，列宁了解到新西伯利亚的新尼古拉耶夫斯克省在征收实物税过程中出现了营私舞弊的行为，地方官员在征税过程中多征、滥征，严重损害了农民的利益。为此，列宁在 1922 年 3 月 6 日以苏维埃人民委员会主席的名义致信西伯利亚革命委员会的丘茨卡耶夫，要求对相关事件进行核对，对证实在征收实物税过程中犯有营私舞弊、欺压农民等罪行的相关人员进行严惩。后来丘茨卡耶夫致信列宁说，已查明情况并将作案的一些粮食代办员送交法院惩办。1922 年 3 月 20 日，列宁又致信中央监察委员会，要求彻查乌拉尔地区的叶卡特林堡省沙德林斯克县在征收实物税过程中发生的惊人的营私舞弊行为。（叶卡特林堡省政治教育委员会工作人员波波娃写信给列宁，报告了该地区实物税征收人员的舞弊行为。）根据列宁的指示，波波娃的举报信送交中央监察委员会，委员会在经过一番调查审理后证实了沙德林斯克县工作人员的不法行为，并将相关犯罪人员送交革命法庭审判。这些做法有效地保护了农民的切身利益。

四是注意倾听农民对新政策的态度。实行实物税后，列宁非常关心农民对新政策的态度问题。1921 年 3 月 22 日（此时实物税政策刚刚实行），列宁专门邀请了乌法省乌法县布尔加科夫乡别克托沃村的农民代表阿·罗·沙波什尼科夫、塔·伊·康德罗夫到莫斯科，倾听他们对新政策的看法，当听到代表们是“怀着满意的心情庆祝关于土地使用的新法令的颁布”[①] 时，列宁十分高兴，并且指示苏维埃各级机关要全力协助代表们回原地参加劳动。1921 年 3 月 24 日，列宁致信农民代表瓦·尼·卡尤罗夫，告知这位代表，实物税的方案已经在俄共（布）第十次代表大会和全俄中央执行委员会上通过了，并且特别向这位农民代表询问：在实行实物税后，西伯利亚地区的农民是如何看待实物税政策的？农民们还有什么要求？他们的情绪如何？工作热情是否有提高？可见，列宁非常注意农民对新政策的态度。经过先前的失败，这位改革者已经认识到必须看顾农民的个人利益，顺民意才能得民心，得民心方能成事。

2. 在对农民利益让步的基础上保证实物税的足额征收

在列宁看来，实物税的足额征收是国家的核心利益所在。为了做到这一点，列宁做出了如下努力：

一是阐释实物税征收的重要性。列宁将实物税的足额征收列为衡量国家经济建设成就的两大标准之一。他指出，实物税的迅速、足额征收，是保证工人、军队生活的关键所在，同时也是实现宏伟的电气化工程的基础，一旦在电气化的基础上恢复大工业，俄国就能永远地、彻底地摆脱饥饿和贫困。因此，实物税征收工作的好坏是衡量国家经济建设成就的重要标准之一。

二是设立粮食检查局，加强粮食征收机构的权威。列宁清楚地意识到，在农民备受苦难的背景下，征收 100%的实物税无疑是一项十分艰难的任务。那么，如何保证征税工作顺利进行呢？在这一问题上列宁同意斯维杰尔斯基的观点，后者主张，要设立粮食检查局，同时要加强粮食征收机构的权威。列宁指出，应当冷静地看待问题，国家需要有一个行动迅速有力的机构来征收粮食。在过渡时期，农民的思想觉悟并没有那么高，指望不采取强制手段就可以收齐实物税，这不过是空想，这样的“共产主义”当时还没有出现。列宁指出，关键是要加强粮食征收机构的权威。在这一思想的指导下，俄共（布）第十次全国代表会议于 1921 年 5 月 28 日出台了《关于新经济政策问题的决议草案》，其中第 7 条规定：“为了迅速地、如数地、普遍地征齐粮食税，必须保持和加强征收机构。为此，应当

① 列宁全集：第 50 卷．北京：人民出版社，2017：563.

保证粮食机关具有必不可少的党的威信。”① 列宁对这一点规定做了相应的强化，在其修改意见中，他补充了“应当保持和加强粮食机构的集中制”②，意在突出征税机构的权威性。相关修改建议被采纳了。

三是对征税工作做得好的机构给予奖励。新政改革可以说开启了一个新时代，与先前的军事共产主义相比，它的特征在于重视个人物质利益的实现，将个人利益的实现同国家利益的实现统一起来。列宁认识到，为了激发粮食工作人员的干劲，物质奖励是必要的。1921 年 10 月 31 日，列宁在给图拉省粮食委员会发去的电报中指出，鉴于该省出色地完成了实物税征收工作，除了对该省全体工作人员表示共和国的感谢以外，列宁还以人民委员会主席的名义建议粮食人民委员部给予全体粮食工作人员奖金（相当于一个月的工资），对于成绩特别优异者，在证实其工作后增发奖金。尽管最后由于某些原因列宁的建议没有被采纳，但奖励工作优秀者的思路被各级机关吸收，成为激励粮食工作人员干劲的有效途径。

（二）力抓商品交换

抓商品交换，这是列宁着力最多的工作。根据先前的分析，1921 年春-夏俄国实施的是试图绕开商业和市场经济的“社会主义方式的商品交换”即产品交换。它的基本内容有物物交换、有限制的地方流转、固定价格制和工农业“剪刀差”，布尔什维克试图通过这种“社会主义方式的商品交换”来尽快为大工业的恢复奠定基础，这种努力由于背离经济规律、商业原则而失败了。但是，我们同时也应当看到，1921 年春-夏列宁在推进“社会主义方式的商品交换”过程的许多努力是值得肯定的。这些做法也为 1921 年秋天开启的商品交换、市场经济所吸收。

1. 强调搞好商品交换的重要性——衡量国家经济建设成就的标准之一，是中心工作

列宁指出，新经济政策实施后，衡量俄国经济建设成就的主要标准有两条，一条是前面提到的实物税的足额征收，另一条就是自由流转的成绩。能否在这一领域取得实际成绩，关系着俄国能否实现宏伟的电气化，能否恢复大工业。因此，每个地方的经济机关都应当将工农业之间的自由流转工作立即安排好，把这一工作提到首要地位。列宁指出，谁能够在商

---

① 列宁全集：第 41 卷．北京：人民出版社，2017：334.

② 同①.

品交换方面取得成绩，哪怕是用私人资本主义的方式推动自由流转，他为俄国社会主义事业所带来的益处就比那些只“关心”共产主义的纯洁性，只知道起草文件、订立规章，而不去实际推动自由交换的人大得多。

2. 反对地方上出现的“强制性的商品交换”，捍卫自由交换原则

1921年春天，俄国重新恢复自由交换，但在饥荒和歉收的困难条件下，有些地方的粮食人民机关人员认为用自由交换的办法难以完成规定的粮食采购任务。为了增加采购量，劳动国防委员会特派员、吉尔吉斯副粮食人民委员波诺马连科曾向中央政治局建议，在西伯利亚产粮区实行“强制性的商品交换”。俄共（布）中央政治局于1921年7月2日通过了该项建议，旋又于7月9日撤销相关决定，撤销的理由是：“粮食人民委员部应当记住，新的粮食政策，根据最近一次党代会的决定，要认真地长期地实行。”① 此举意在捍卫自由交换的自愿原则。

虽说中央政治局下发了相关文件，但粮食人民委员部的一些部务委员在实际的交换工作中并没有贯彻自愿原则，而是依旧实行“强制性的商品交换”。1921年8月31日，波诺马连科向列宁呈送了一份关于在阿克莫林斯克省采购粮食情况的电报。在电报中，这位委员汇报了该省自由流转的情况，该省的粮食采购主要是采用“义务性”的方式进行的，由国家直接按照一定的价格比率用等价物换取农民的余粮。由于采用了“强制性的商品交换”方式，该地区的粮食采购完成情况甚至超过了国家规定的指标。国家给该地区规定的采购指标是372 000普特，该地区已经采购到554 000普特，超额完成任务，而且可以预计到，未来几个月的采购量将更加可观。农民对这种交换方式是否买账呢？波诺马连科在报告中说，由于是用国家生产出来的商品来交换农民的粮食，所以农民是满意的。可以看到，他在陈述上述成绩时内心是沾沾自喜的，他以为列宁会肯定其工作并对他进行嘉奖。

列宁对此事十分重视，在知悉电报的内容后，于1921年8月31日连发了书信和电报，书信是写给国防委员会办公厅主任斯莫尔亚尼诺夫的，列宁要求主任向波诺马连科询问，什么叫“强制性的商品交换”，要好好研究此事，在这封书信的开头，列宁标注的是“急”“重要”的字样，表明对此事的重视。电报是直接发给波诺马连科的，电报的内容依旧是询问关于“强制性的商品交换”的问题，询问实际的比值如何。列宁旋又于9月2日以人民委员会主席的名义给波诺马连科发去第二封电报，再次询问

① 列宁文稿：第17卷．北京：人民出版社，1990：347.

“强制性的商品交换”究竟是怎么一回事，实际的比值如何。

面对列宁的询问，波诺马连科于1921年9月12日用电报做了答复。波诺马连科在电报中说，该地区的粮食采购主要按照“义务性”的方式进行。就“强制性的商品交换”的具体比值问题，他也做了说明，即要求农民在纳税后将粮食按照等价物的三分之一的价值同粮食人民委员部进行交换，以取得商品。可以看到，这种做法说白了就是强买强卖，完全背离了自由交换的自愿原则。

在现存的文献中，我们没有看到列宁关于此事的进一步回应，但他的态度是一贯的和明确的，那便是：必须捍卫自由交换原则，不能损害普通民众尤其是农民的利益。列宁发给波诺马连科的电报不仅仅有询问的意思，更蕴含讯问、质疑和反对的味道。可见，这位改革者十分注意捍卫自由交换原则。

3. 建立起相关汇报制度，以及时了解商品交换的深度、广度、实际经验和困难

列宁在1921年5月19—21日劳动国防委员会给各地方苏维埃机关的指令（草案）中要求建立有关商品交换的汇报制度。他指出，在实施新经济政策的条件下，商品交换的情况是检验工农业关系是否正常的晴雨表，是为大工业的恢复收集粮食的主要手段，因而是最重要、最迫切的问题。建立相应的汇报制度也就成了自然而然的事情。列宁要求，地方的定期汇报，要将同农民的商品交换作为第一类问题，所有的经济建设机关都必须定期汇报商品交换的详细情况。

列宁亲自示范，一个合格的有关商品交换的汇报应当包含如下内容：商品交换的准备工作都做哪些事情？做得怎样？粮食人民委员部做了什么工作？消费合作社又做了哪些工作？它们在各地设立了多少合作社商店？是否每个乡、村都有？商品交换的储备都有哪些？是否足够？“自由”市场的价格如何？各个合作社商店有没有商品交换的经验？有哪些？取得什么成绩？存在哪些问题？同盗窃商品交换储备的现象做斗争的情况如何（要对每一起盗窃事件详加分析）？作为商品交换对象的盐、煤油、纺织品的情况怎样？其他商品的情况怎样？能否满足农民的需要？农民最缺的是什么？手工业的情况怎样？地方小手工业能为商品交换提供些什么？这些材料来自何处？可以说，列宁如同关心小孩成才一般地询问有关商品交换的汇报情况，在他看来，所有涉及商品交换进展情况及结果的数字都将对全国范围的商品交换起着重要的借鉴和示范作用。

列宁不仅要求地方经济机关定期汇报，也要求消费合作机构做好汇报工作。1921 年 7 月 29 日，列宁致信中央消费合作总社的负责人欣丘克，要求合作社定期汇报商品交换的情况。列宁详细列举了汇报所要包含的信息：各个省的乡、村有多少零售店即合作社的商业代办点？每个乡平均有几个？多少乡没有？这些零售店是否有货到店？都是些什么？盐、煤油、布匹等的情况如何？合作社用什么同什么交换？交换了多少？农民用来交换的余粮和燃料的情况如何？粮食、工业原料的情况如何？列宁指出，国家现在根本就没有这种汇报！有的只是些空谈。

1922 年 9 月 12 日，列宁再次致信欣丘克，他要求后者在其新著（《新经济政策条件下的中央消费合作总社》）中补充一些表格，内容是关于各季度合作社贸易额增长的情况、乡村销售点的数目、职员人数等数据，通过这些精确的材料就能把握“流转进入农村的**深度**、**广度**以及**具体方式**”①。在这里，列宁一反其大开大合的做事风格，事无巨细地了解商品交换的具体情况，可见商品交换工作在他心中的地位，及其做事细腻的一面。

4. 关心商品储备问题，主张通过发展小工业和手工业、调整大工业的生产计划、用资源换取国外商品等手段来增加商品储备

搞商品交换需要解决商品储备问题，而这在 1921 年的俄国是一个难题，战争几乎将大工业摧毁了，短时期内难以恢复生产。怎么办呢？列宁为此事也是颇费心思。他认为应当这样做：（1）鼓励小工业和手工业的发展。我们知道，军事共产主义时期国家将小工业和手工业都收归国有，实施新政后国家将小工业和手工业发回或租赁给个人或团体。列宁指出，小工业和手工业的发展不需要国家提供资源，但却能快速地生产出农民所需的工业品，因此，国家该做的事情就是鼓励小工业和手工业的发展，让其为商品交换服务。列宁指出，应当“给那些为大工业和农民经济的需要服务的或者按国家分配的任务为消费合作社进行生产的小工业和手工业部门创造最优惠的条件”②。地方机关应当定期汇报有关小工业和手工业发展的情况，要努力促进它们的发展。通过发展小工业和手工业，国家就能获得进行商品交换所必需的商品储备。（2）部分地调整大工业的生产计划。在 1921 年 5 月 28 日通过的《关于新经济政策问题的决议草案》中，列宁指示，要部分地调整大工业的生产计划，加强农民日用必需品的生产。这

① 列宁全集：第 52 卷．北京：人民出版社，2017：460.

② 列宁全集：第 42 卷．北京：人民出版社，2017：501.

些产品生产出来后就能作为商品交换的储备。(3) 用资源从国外换取商品储备，以进行工农业之间的流转。列宁曾发给列·波·克拉辛一封电报(不晚于1921年4月5日)，指示后者，为了从国外获得一定的商品储备，要抓紧用俄国的资源(矿石、森林资源等)同国外进行贸易；这是一项政治任务，要随时报告相关情况。在列宁的亲自关心下，俄国通过资源交换获得了一定的商品储备。

5. 打造合格的商品交换的主力(消费合作社)，对其给予人力、物力、财力和政策的支持

既然要搞商品交换，那么自然需要确立一个主力。列宁指出，这个主力就是消费合作社，它是资本主义社会留下来的，资本主义社会消费合作社的组织者和成员大多是一些富有组织、交换与分配经验的实践者，他们在经济生活方面是懂行的专家。因此，苏维埃俄国应当保留这一机构并促成其发展。列宁指出，基于这一事实，消费合作社与粮食人民委员部的关系不应当是隶属关系，而应当是平等主体之间的订约关系。根据合同，粮食人民委员部将用以商品流转的物品交给消费合作社，后者在前者的监督下进行商品交换。

列宁进一步指出，国家要支持消费合作社的发展，对其给予必要的人力、物力、财力和政策的支持。例如，要特别保证消费合作社有极大的可能来开展收购工作，国家要支持消费合作社的信贷工作，发展各种信贷业务，开设私营银行与合作银行，给予消费合作社资金援助。列宁还特别指出，要给予消费合作社活动自主权。这里就涉及苏维埃政权机关同消费合作社的关系问题。列宁指出，前者的职责在于依法检查、监管后者的经营行为，防止出现弄虚作假、投机倒把、滥用职权等行为；但是，前者绝不能直接干预后者的经营行为，必须保证懂行的资本家和专家的活动自主权，让他们能用自己的才智和本领来发展自由流转。

国家还要想方设法让消费合作社变成更加精干、高效的商业机构。列宁指出，这就需要一套制度设计。首先是物质奖励机制。1921年5月27日，在《关于粮食税的报告的总结发言》中，列宁指出，要对中央消费合作总社做出承诺："你们的买卖做得好，我们要给予你们一定的手续费作为奖励"，而且一定要建立各种奖励制度来鼓励代售业务，"生意做得好的就发奖"①。1921年7月15日，在《对人民委员会关于由中央消费合作总

① 列宁全集：第41卷．北京：人民出版社，2017：315.

社组织商品交换的决定草案的意见》中，列宁更明确地主张设立奖励机制，要用制度规定对流转快、流转额高的合作社工作人员给予重奖。列宁要求在一周内将这一建议提交小人民委员会（苏俄设立的为大人民委员会分担重任的权力机构）讨论。在 1922 年 3 月 7 日致中央消费合作总社理事会主席欣丘克的信中，列宁明确提出要搞分成制，以激发合作社工作人员的干劲。他指示欣丘克，合作社应当根据工作人员完成的贸易额来决定他们的报酬，对工作特别出色的还应给予额外的奖励。同个人利益相结合的新政改革精神在这里再次得到体现。

除了物质奖励，还必须要有相应的精简机制和规范机制。1922 年 3 月 7 日，列宁致信欣丘克，询问了有关合作社机构精简的问题，信中十分担忧地指出，在合作社中大概也是些只会摆弄公文，只会开会、做计划而不会经商的官僚主义者占据了不应有的“高位”。对此，列宁询问：为了使消费合作社成为真正的商业机构而非官僚机构，中央消费合作总社都采取了哪些精简措施和检查措施？在另一封致欣丘克的信（不早于 1922 年 9 月 18 日）中，列宁再次过问了中央消费合作总社的精简机构和劳动规范化问题，建议欣丘克在其新著（《新经济政策条件下的中央消费合作总社》）中补充有关精简机构和劳动规范化的谈论，并且特别询问了规范局的情况。显然，列宁希望通过精简机构和劳动规范化将中央消费合作总社打造成一个精干、高效的商业机构。可以看到，在关心、支持和改造中央消费合作总社的问题上，列宁倾注了大量心血，认为打造好主力军，就能在商品交换事业中取得更多成绩。

6. 要求实际地研究经验，做好树立典型的工作

列宁特别强调榜样的力量。在他看来，这种力量是非常强大的，一定要发挥它的示范作用。搞工农业之间的自由“流转”，实质上就是要求发挥地方机关的独立的、巧妙的首创精神，如果能收集模范县、模范乡的工作经验，将其推广到全国，那将具有非常重要的意义。列宁说：“从全国观点看来，一个模范县和一个模范乡的工作在目前具有非常重要的意义。……模范乡或模范县将起到不仅是巨大的，而且简直是有决定意义的历史作用。”[①] 如果能发挥模范的作用，就能搞好自由流转。

列宁特别批评了某些党员干部的思想倾向。这些人将时间用在了争论自由流转是否具备“共产主义纯洁性”的问题上，而不是用在研究各种实

---

① 列宁全集：第 41 卷. 北京：人民出版社，2017：223 - 224.

际经验上，不是去关注和推广典型。列宁指出，有少数地方，征收实物税和搞商品交换的准备工作与实际工作做得不错，但党员干部偏偏没有好好加以研究，没有将其推广，使绝大多数地区向已有的好榜样看齐。这种党员干部实际是不合格的。列宁语重心长地教导全党："少争论些字眼吧。……多积累一些各种各样的实际经验吧，多研究研究这些经验吧。常常有这样的情况：模范的地方工作，哪怕是很小范围内的地方工作，往往比中央许多部门的国家工作具有更重要的全国性意义。我国目前在农民经济方面，特别在用工业品交换剩余农产品方面的情况恰恰就是这样。在上述方面，即使只是一个乡的模范工作，也比'模范地'改善某个人民委员部的中央机关具有更大的全国性意义。"① 在列宁看来，应该做的是发挥主观能动性，去研究进行商品流转的实际经验，将做得好的少数模范地区的做法推广到全国，从而将绝大多数地区的自由流转工作提高到少数模范地区的水平。

以上是列宁为落实实物税与自由流转政策而做的努力。可以看到，列宁尽心竭力，在其中扮演了方向指引者、制度设计者、政策推动者、纠错者甚至参与者的角色，既有力推动了政策的落实，又及时纠正了执行过程中出现的偏差。此外，审视列宁在1921年春-夏关于"社会主义方式的商品交换"即产品交换的努力，我们从中既要看到他往后需要突破的地方，也要珍视他所做的努力，这些努力为日后的商品交换阶段所吸收。

二、推进分配改革

本节我们分析列宁是如何推进经济核算制的，这种努力分为个体层面的和企业层面的，是顺民心、遵规律的具体体现。

（一）在个体层面落实经济核算制

1. 在个人层面破除背离经济核算制原则的制度

在个人层面破除背离经济核算原则的制度的主要体现是废除了义务劳动制。我们前面分析过，在军事共产主义时期，列宁领导的布尔什维克大规模地推行义务劳动制，这是军事"强攻"战略在经济建设中的延续，即

① 列宁全集：第41卷．北京：人民出版社，2017：221.

要求每个个体都做出牺牲，大工业的基础将在这种义务劳动制中建立起来。前面提到，经济核算制包含有偿劳动的内容，因此义务劳动制同经济核算制是相背离的，理应废除，但是在现实的实践中，列宁等人直到1921年12月还不放弃义务劳动制。

1921年12月26日，苏维埃第九次代表大会非党代表会议召开，实现了放弃义务劳动制的突破。这次会议的议题主要是讨论畜力车运输税的问题。当时俄国要进行运输，在没有现代机器的条件下，需要征用农民的畜力和人力。而这种劳动在当时是义务性的无偿劳动。这次会议的主要目的就是倾听农民的心声。在会议上，农民代表无一例外地反对义务劳动制。我们将农民反对的原因梳理如下：(1) 农民觉得义务劳动扰民。义务劳动长达三周，时间过长，而且劳动选在了泥泞期，这让农民苦不堪言。(2) 劳动条件太苛刻。农民并没有领到衣服和粮食（连食盐也不发放），他们挨饿受冻，逃跑的还会被宣布为逃兵，遭到严厉的惩罚。(3) 义务劳动不公平。义务劳动的重担都落在了最穷苦的人身上。那些有钱人在秋天会把马卖掉，这样他们就不用缴纳劳动税，也不用被征集，等来年春天又将马赎回来，以此躲避劳役。(4) 省林业委员会工作人员工作粗暴，用徒劳无益的工作折磨农民，而且他们只领口粮，不做事情，简直就是过去的“资产者”。(5) 最后的也是最重要的，劳动没有报酬。特维尔省农民代表在会议上说：“劳动应当有报酬……应当把劳动改为**有报酬的劳动**。”① 这是农民抵触义务劳动的根本原因。

面对民众对义务劳动制的抗拒，列宁在这次会议后主张废除义务劳动制，实行有偿劳动制。在现存的材料中，我们没有看到列宁面对这件事的内心活动，但通过先前的材料推断，这位改革者想必也是做过心理斗争的。一方面，列宁是不想废除义务劳动制的，到1921年12月，新政改革已经推行大半年了，布尔什维克并没有主动废除义务劳动制，就证明他们想保留这一制度，在他们看来，义务劳动可以帮助国家尽快恢复大工业、运输业，为过渡做准备。在这次会议上，政府机关人员也在为义务劳动制进行辩护。另一方面，列宁在这次会议上直接了解到了民意，知悉民众对物质利益回报的渴望。在严峻的经济政治危机之后，列宁已经痛彻心扉地认识到民心不可逆，只能在顺民心的基础上推进国家建设。因此，在一番思想斗争之后，列宁做出了废除义务劳动制的决定，这对于他而言是思想

① 列宁文稿：第17卷．北京：人民出版社，1990：636.

的突破，对于国家而言则是改革的主要推动力，至此，经济核算制的有偿原则得以落实，工人和农民的劳动都有了回报。

2. 通过推行个人有偿劳动、计件工资和奖励制度等，在个体层面落实经济核算制

第一，积极推动有关工资改革方案的通过。

前面提到，1921年9月主管工资改革的基谢廖夫向列宁提交了关于《工资问题基本原则》的草案，草案强调职工劳动报酬要同生产效率、劳动成果直接挂钩。1921年9月4日，列宁对该草案做了批阅和修改，他认同其中关于劳动报酬要同生产成果直接挂钩的原则。在修改和完善草案的基础上，列宁积极推动该草案的通过。1921年9月4日，他致信莫洛托夫，声称有关工资改革的问题极端重要又无争议，建议将草案送全体政治局委员阅览并加以批准。同一天，列宁又致信彼得格勒工会理事会负责人奥博林，请他告知对有关工资问题的草案的意见，同时请奥博林组织召开彼得格勒省的相关会议来表决工资政策草案。1921年9月5日，列宁又致电彼得格勒的相关负责人策彼罗维奇和列普谢，指出有关工资政策的草案在送交奥博林之前会先呈送给这两位同志一阅，请他们反馈对草案的意见。最终，有关工资改革的草案获得了彼得格勒省工会理事会扩大全会的赞同，策彼罗维奇、列普谢、奥博林也表示赞同。在经俄共（布）中央委员会、劳动国防委员会、全俄工会中央理事会党团委员会、莫斯科省工会理事会党团委员会和最高国民经济委员会主席团党团联席会议全面讨论后，《工资问题基本原则》于1921年9月16日由人民委员会批准，并于9月17日发表在《全俄中央执行委员会消息报》第207号上。

在这里，我们看到了列宁出色的谋划和积极的努力。他看到，要真正推动一项改革，就必须广泛倾听民意，因此他尤其看重工人代表对工资改革方案的意见，只有工人认同改革方案，这个方案才是有力量的。列宁行事效率也是值得称道的，从接收基谢廖夫的改革方案到人民委员会批准方案，仅仅用了半个月的时间，工资改革方案的通过为后续工作的进行奠定了基础。

第二，具体落实经济核算制中的有偿劳动、计件工资、奖励优秀等相关原则。

1921年4月28日，列宁致信国家出版社的中央书库，要求后者做这样的工作：从最重要的全国性和地方性的报纸中找出1921年5月全月有关生产问题和经济生活的材料，将这些材料剪贴成册；对全部材料按字母顺序编出分类索引。列宁指出，对上述工作实行计件工资，对于其中工作做得出色的人员，在核实后给予奖励，部分的可给予实物奖励。列宁在这里落实了经济核算制的按劳分配、奖励优秀的原则，其结果是相关工作人员的劳动效率大增，快速、保质地完成了工作。

1921 年 10 月 15 日和 22 日，列宁分别致信阿瓦涅索夫和索斯诺夫斯基，讨论如何减少仓库物品积压的问题。当时的仓库职员搬运效率低下，导致仓库大量货物积压，为了激发职员的干劲，列宁向两位仓库管理负责人建议，如果仓库职员能将货物直接发送到各个工厂、国营农场而腾出库房，就给予奖励（根据职员腾出的库房空间来计算），那些将货物送到工厂的其他人员，同样可以得到奖励。列宁说："不同个人利益结合，什么也办不成。要**善于**同利益结合起来。"① 可以说，同个人利益相结合是新政改革的思想精髓，而落实经济核算制中的计件工资、奖励优秀等原则就是落实该思想的具体体现。在经济核算制的激励下，仓库职员的积极性大增，库存迅速减少。

1921 年 10 月 9 日，列宁给渔业和鱼品工业总管理局局长波嘉耶夫发去一封电报，在电报中请波嘉耶夫将新的计酬方法的介绍交给莫斯科和阿斯特拉罕两地的报刊发表。所谓"新的计酬方法"，指的就是计件付酬的方法。波嘉耶夫在 1921 年 9 月 21 日致信列宁说，由于对渔民的劳动采用了计件付酬的新形式，捕鱼量急剧增加。列宁主张利用报刊的影响将计件付酬、奖励优秀的新办法推广到全国各地。

1921 年 11 月 9 日，列宁致信克尔日扎诺夫斯基，请后者征求一两位内行人士的意见，听取他们关于在运输业改行商业经营原则的看法。在此之前，列宁收到高加索铁路局局长马尔柯夫起草的《关于改组交通人民委员部的报告提纲》一文，后者根据高加索铁路运输工作的成功经验（推行经济核算制而取得很高的劳动效率），建议在整个运输业改行商业核算制的原则。在列宁的亲自关怀下，1922 年 1 月 16 日人民委员会通过了《关于在运输业中实行经济核算制》的决定。

可以看到，列宁利用每一个机会来落实经济核算制的原则，在其努力下，经济核算制在俄国经济生活中落地生根。

① 列宁全集：第 51 卷．北京：人民出版社，2017：441.

（二）在企业层面落实经济核算制

列宁在企业层面落实经济核算制的努力包含破和立两个方面的内容，破的方面主要是反对全盘供应制，这一方面的内容前文已经论述过了，不再赘述，我们重点来看立的方面。列宁提出要在企业层面落实集体供应制。集体供应制是经济核算制的具体体现，意指国家只供应效率高的企业，给效率高的企业特别的供应，关闭或出租效率低的企业。显然，这样一种改革会遭到巨大的阻力，那些效率低的企业在过去能够依靠国家的输血存活下去，现在国家要对它们断供，这无疑是巨大的打击。因此，不论是集体供应制政策的出台，还是具体削减或停止对某些企业的供应，都是“攻坚战”。在这里，列宁显示了巨大的魄力和作用。

1. 定调——要落实集体供应制

1921 年 6 月 16 日，列宁在全俄第三次粮食工作会议上的讲话结尾处明确提出要推行集体供应制。他指出，粮食工作者代表会议肩负着一个特殊使命，那便是要考虑如何稳步地、慎重地同时又是迅速地着手试行集体供应。列宁指出，过去的粮食平均主义分配制度是有缺点的，其最大的问题在于粮食供应没有同生产的提高挂钩，今后必须彻底改变这种状况；应当将设备较先进的、可能取得较高生产率的企业从国营企业中划分出来，国家所收集的粮食只应当供应这种企业。列宁指出，粮食分配应当成为一种提高劳动生产率的方法、工具和手段，国家的粮食只应当供应那些切实能提高与保持最高劳动生产率的企业和工作人员；至于那些国家所不需要的企业，效率低的企业，绝不能供应。

1921 年 6 月 28 日，在《对人民委员会〈关于苏维埃机关职员实行集体劳动报酬制的决定草案〉的补充》中，以及 1921 年 7 月 4 日在《关于国家经济“计划”的几点想法》中，列宁对集体供应制做了进一步的发挥。文件一明确规定，必须对企业和职员实行集体供应制，国家对企业的供应必须发挥提高劳动生产率、加强劳动纪律、不断减少职工人数的指向作用。为了更好地贯彻这一原则，每一个实行集体供应制的企业都必须同政府签订专门的合同，承诺做到上述要求；未履行合同者，国家将对其进行惩罚，直至取消一切供应。文件二更加明确了对效率低的企业的处置。列宁指出，对于所有效率低、未能有效提高劳动生产率的企业，国家的做法应当是：“或者出租，或者随便交给谁，或者关闭，或者‘丢弃’，**在情况没有根本好转以前**不去管它们”[①]。从以上话语中可以看到列宁改革的坚定决心，这是改革必须承受的阵痛。

2. 积极支持、推动集体供应制法令的出台

集体供应制的相关草案最早是 1921 年 5 月由最高国民经济委员会的拉林和全俄工会中央理事会的哥尔茨曼向俄共（布）中央政治局提出的，草案的核心要点是要关闭或出租非绝对必要的工业企业，将生产集中到规模最大、设备最好、效率最高的企业，国家只供应这样的企业，同时，国家对企业的供应也不再像过去那样依据职工人数来定，而是依据企业的生产效率来定。中央政治局于 1921 年 5 月 10 日做出决定：草案修改后提交人民委员会审议。随后俄共（布）工会代表大会也做出了类似的决定。但在这之后的一个月里草案就搁浅了，列宁对此十分着急，1921 年 6 月 12 日致信人民委员会办公厅主任哥尔布诺夫，信中指出，由于全俄工会中央理事会近期更换班子，集体供应制的相关立法工作可能被压下来，请哥尔布诺夫催促拉林和哥尔茨曼，要加速办理相关事宜。在列宁的直接督促下，仅仅过了几天，人民委员会就于 1921 年 6 月 14 日通过了关于对工人和职员集体供应的决定，1921 年 6 月 17 日劳动国防委员会也通过了该决定。这样的效率在苏维埃俄国是不多见的。

在列宁关于实施集体供应制的指导下，最高国民经济委员会主席团通过了《关于新经济政策原则的提纲草案》（其主要内容包括：实行集体供应制，发展实物奖励制度，落实租赁的法令，等等），将集体供应制细化和落实为法律条款。1921 年 7 月 10 日，列宁审订了这一提纲草案，并将它分送给克尔日扎诺夫斯基、列扎瓦等人进行讨论。1921 年 7 月 11 日，最高国民经济委员会主席团再次审查了《关于新经济政策原则的提纲草案》并加以批准，之后送交俄共（布）中央政治局讨论。1921 年 7 月 12 日和 16 日，苏维埃人民委员会和俄共（布）中央政治局分别对提纲草案进行审查。政治局同意以提纲草案为基础，并成立一个专门委员会来负责文字的修改，该委员会提出了一个新方案。1921 年 7 月 21 日，列宁对这个新方案也做了修改，主要是在细节上完善了内容。1921 年 7 月 23 日，各工会中央委员会共产党党团、莫斯科省工会理事会主席团和彼得格勒各工会代表联席会议对这个提纲草案进行了讨论。联席会议同意把提纲草案作为基础，同时成立了一个委员会，连同党中央成立的委员会一起对提纲

① 列宁全集：第 42 卷．北京：人民出版社，2017：75.

草案做最后的文字修改。1921 年 8 月 9 日，俄共（布）中央全会通过了该提纲草案，并由人民委员会以《人民委员会关于实行新经济政策原则的指令》为名作为法律颁发。可以看到，整个有关集体供应制法令的制定、推行都凝聚着列宁的心血。

列宁还关心作为集体供应制补充的出租法令的制定和推行。1921 年 7 月 5 日，列宁对人民委员会关于出租最高国民经济委员会的企业的决定草案做了修改，他特别强调其中的一条：国家对于被出租出去的企业及其职工的供应不承担“任何义务”，国家机关在这些企业中有特别重要的订货时才允许例外，而且必须获得最高国民经济委员会主席团的特别许可。列宁做此修改和补充，意在贯彻经济核算制和集体供应制的原则，即国家只供应效率高、特别重要的企业，对于出租出去的企业原则上是不管的。出租法令随后也被通过。

1921 年 7 月 22 日，列宁致信阿·伊·李可夫和瓦·亚·阿瓦涅索夫，信中强调，经济部门促进委员会委员、工农检查人民委员部部务委员柯罗斯帖廖夫关于将一些国营企业的职工供应转为集体供应制的建议非常好。列宁十分支持该建议，在他的推动下，相关建议获得了通过。

可以看到，不论是在确定改革方向的方面，还是在催促、推动集体供应制相关政策出台的问题上，列宁都做了很多工作，发挥着重要作用。

3. 亲自主持压缩供应企业名单的工作

在集体供应制草案通过后，1921 年 6 月 22 日劳动国防委员会确定了第一批实行集体供应制的企业。接下来就是着手进行淘汰工作。这个工作无疑是非常难做的，其中出现了各种各样的问题，我们来看列宁是如何应对的。

削减工作的主要问题之一是没有找准对象，不该削减的削减了，该削减的又没削减。1921 年 7 月 25 日，列宁致信莫斯科苏维埃主席团，信中提到，鉴于粮食供应的严重现状，国家要求减少 30％的企业及其职工的粮食供应。莫斯科省粮食委员索罗金递上来的有关削减的材料让人怀疑其工作的正确性。列宁指出，在这些被削减的企业和职工的类别中，有些是不该被削减的，因为其对国家经济的发展起着重要作用。列宁要求相关工作人员切实区分哪些企业和机关是非绝对必需的，真正要削减的是这类企业和机关。省统计局、省工会委员会和省国民经济委员会的削减工作无法让人满意。为此，列宁要求成立一个专门委员会来检查莫斯科消费公社的削减工作。该委员会的主要职责是：弄清莫斯科消费公社确定的撤销供应方案（即对某些企业和职工断供）是否有利于俄国的建设事业。在列宁的直接过问以及专门委员会的监督下，撤销供应的工作才走上了正轨。

削减工作的另一个主要问题是阻力巨大。这一点是很自然的，毕竟哪个企业都不希望断供，都能讲出无数条自身重要性的依据，因此削减工作进展非常缓慢。我们来看列宁是如何推动这方面的工作的。

1921 年 9 月 12 日，列宁给各区域和各省经济会议发去电报，原因在于各区域和各省经济会议没有认真着手削减工作，保留的由国家供应的企业太多。在电报中，列宁郑重指出，削减由国家供应的企业和机关数量的工作是当前经济建设中最重要的任务之一，也是当前最紧迫的任务。各区域和各省经济会议的职责就在于认真做好削减工作，只留下少量规模最大、技术最先进、设备最好的企业。列宁命令各区域和各省经济会议必须立即再一次削减由国家供应的企业数量，相关工作必须在 1921 年 10 月 1 日前完成，并将削减清单送交劳动国防委员会。对那些不认真进行削减工作的人员，将交由法庭审判。在列宁强大的压力下，削减工作得以加速推进。

1921 年 9 月 19 日，列宁致信哥尔布诺夫，议题还是削减工作。莫斯科工业企业的削减工作在两三个月前就开始了，可是直到 9 月中旬，削减工作依然进展缓慢，相关工作人员递交上来的保留供应的清单数目依旧“太大了”。莫斯科市保留供应的印刷厂就有 22 个，共计 7 598 人，明显“过多了”！列宁要求，保留的印刷厂无论如何都不能超过 7 个。为了落实这一设想，列宁要求立即成立一个专门工作组（具体是莫斯科市委机关 1 人、最高国民经济委员会 1 人和工农检查院 1 人），该工作组负责在几天内压缩清单，保留的印刷厂不超过 7 个。整个清单都必须认真地再压缩一遍。在列宁的直接催促下，专门工作组切实地压缩了供应清单，新的供应工作自 1921 年 9 月 30 日起执行。

可以说，列宁凭借强有力的力量和威信，将压缩供应企业名单数目这种得罪人、阻力大的工作顺利推进下去了。

4. 对效率高的企业提供特别供应

给予效率高的托拉斯、企业特别供应是集体供应制的内容之一。列宁也积极推动这一政策。1921 年 9 月，苏维埃报刊报道了工业企业农场总管理局下属的某些国营农场的出色工作，这些农场用最少的资源创造出最大的效益，工作堪称典范。列宁知悉情况后于 9 月 29 日致信哥尔布诺夫，一方面充分肯定国营农场的工作成就，指出它的原则意义是极大的，其实践意义更大；另一方面请哥尔布诺夫尽快满足国营农场提出的特别供应的请求。工业企业农场总管理局局长鲁诺夫请求国家拨出必要的粮食、设备和经费，用于莫斯科近郊国营农场的土壤改良。列宁指出，国营农场的工作人员凭借其高效的工作证明他们是配受“一千倍信任的”①，因此，必须尽快满足其请求。列宁还特别指示农业人民委员部给国营农场调拨拖拉机，用以翻耕已清除树根的土地。附言还指示，如果暂时无法满足国营农场的请求，那么“就应当借给他们所申请的款子（**按最大的**数目），**借期一年**”②。1922 年 3 月 15 日，列宁致信财政人民委员部负责人索柯里尼柯夫，再次要求为工作出色的国营农场提供特别供应。他说，苏维埃政府的报刊和党的报刊一致称赞鲁诺夫领导的国营农场的出色工作，并且鉴于该评价已为劳动国防委员会 1921 年 9 月 30 日的决定所确认，应当完全满足鲁诺夫的请求（为国营农场紧急拨款 115 000 战前卢布，以便修理 7 台用于土壤改良的机器）。在信的末尾，列宁要求索柯里尼柯夫立即就特别供应的问题做出实质性答复。在列宁的亲自关心下，国营农场很快获得经营所需的资金和物质。

除了鲁诺夫领导的国营农场，列宁还为以哈罗德·韦尔为首的拖拉机生产队争取特别供应。1922 年 10 月 20 日，列宁致信彼尔姆省执行委员会主席，信中对在彼尔姆省境内工作的美国拖拉机生产队的工作表示肯定（该生产队虽然工作时间不长，但却取得很大的成绩，已耕地共计 1 500 亩），同时指示彼尔姆省的机关人员必须尽可能满足该生产队提出的请求（该生产队缺乏润滑油和汽油，建筑住房时工人不足），帮助生产队弄到汽油、建筑住房、修理厂等，信末还交代，请立即将所采取措施的结果上报，如遇自己无法解决的问题请告知他。列宁指出，工作如此高效的生产队伍如果得不到各方面的支持，尤其是地方组织的“最大的”支持，那是完全不能容忍的。1922 年 10 月 24 日，列宁致信全俄中央执行委员会主席团，继续为拖拉机生产队争取特别供应。列宁以人民委员会主席的名义提请全俄中央执行委员会主席团授予彼尔姆农场和以哈罗德·韦尔为首的拖拉机生产队模范称号，同时在汽油供应、人员供应和其他材料供应等方面给予特别的“额外帮助”。在列宁的积极推动下，该拖拉机生产队很快获

① 列宁全集：第 51 卷. 北京：人民出版社，2017：373.

② 同①.

得了生产所需的物资和人员。

5. 推动经济责任制（无法盈利就要承担责任，甚至是法律责任）

推动经济责任制，也是列宁特别强调并着力落实的。“经济核算制”这个词通常的翻译有 Economic Accountability（经济责任制）、Self-supporting（自负盈亏）、Business Principle（商业原则），可以看到，无论是哪种翻译，都有强调经济责任的内涵。苏维埃俄国设置集体供应制，内在地就要求接受供应的企业必须承担经济责任。关于这一点，列宁再三强调，一个托拉斯、企业既然享受了国家的物质和资金的供应，那么相应地就必须承担经济责任，起码要做到“不亏损”，然后在此基础上盈利，如果企业不能赚钱，那是说不过去的。

我们通过一个具体的例子来看列宁是如何推行与国家供应制相关联的经济责任制的。1922 年 2 月 1 日，列宁致信财政人民委员部部务委员索柯里尼柯夫（该信的级别是绝密），信中陈述了一个事实：某些托拉斯不久后就会没有资金了，它们定会要求由国家来接管。显然，这些托拉斯在试图逃避经济责任。列宁指出，这种要求是背离经济核算制的，他说：“托拉斯和企业建立在经济核算的基础上正是为了要它们自己承担责任，而且要承担全部责任，使自己的企业不亏损”①。“不亏损”是受供应的托拉斯的基本责任，做不到这一点就意味这些企业违约了。列宁紧接着表达了有责必罚的决心，他说：“如果它们做不到这一点，我认为它们就应当受到法庭审判，管理委员会全体委员都应当受到长期剥夺自由（也许过一定的时期可予以假释）和没收全部财产等等的惩罚。”② 可见处罚是非常严厉的。列宁指出，如果建立了国家供应制度，向有关托拉斯和企业提供了大量的物力、财力，但却不能保证国家的“利益”（企业不亏损并且盈利），那么国家就是地道的“傻瓜”。财政人民委员部必须对此事进行切实的检查和监督。1922 年 3 月 3 日，列宁就经济责任制问题致信俄共（布）中央政治局，进一步强调了受供应企业和相关人员的经济责任，他提请全俄中央执行委员会主席团通过这样的决定：各个人民委员部加上莫斯科苏维埃和彼得格勒苏维埃，必须在一周内提出决定草案，规定对所有亏损企业的相关失职人员给予严惩，至少监禁五年。这些严厉的规定无疑对那些试图逃避经济责任的托拉斯具有震慑作用。

---

① 列宁全集：第 52 卷．北京：人民出版社，2017：240.

② 同①.

以上是列宁为推进分配制度改革而做的努力，我们从中看到了这位改革者的意志、勇气、魄力和力量。分配制度改革直接涉及利益的重新洗牌，阻力极大。列宁在此扮演了“黑包公”的角色，以自己的威信和力量为经济核算制的落实披荆斩棘。没有这位改革者的保驾护航，新政改革恐怕难以顺利推行。

三、主持租让事业

本节剖析列宁是如何推进租让事业的。这种努力是顺民心、遵规律的具体体现。我们可以将列宁的努力概括为正和反两个方面，而贯穿于这两个方面的便是苏维埃俄国的国家利益。

（一）诚意满满

列宁心里清楚，要吸引资本家来俄国开发资源、兴建工厂，除了利润的吸引以外，还得有足够的诚意。在这一方面，列宁发挥着榜样作用。最能体现其诚意的例子，就是同阿曼德·哈默的租让合作。

1. 诚意满满引凤凰

阿曼德·哈默是一位传奇的红色资本家。他的父亲是美国共产党的创始人之一，因此之故，哈默对新生的苏维埃政权充满了关注。1921 年俄国闹了严重的饥荒，疾病肆虐。23 岁的哈默从报刊上获悉苏俄人民的困境后于同年夏天来到俄国的乌拉尔地区，他此行为苏俄人民运来了大批急需的医药物资和粮食。此义举挽救了成千上万人的性命，感动了苏俄民众。哈默的事迹很快为列宁所知悉，同年 8 月，列宁将哈默召到莫斯科并在克里姆林宫给予接见。

在克里姆林宫，列宁与哈默一番寒暄后，将议题转到了他最为关心的租让事业上，他对哈默说，俄国现在需要医疗物资和粮食，但是“最需要的是像你这样的美国商人”，“实际需要的是美国的资本和技术援助，好使我们的车轮重新转动起来”①。这话说得非常坦承，意图也非常明显。哈默对列宁谈起自己对乌拉尔地区的印象，在他看来，乌拉尔地区的资源和人力都非常丰富，但工厂开工的情况却不尽如人意。列宁顺势引导，他

---

① 阿曼德·哈默．哈默自传．天津：天津人民出版社，1990：141.

说："是这样的。内战延误了建设，我们必须重新开始。新经济政策的实施将开辟一个崭新的经济前景。为了加快这一进程，我们准备给予在我国开办工业商业的外国投资者以特许权。这意味着给美国提供许多机会，你想到这一点了吗？"① 这是列宁第一次如此直接、诚恳地邀请外国资本家参与租让事业。在列宁的鼓励和关怀下，哈默获得了乌拉尔阿拉帕耶夫斯克地区一座石棉矿的承租开采权，由俄国和哈默的公司（美国药品和化学制剂联合公司）联合开采。哈默成为在苏维埃俄国第一个获得租让合同的外国商人。在列宁的支持下，哈默成了20世纪20—30年代美苏贸易的风云人物。

列宁对租让事业的诚意不仅仅体现在将哈默引进来，更体现在全程参与、全程督促和全程关心，其时间跨度将近两年。我们将其内容梳理如下：

1921年10月14日，列宁致信俄共（布）中央委员，在信中提及有关哈默和他父亲的事迹（父子俩以非常优惠的条件给正处于饥荒的乌拉尔地区提供100万普特粮食，青年哈默还曾为苏俄送来医疗器械）。列宁还特别指出，青年哈默到过乌拉尔地区并且决心帮助恢复乌拉尔的工业，请各位中央委员关注此事。

1921年10月19日，列宁致信马尔滕斯（这时同哈默的租让合同还没有签订），信中指出，如果哈默和他父亲为正在遭受饥荒与疾病的乌拉尔地区提供100万普特粮食的计划是真的，那么就应当尽力使俄国同哈默的合作具有"租让合同"这种确切的法律形式。列宁敦请马尔滕斯全力关心此事。1921年10月24日，列宁致信古比雪夫，继续为哈默承租的事情谋划、铺路。列宁请古比雪夫尽快办妥同哈默订立租让合同的事宜。1921年10月27日，列宁致信拉德琴柯，讲述了俄国要同哈默及其美国公司签订合同的事情。列宁指出，这个租让合同意义重大，请务必对切实履行苏俄的各项义务给予"特别的"注意。列宁请拉德琴柯采取措施，严格检查执行情况，要对相关工作人员施加压力、进行监督。1921年10月27日，列宁再次致信马尔滕斯，询问了同哈默签订的租让合同的补充条款，认为在合同草案上必须有补充条款（1921年10月28日，劳动国防委员会通过了相关补充条款，其中规定苏俄对承租人提供以下保证：保护其人身、财产安全并获得相应的自由迁徙和出入境的权利，等等）。列宁督促马尔滕

① 阿曼德·哈默．哈默自传．天津：天津人民出版社，1990：141-142.

斯要尽快促使合同定稿并获得通过。列宁在信中还特别交代，对于俄方提出的承诺，要特别认真、切实地加以落实，不能不守承诺，要委派特别精明能干的人负责并进行检查；对于承租人，应当妥为照顾，这在经济上、政治上都是极为重要的。列宁要求马尔滕斯和最高国民经济委员会主席团及时告知自己在推进租让事业上所采取的措施。可以看到，列宁为签订与哈默的租让合同倾注了心力。

在列宁的积极推动下，与哈默的租让合同很快就正式签订了，苏维埃俄国的租让事业破冰起航。1921 年 10 月 28 日，苏维埃俄国与哈默签订了租让合同（后者获得乌拉尔地区石棉矿的承租权）。1921 年 11 月 3 日，列宁怀着激动的心情致信哈默，对哈默的承租企业致以了最崇高的敬意，并祝愿哈默取得成功。

2. 政策支持促发展

租让事业的发展并非签订了合同就完事。可以预料，承租企业在发展过程中会遇到各式各样的难题，列宁用自己那双强有力的手，为承租企业拔去这些铁蒺藜。

1922 年 4 月 5 日，列宁致信李可夫，揭露了俄方在承租项目问题上所做的一件“很不体面的事”①，那便是：按照同哈默签订的合同，对外贸易人民委员部给对方发去货物，可其质量是低劣的。列宁对此事十分生气，他指出，应当向对外贸易人民委员部及相关机构了解事件的情况，并且一定要“进行监督，务必绝对严格、一丝不苟地履行这个租让合同中规定的我方义务，而且对整个事情都要更仔细地进行监督”②。列宁在这里特别强调契约精神和责任义务，这是租让事业能否得以顺利发展的关键，也正是在其强有力的督察下，类似的事情大为减少。

1922 年 5 月 11 日，列宁致信阿曼德·哈默，衷心祝愿哈默的第一个租让事业取得成功，同时鼓励哈默进一步拓展苏俄同美国之间的贸易往来。这是列宁大病初愈后写的一封信，其用语之热情表明他对租让事业怀着深切的关注和支持。同一天，列宁还致信福季耶娃和斯莫尔亚尼诺夫，请他们记下阿曼德·哈默的名字，并且指示，如果哈默寻求帮助，那就代表列宁给予最大的支持。还是同一天，列宁给季诺维也夫写了两封专函，在信一中他请后者要尽力帮助哈默，这是第一个在俄国承租企业的美国同

---

① 列宁全集：第 52 卷．北京：人民出版社，2017：368.

② 同①.

志，务必要使哈默的全部事业取得圆满成功，这是最重要的事情。在信二中列宁向季诺维也夫交代了具体要帮助哈默的事项。承租人当天将前往彼得格勒，以便安排小麦卸货以及为哈默承租的石棉矿企业接收机器的具体事宜。列宁请季诺维也夫立即着手安排相关的协助工作，不得有任何耽搁，而且必须派可靠的同志进行监督，要保证承租企业的各项工作都能迅速完满地完成，这是“最最重要的”①。

1922 年 5 月 22 日，列宁再次致信季诺维也夫，内容还是关于哈默承租企业的问题，但这次的语气不再是先前的叮嘱和请求，而是变得异常严厉。列宁向中央控告对外贸易人民委员部驻彼得格勒特派员别格的不当行为，这位彼得格勒的官员在接见哈默的同事米歇尔时表现出“**缺乏礼貌和官僚作风**”②，这种傲慢态度激起了哈默及其同事的不满。列宁指出，别格的这种行为完全是和国家政策“**顶着干**”③，必须专门调查此事。列宁指出，如果之前给别格看过列宁写给季诺维也夫的信函，那么别格就必须承担责任；如果没有给他看，那么就应当追究季诺维也夫的秘书的过错。究竟是谁的过错，必须查清楚。可以看到，列宁对任何阻碍租让事业的人和事都追究到底。1922 年 5 月 24 日，列宁致信中央政治局总书记斯大林，书信的开头有“急”“秘密”的字样。在信中，列宁以个人名义向中央政治局特别推荐了哈默和米歇尔，请全体中央委员大力支持两位承租人的事业。列宁指出，承租事业是俄国通向美国实业界的小径，必须千方百计地加以利用。关于支持哈默租让事业的建议于 1922 年 6 月 2 日获得俄共（布）中央政治局的通过。

列宁不仅支持哈默的承租企业，也十分关心和支持其他承租企业的发展。1922 年 1 月，俄国同外国资本家施泰因贝格签订了有关皮革原料的收购和贸易的租让合同。为了更好地发展承租企业，列宁主张赋予作为公司董事长的施泰因贝格独立的经营权。为落实此事，列宁在 1922 年 1 月 17 日和 23 日两次致信俄共（布）中央政治局。第一封信指出，租让企业将成立一个董事会，这个董事会由三个共产党员和两个商人（其中之一是施泰因贝格）组成。如何摆正董事会和董事长之间的关系呢？这无疑是一个重要问题。列宁指出，在企业经营问题上，不能搞多数决，因为在董事

① 列宁全集：第 52 卷．北京：人民出版社，2017：413.

② 同①438.

③ 同①438.

会中占多数的共产党员是经商的门外汉，如果搞多数决就意味着他们不专业的思路成为企业经营的思路，这会毁掉企业。因此，列宁提议，应当在合营公司的章程中加入这样一条：“授予作为董事长的施泰因贝格**单独**决定一切的权力，而董事会中的多数只有**了解一切**和向我们申诉施泰因贝格活动的权力，**但不能中止施泰因贝格的活动**”①。这就意味着，在企业经营问题上，懂行的施泰因贝格一个人说了算，没有劳动国防委员会的特别决定，谁都没有权力撤销董事长的决定。

第二封信再次提议赋予董事长独立的经营权并做了更深入的阐述。列宁提议，应当采纳这样的建议：施泰因贝格作为公司的董事长可以单独决定企业的经营问题，董事会多数人的决定只能转交劳动国防委员会，但不能改变董事长的决定。列宁指出，之所以要做这样的规定，是为了给懂得经商管理的专家创造条件，使其能够真正按照“商业规律”办事，让懂行的人能够施展拳脚。相关建议于 1922 年 1 月 23 日当日获得通过。从后续的发展来看，施泰因贝格的皮革原料的收购和贸易活动非常成功，公司获得巨大收益，这显然离不开列宁有关赋予企业独立经营权的思想和有关政策的支持。

可以看到，列宁始终用他强有力的手为租让事业保驾护航，为承租企业的发展扫除障碍、铺路搭桥。

（二）寸利必争

列宁对租让合同并非无原则地一概同意，他始终以苏维埃俄国的国家利益为旨归，分析利弊、寸利必争，对于有损国家利益的租让合同果断拒绝。有两个例子能充分说明这一点。

1. 第一个例子是同厄克特的租让谈判

十月革命前英国大资本家约翰·莱斯利·厄克特是俄亚联合公司董事长，他在克什特姆、里杰尔、塔纳雷克、埃基巴斯图兹等地区均拥有大型的矿业企业，十月革命后这些企业被收归国有。1921 年 6 月，厄克特寻求在俄国租让原有企业，于是苏维埃俄国方面由对外贸易人民委员部部务委员克拉辛出面，6 月中旬在伦敦开始了同厄克特的谈判。

1921 年 8—9 月，谈判在莫斯科举行。在谈判之初，列宁就拟定了实行租让的基本条件。他在 1921 年 8 月 22 日致格·马·克尔日扎诺夫斯基

① 列宁全集：第 42 卷．北京：人民出版社，2017：396.

的电话中指出，厄克特的承租事宜对俄国有异常重要的意义，请给予特殊注意。列宁进一步指示，对于俄方而言，重要的是保障自己的利益，“要使这位想获得几乎全部俄国铜矿的承租人（指厄克特。——引者注）做到，首先，保证我们应得的提成并在短期内交给我们，其次，使我们能从承租人那里得到发展我们自己的矿业所必需的装备”①。言下之意就是在租让谈判中不能吃亏，必须在产品提成等问题上争取到最大利益。这一指导思想直接影响了谈判进程。

双方于1921年9月拟定了租让合同草案，但紧接着就在总产量的分成问题上发生了分歧，厄克特只同意将总产量的5%分给苏俄政府，苏俄方面则要求分得10%（这也是列宁上述电话思想的具体体现）。双方争执不下，在这种情况下，谈判面临破裂的危险。该向厄克特做出让步，还是坚持不让步呢？克拉辛倾向于满足厄克特的要求。在这种背景下，列宁站了出来，为谈判指明了方向：厄克特此举是掠夺，当给予强硬回击。1921年10月16日，列宁致信契切林，指出俄国的谈判委员会要求10%的提成，而厄克特却只愿意给5%，这是英国人想“掠夺我们。我们决不答应”，这些资本家如果对此表示“不满”，“我们将不予理睬”，并强调苏俄对此不应做“**任何**让步”②。

在列宁的坚持下，苏俄政府坚守10%提成的底线，结果厄克特于1921年10月单方面终止了谈判，企图以此来逼迫苏俄政府做出重大让步。苏俄又该如何应对呢？克拉辛等人认为苏俄应回到谈判桌前，满足厄克特的要求。列宁再次站了出来，在1921年10月中旬致信苏俄外交人民委员部部务委员契切林，指出在厄克特单方面终止谈判的情况下，苏俄要做的事情不是别的，而是对他以及英国政府进行无情的嘲笑，要在苏俄的报刊或者一些同情苏俄的英国报刊上发表文章，揭露厄克特的贪婪，要嘲笑他“为了5%而**支持**苏维埃政权，而如果是10%，他就**反对**”③；同时也要嘲笑英国政府，因为它在为厄克特造势，声称苏俄方面不满足厄克特的要求，就要撕毁贸易协定。列宁一针见血地指出，厄克特和英国政府所掀起的整个运动不过是个拙劣的“骗局”，是为了掠夺苏俄，是为了让苏俄承认债务。苏俄根本无须理睬，要做的只是在报刊上用“嘲笑加嘲笑”④

---

① 列宁全集：第51卷．北京：人民出版社，2017：222.

② 同①448.

③ 同①449.

④ 同①449.

的办法给予回敬。可见，列宁在维护国家利益问题上是十分坚决的。

为了更好地处理租让一事，列宁在 1921 年 10 月初还建议劳动国防委员会成立一个特别委员会，负责对拟租让给厄克特的企业进行实地调查。1921 年 10 月 3 日，列宁致信哥尔布诺夫，指出应当通过各种努力，迅速、及时地成立一个研究厄克特承租问题的专门调查委员会，还特别建议要吸收专家沙特兰和他的小组参加调查委员会。在列宁的提议下，专门委员会由劳动国防委员会于 1921 年 10 月初成立，主席是伊·康·米哈伊洛夫，沙特兰也被吸收进委员会，该委员会的主要职责是进行实地调查，以便苏维埃政权最终决定是否给厄克特提供承租权。

专门委员会成立后，列宁密切关注该机构的工作，当得知委员会直到 1921 年 10 月 28 日还未动身处理厄克特的承租事宜，便马上致信最高国民经济委员会主席波格丹诺夫，严厉批评了调查委员会的拖拉行为，直言这“太不像话”[①]！列宁要求对办事拖拉者给予处分，并敦促调查委员会立即出发前往克什特姆、里杰尔等地区开展调查工作。在列宁的催促下，调查委员会三天后就启程了。为了给调查委员会的工作提供便利，列宁在 1921 年 11 月 5 日以人民委员会主席的名义专门致信西伯利亚、乌拉尔和吉尔吉斯斯坦的党员同志们，指出“此事（调查一事。——引者注）对全国和全联邦都有重大意义”，请这些地区的全体同志给米哈伊洛夫领导的调查委员会提供“**一切可能的**和**各个方面的**协助”[②]。米哈伊洛夫在对拟租让给厄克特的企业进行调查后得出结论，这些企业先前遭受的破坏应当由外国资本家负责，为此调查委员会反对将企业租让给厄克特。这些调查和结论日后在苏俄与厄克特的租让谈判中发挥着重要作用。

回到谈判方面，前面提到，厄克特在 1921 年 10 月单方面终止谈判，企图迫使苏俄做出重大让步，没想到换来的是俄方的无情嘲笑。在气愤之余，厄克特还是乖乖回到谈判桌前。此举为何？为了利润。在 1922 年初，双方重启了租让谈判。在 1922 年 9 月 9 日，克拉辛在柏林同厄克特签订了租让的初步合同。我们先了解一下合同的主要条款。根据合同，乌拉尔和西伯利亚（克什特姆、里杰尔、塔纳雷克、埃基巴斯图兹各地区）的原俄亚联合公司的企业租让给厄克特；苏俄政府应给予承租方资金和物质资助，用以修复被破坏了的企业并恢复其流动资本，具体数额在查明因苏俄

① 列宁全集：第 51 卷．北京：人民出版社，2017：510.

② 列宁全集：第 52 卷．北京：人民出版社，2017：5.

政府的指示而使承租方遭受的损失后确定，但资助总金额不超过 2 000 万金卢布；苏俄方面在批准租让合同后两个月内交付承租方 15 万英镑（计入上述款项内），其余金额分 15 年偿还；在租让的区域内，承租方独享矿产资源、森林资源的开采权，并有权在合同规定的条件下向俄罗斯联邦或外国出售所开采的原料或制造的产品；承租企业免交地方捐税；承租期限为 99 年。苏俄作为租让的一方，享有的权利有：承租方必须将其开采的供销售的各种金属和矿物总量的 6％以货币形式或实物形式（由苏俄政府确定）交给苏俄政府，其他类别的生产品（包括加工的材料、制品、成品等）按总成本的 4％以现金形式交给苏俄政府；苏俄政府有权收购承租企业所生产的各类原料和相关产品的 50％；签订合同之日起满 40 年后，苏俄政府有权提前赎回租让企业；租让期满后，所有企业无偿转交给苏俄政府。

合同看起来似乎对双方都有利，克拉辛表现出同厄克特签订合同的强烈意向。在这种情况下，列宁目光如炬，敏锐地洞察到合同中含有损害苏维埃俄国的国家利益的条例，我们将其要点梳理如下：（1）当时英国政府在对苏俄政府极端重要的达达尼尔海峡问题上采取的是敌对政策，在这种情况下签订一个在意义和范围方面都非比寻常的租让合同对于苏维埃俄国而言是不能被允许的。（2）租让合同将使厄克特获得对苏俄铜、锌等资源的垄断地位。租让合同意味着将整个埃基巴斯图兹都交给厄克特，这无疑是危险的。（3）租期太长，共 99 年。在列宁看来，过长的租期包含一种危险，即如果形势有变动，苏维埃俄国对生产资料的所有权就可能收不回来。（4）初步合同的条款意味着厄克特的掠夺。列宁指出，厄克特答应若干年后就会给苏俄提成，但现在却要从苏俄政府这里拿钱，由头是厂房设备已被破坏，苏俄政府必须出钱加以修理，这完全是不能容许的。列宁还指出，以米哈伊洛夫为主席的特设委员会专程去现场勘察过，拟租让企业遭受破坏的过错不在俄国人，而在外国人。列宁的结论是："这是奴役和掠夺。"①

基于这样一些考虑，列宁明确表示反对同厄克特的租让合同。1922 年 10 月 4 日，列宁同调查租让企业的特设委员会主席米哈伊洛夫交谈有关厄克特租让的问题，并于当天写便条给中央政治局委员加米涅夫，表示不同意有关厄克特承租合同的草案。1922 年 10 月 5 日，俄共（布）中央

① 列宁全集：第 43 卷．北京：人民出版社，2017：208.

全会对有关厄克特承租事宜进行了讨论，中央全会否决了同厄克特签订的合同草案；紧接着，1922 年 10 月 6 日，苏维埃全国人民委员会否决了该合同草案。

否决同厄克特的租让合同，是否就意味着列宁给这一租让事业判了死刑呢？并不是。列宁否决合同，在于他考虑到该租让合同损害了苏维埃俄国的利益。如果厄克特愿意让步，去除合同中的那些苛刻条件，列宁是愿意重启谈判的，毕竟，租让在恢复和发展苏俄的生产力方面有着非比寻常、不可替代的作用，所以谈判的大门并没有完全关上。就在 1922 年 10 月 6 日苏维埃全国人民委员会否决同厄克特的租让合同草案的当天，列宁就致信皮达可夫，请后者再对租让问题进行审查，看看在什么样的情况下能重启谈判。1922 年 10 月 27 日和 11 月 5 日，列宁分别接见了英国《曼彻斯特卫报》记者法尔布曼和阿·兰塞姆，其间记者问起有关苏俄否决厄克特租让合同草案的事宜并询问了列宁的态度，列宁并没有把话说绝，而是表示苏俄保留同厄克特重启谈判的可能性。

那么，苏俄重启租让谈判甚至是签订租让合同的具体条件是什么呢？我们可以将其梳理如下：（1）英国政府改变在政治和外交上对苏俄所采取的不公正态度。具体说来，是在达达尼尔海峡问题上改变态度，并且不再千方百计地缩小苏俄参加近东问题会议的权利。列宁指出，只要英国人还不承认苏俄享有参与讨论达达尼尔海峡问题的权利，苏俄就拒绝考虑相关的租让合同。（2）缩小租让地区的范围，确保俄罗斯联邦掌握对埃基巴斯图兹地区的优势地位。（3）减少厄克特可得的款项。（4）保证苏维埃俄国应得的提成，并在短期内交付。（5）厄克特自行提供恢复和发展承租企业所必需的装备。

由于厄克特和英国政府没有在相关问题上做让步，苏俄最终没有签订租让合同。可以看到，列宁在同厄克特谈判的问题上是寸利必争的，拒绝初步合同在于合同有损苏维埃俄国的国家利益，考虑重启谈判的条件也是为了签订一个对苏维埃俄国有利的租让合同。

2. 第二个例子是同日本的租让谈判

1921 年春天，日本政府以及日本企业家拟就租让远东共和国的矿山、森林和其他企业的问题同俄国政府展开谈判。在这个问题上，外交人民委员部部务委员契切林旗帜鲜明地反对该租让谈判，他写道："外交人民委员部部务委员会认为，在日本进行新的武装干涉的时刻，同日本政府或日本资本家进行任何此类谈判都是不能允许的，都是极其有害和危险的。正是在现在，当日本人可能即将对远东共和国发动新的（公开的或隐蔽的）进攻时，这种租让会对日本人夺占重要据点，对他们准备进攻或他们所支持的白卫军准备进攻起掩护作用。”① 可以看到，契切林反对同日本进行租让谈判，意在保卫国家利益，如果同意租让合同，无疑是给日本进攻俄国提供了一个跳板，在当时的情况下，这是非常危险的。有关与日本进行租让谈判的议题于1921年6月送交中央政治局和人民委员会审议，列宁为此事两次致信中央政治局（1921年6月19日、20日），信的内容简短扼要，态度鲜明，就一句话：完全同意契切林的意见。在列宁看来，俄国应当果断拒绝有损国家利益的租让协议。在听取了列宁的建议后，俄共（布）中央政治局于1921年6月20日批准了契切林提出的草案，拒绝了日本有关租让的提案。

以上是列宁在推进租让事业问题上所做的努力，我们从中可以看到：（1）列宁始终以国家利益为准绳来处理租让事业。诚意满满引凤凰，果断拒绝山中狼，这样才能真正发挥租让制的作用。（2）列宁在处理租让问题处处体现出哲学思维，具体问题具体分析，张弛有度，为苏维埃俄国争取最大利益。（3）列宁的用心。在关心、推动和指导租让事业的问题上，这位改革者可谓是尽心尽力。

四、学习“做生意”

本节分析列宁是如何推动苏维埃政权学习“做生意”的。与前面推动实物税和自由流转、经济核算制、租让制的落实一样，这种努力也是顺民心、遵规律的具体体现。

（一）做好相关思想工作

前面提到，1921年春天开启的“社会主义方式的商品交换”即产品交换失败了，列宁于同年秋天提出要实行“第二次战略退却”，即苏维埃政权退回到商业和市场经济，退回去调节商业和货币流通，他说：“我们处于必须再后退一些的境地，不仅要退到国家资本主义上去，而且要退到由

① 列宁全集：第50卷．北京：人民出版社，2017：626.

国家调节商业和货币流通”①。这项工作无疑是十分难做的。之所以难做，首先是因为人们对待商业和市场、对待退却持一种否定态度。列宁看到了这一点，因此他首先是从做思想工作入手的。

1. 批判退却中出现的种种不良情绪

第一种是与己无关的情绪。在国家提出要搞市场经济，要致力于调节商业、调节状况很糟的货币流通的背景下，有部分党员干部认为这是与自己“无关”的事情。列宁指出，这种心态是一种极其有害的颓丧情绪和绝望情绪，会导致一事无成。

第二种是彷徨的情绪。当看到国家在经济领域一退再退，有部分党员干部就心生彷徨，他们不时地提出这样的问题：国家究竟要退到哪里？列宁指出，这同样是颓丧情绪的反映，这种情绪一旦在党内和干部中蔓延，那就什么事情都不用做了。

第三种是质疑、反对的情绪。这种情绪在前面我们也提到过。在许多党员干部的观念中，自己要从事的是共产主义的伟大事业，而不是“庸俗”“卑贱”的经商买卖。当他们看到苏维埃政权将自己当前的目标定位为努力成为“精明的批发商”时，他们万念俱灰，觉得一切都完了，同时也心生抗拒的情绪。列宁指出，这也是颓丧情绪的反映，一旦让这种情绪蔓延开来，国家建设就会迷失方向。

第四种也是最后一种是畏难的情绪。1921 年春天苏维埃俄国提出搞租让事业，1921 年秋天又提出搞商业和市场经济，整顿货币体系。面对这些艰难的新任务，有部分党员干部极力回避，他们的理由是：在监狱里从来没有人教过他们做生意。列宁指出，这同样是不可容忍的颓丧情绪，这等于不执行自己的任务。如果能用“强攻”的方式拿下“资本主义商业”这个阵地，固然痛快，但现实表明此路不通，必须寻求新的、艰难的“围攻”道路，即先搞好商业和市场经济，整顿好货币体系。有些党员干部的错误就在于他们闭上眼睛，完全不愿意了解“围攻”办法的必要性和必然性，他们仿佛鸵鸟那样，遇到难题就将自己的头埋在泥沙里。这注定是没有前途的。

2. 指明在退却中应持有的态度

在批判颓丧情绪的基础上，列宁指出，面对困难，面对艰难的“第二次战略退却”，应持有这样的态度：

---

① 列宁全集：第 42 卷. 北京：人民出版社，2017：240.

一是要有面对痛苦现实的勇气。列宁指出，如果敢于正视痛苦的现实，承认这种现实，那么就能学会并且绝对能学会战胜一切困难。痛苦的现实是什么呢？列宁指出，那便是当时的俄国无法绕开商业和市场经济。“强攻”即试图绕开商业和市场经济、试图通过搞“社会主义方式的商品交换”来为大工业的恢复奠定基础的尝试失败了，而且败得很彻底。现实表明，在1921年秋天，必须实行“第二次战略退却”，必须搞做买卖这套“讨厌的玩意儿”①，必须重建并整顿货币系统，一句话，必须退回去搞商业和市场经济。所有党员干部必须有勇气正视这样的现实。

二是要有干实事、向困难任务进军的精神。这一点也是非常重要的。当清楚地认识到摆在前面的困难任务后，是消极旁观，还是勇敢地向困难任务进军呢？列宁多次号召党员干部要有进军精神。他指出，应当学习，学习如何搞好商业和整顿货币体系，必须赶快学会做经济工作。“必须向这门科学进军，向这门艰难、严峻、有时甚至是残酷无情的科学进军，否则就没有出路。”② 面对困难，正确的做法是甩开膀子去做具体的工作。只有这样，最终才能战胜困难，转入进攻。列宁的这些话给党员干部注入的是一种攻坚克难的无畏勇气。

三是要有失败了从头再来的勇气。从事一项新的任务，尤其是先前从未接触过的商业学习，失败是家常便饭。列宁指出，面对失败，不要气馁，失败了就“再来”，一切重新做起，过去就是这样工作的，现在和今后也应该这样工作，任何时候都要保有这份勇气。

四是要沉稳，有耐心。列宁指出，现实生活已经表明，经济建设与政治革命、军事运动不同，不能再像过去那样凭借热情而大步跃进，而且建设的期限也不同，需以“几十年”来计算，因此，必须沉稳、富有耐心，操之过急只会坏事。

五是要有信心。列宁指出，俄国开启了学习由国家调节商业关系的事业，这项任务无疑是困难的，但绝不是无法完成的。所有的党员干部要有信心。列宁说：“有很多东西在监狱里都没有人教过我们，我们只得在革命以后学。我们学了，并且学得很有成效。”③ 因此，不管面临的任务如何困难，都应当有坚定的信念，坚信自己一定能完成这项任务，如同过去

① 列宁全集：第42卷．北京：人民出版社，2017：247.

② 同①204.

③ 同①248.

那样。列宁说："只要坚定地、顽强地学下去，用实际经验来检验我们迈出的每一步，不怕已经开始的工作一改再改，不怕纠正我们的错误，仔细领会这些错误的意义，我们就一定会升到更高的班级。我们一定会修完整个'课程'"[①]。列宁这些铿锵有力的话语和教导，必定在党员干部中激发起信心和勇气。

（二）提出方向性的指导

前面提到，按照商业原则办事意味着苏俄政府要做好以下两个方面的工作：重建货币系统并稳定卢布币值；按照市场规则进行竞争。在这些方面，列宁都直接参与或者提供了指导性的思路。

1. 重建货币系统并稳定卢布币值

第一，发行新货币。

1921 年 10 月 4 日，全俄中央执行委员会做出决定：重建国家银行，责成财政人民委员部敦促国家银行最迟在 1921 年 11 月 15 日前开业。在开业前，自然要先讨论币制改革问题。在这一问题上，列宁积极参与。新纸币与旧纸币的兑换比率是币制改革的重要问题，列宁在致财政人民委员部部务委员普列奥布拉任斯基的便条（不早于 1921 年 11 月 3 日）中讨论了这一问题。先前有一种兑换比率的方案（一个新卢布等于五万旧卢布）遭到了普列奥布拉任斯基的反对，反对的依据是此兑换比率与黄金的价格不成比例。列宁尊重这位部长的专业判断。在便条中，列宁提出了新的兑换比率设想：一个新卢布等于一万旧卢布。他提出这一建议并非主观的想法，而是想先进行小心的尝试，列宁写道："1∶10 000＝小心的**尝试**，'摸摸底'。"[②] 列宁的这一建议被币制改革委员会吸纳，1921 年 11 月 3 日颁布法令，一个新卢布就等于一万旧卢布。列宁还提出了另外一个建议，即用较为劣质的纸张来发行新纸币以加速其自然报废。此举可能是为了加快新纸币的流通。至于这一建议是否获得通过，在现存的文献中无从考察，即便不通过，我们从中也可以看到列宁对币制改革的关切。

1921 年 11 月 5 日，列宁起草了《人民委员会关于 1922 年财政计划和纸币发行计划的决定草案》，在草案中，列宁为整个纸币发行计划定了调子。他提出了三个建议：（1）纸币发行量有两个方案（2.4 亿金卢布和 3

---

① 列宁全集：第 42 卷. 北京：人民出版社，2017：188.

② 列宁全集：第 51 卷. 北京：人民出版社，2017：528.

亿金卢布）；（2）立即根据发行纸币 2.4 亿金卢布的方案编制预算；（3）规定此项工作的完成期限为 1921 年 12 月 20 日。

1921 年 11 月 29 日，列宁又审议了由最高国民经济委员会副主席斯米尔加起草的关于经济政策的提纲，提纲中有一部分涉及财政的内容，其中的议题之一有关发行新货币，提纲指出：恢复俄国的货币流通成为经济生活的中心问题。没有货币流通，就谈不上商品流通。各方面的利益要求立即采取果断的行动。列宁对这个观点无疑是认可的，他并没有在提纲内容上做任何修改。这位改革者在这里的作用就是促成货币流通改革的通过。

1921 年 12 月 26 日，列宁致信普列奥布拉任斯基，向后者建议以充分的商品储备为保证发行流通券（市场上流通的纸币），以此来加速商品流通。列宁指出，此举的主要目的不是"赚钱"，而是"**试点**，试验"①。他相信，这个举措是一定能成功的，日后会带来丰厚的回报。此建议被吸纳，苏俄政府以国家持有的商品数量为基准发行了流通券。

可以看到，在整个币制改革过程中，列宁的身影无处不在，他始终在为国家的经济建设提供力所能及的方向指导和具体建议。

第二，稳定新卢布。

新货币发行了，随之要面对的是卢布贬值的问题。此问题有着深刻的背景。1920 年农作物歉收、牲畜死亡，加之先前战争的影响，导致物价飞涨，苏维埃政府不得不发行数量庞大的纸币，发行的卢布数量已经超过了惊人的 1 000 万亿，这些赤字不消除，那么发行的新货币将会急剧贬值。因此，如何稳定卢布币值就成为重大而急迫的问题。在这一问题上，列宁也是积极参与，提供思路、身体力行。要稳定新卢布，说白了就是消除财政赤字，使财政充盈，财政充盈了，货币也就有力了，因为货币就是以财政收入为基础的。如何做到呢？开源节流。这是列宁和财政人民委员部的思路。

首先是开源。列宁和财政人民委员部人员有这样两条思路：其一，国家在经济服务上改行收费原则。在军事共产主义时期，几乎所有的生活、生产和消费资料都由国家无偿供应，这也是导致财政赤字的重要原因。1921 年 7 月 10 日、21 日，列宁审定、修改的《关于新经济政策原则的提纲草案》中指出，为了稳定卢布，必须采取一系列回笼货币的做法，其中之一便是国家不再为任何人提供无偿的经济服务，改行收费原则。根据这

① 列宁全集：第 52 卷．北京：人民出版社，2017：155.

一思路，从1921年7月开始，苏维埃俄国逐步废除生活服务项目免费的做法。7月9日起，铁路和水路运输服务开始收费；7月18日起，邮递服务实行收费；8月5日起，商品（包括食品）实行收费；8月25日起，市政公用事业服务全面收费。这些措施在整个新政改革中延续下来，为稳定新卢布发挥了重要作用。

列宁在一封致格·雅·索柯里尼柯夫的信（日期是1922年10月25日）中同后者讨论了提高铁路运价和邮电费率的问题。索柯里尼柯夫指出，为了保障纸币不贬值，建议从1922年11月1日起提高铁路运价和邮电费率，他认为这是能实现的，但也担心有人会反对这一做法，因此请列宁给予支持。列宁提出建议：是否可以每两周提高一次运价和费率？这样做遇到的阻力就会小一些。提高运价和费率的设想如期得到落实。

其二，开征新税。《关于新经济政策原则的提纲草案》指出，要开征城市公用事业税、村社税。在这一问题上，列宁也是出谋划策。他向最高国民经济委员会和财政人民委员部建议多打私商的主意，并询问：能否对私商开征印花税或用其他类似的办法对其征税？1922年8月21日，列宁致信主管财政的弗拉基米罗夫，建议对于“耐普曼”（新经济政策催生的“做生意的人”）的问题，要认真考虑最近该做什么，是采用征收所得税还是发行强制公债的办法。在列宁等人看来，“耐普曼”是生于并兴盛于新政改革时期的新阶层，自然应当为货币回笼尽一份力。在列宁的建议下，苏俄政府对私商征收了适度的所得税。

其次是节流。对此列宁也是做了不少工作。他的思路是压缩政府开支和压缩行政人员数量。1922年5月19日，列宁致信捷尔任斯基，说担心自己的汽车库开支“过大”，询问能否缩减这项支出。在信的末尾，列宁请捷尔任斯基委托内行的人检查一下，看看缩减支出的方案是否可行，如果可能的话，还要多减一些。虽然最后因客观原因相关建议没有被采纳，但它所起的带头意义是突出的。苏维埃政府在各个方面都努力压缩开支。

压缩行政人员数量也是节流政策的一部分。据统计，1913年沙皇时代的政府机关人员大约有150万人，到军事共产主义时期，苏维埃国家机关的工作人员达到了240万人，到新经济政策时期又膨胀到了460万人。机构臃肿，不仅会导致效率低下，更是给财政带来巨大负担，加重财政赤字。有鉴于此，列宁着手进行机构精简和人员精简，从1920年到1922年，苏维埃对政府机构进行了大刀阔斧的改组，将苏俄内战时期与人民委员会平行的劳动国防委员会并入前者，将各种各样的委员会从120个精简为 16 个；将苏俄内战时期设立的总管理局由 52 个精简为 10 个；撤销全俄肃反委员会，改为在内务人民委员部下设国家政治保卫局。相应地，列宁提出在裁减冗员方面的目标是减少 25%～50%的苏维埃工作人员。其中，小人民委员会和工农检查院的裁减数量最多（2/3 和 5/6）。为了保障机构和人员的精简，列宁对各省委和县委下了死命令，要求各地贯彻精简政策，并于每月上报情况，“凡不执行本指示或者在这方面表现出无所作为的人，中央委员会将给予最严厉的处分，直至将其开除出党”①。这些努力取得了成效，机构精简和冗员裁减为减少财政赤字、稳定新卢布发挥了巨大作用。

2. 按照市场规则进行竞争

经历了 1921 年春-夏产品交换的失败后，列宁认识到，必须按照商业原则、市场规律办事。1921 年 10—11 月，列宁写下一篇名为《按商业原则办事》的短文提纲（该文没有写出来），从这个题目就可以看出，经历了产品交换的失败后，列宁认识到必须按照商业原则办事，即必须按照市场的规则和要求同私商展开竞争。具体如何做呢？列宁参与其中，也给出了某些指导意见。

一是抛弃固定价格，根据市场定价。1921 年 9 月 6 日，列宁领导的人民委员会就中央消费合作总社关于实行商品交换的报告做出决定，赋予合作总社规定农产品的固定价格，并且允许固定价格根据市场的不同情况而浮动的权利。到这里，遵循市场定价的原则破土而出。这个原则虽然不是列宁直接提出的，但他的认同无疑是很重要的。

二是组建多元国家队。在这一方面列宁做了一些具体的工作。1921 年 8 月初，普列奥布拉任斯基致信列宁，建议莫斯科开办一个大百货公司，以增强商业竞争力。1921 年 8 月 2 日，列宁致信斯莫尔亚尼诺夫，指示要将此提案提交小人民委员会。1921 年 10 月 3 日，小人民委员会出台了关于建立各部门联合百货公司的决定。在此背景下，一位富有经营本领的党员——别洛夫——主张建立国营百货公司，为此他将自己的想法告知列宁，列宁非常支持和关心此事。1921 年 11 月 30 日，列宁致信别洛夫，他鼓励后者着手准备建立国营百货公司，而且请后者留在百货公司并模范地开展工作。1921 年 12 月 1 日，小人民委员会批准了别洛夫等人起草的《国营百货公司条例》，国营百货公司直属于最高国民经济委员会，其主要

① 列宁全集：第 41 卷．北京：人民出版社，2017：246.

任务是向国营企业和国家机关提供各种原料与制品，同时向居民零售商品，从此，同私商展开竞争的队伍中多了强大的一员。国营百货公司成立后，列宁非常关心它的成长。万事开头难，国营百货公司的经营需要增加资本，需要国家给予各种政策支持。别洛夫为此致信列宁，向其汇报了公司近期的计划以及申请增加资金的请求。为此，1922 年 2 月 11 日，列宁致信财政人民委员部部务委员索柯里尼柯夫，首先肯定了别洛夫的商业经营才华，然后提请财政人民委员部支持别洛夫和他的公司，列宁说：“如果我们对**这样的**‘自己的’商业人员都不支持，那么一切就都是空话”①。他要求财政人民委员部严惩有官僚主义和拖拉作风的人。索柯里尼柯夫很快就召开会议，讨论了国营百货公司管理委员会的申请，最后决定给该公司增加资本并且采取措施协助其开展各种商业活动。1922 年 1 月 28 日，列宁又为了国营百货公司的事情致信哥尔布诺夫，请后者要“经常”帮助别洛夫。可以说，国营百货公司就是在列宁的亲自关怀下成长起来的，日后它在同私营商业的竞争中发挥了重要作用。

三是商业代办网和分成制。列宁深知，要打败私营商业，就必须要有合理的经营模式和激励机制。在这一方面，他倡导建立商业代办网并推行分成制。1922 年 2 月 18 日，列宁致信瞿鲁巴，建议以国家银行为母体，下设并建立一个庞大的商业代办网，这个代办网的商业代办点上至中央，下至地方；同时整个代办网都应当实行分成制，代办点只要发展了商业业务，就能获得与贸易额成正比的酬金。列宁指出，唯有如此，国家才能掌握商业和市场；也只有通过这条路，国家才能恢复黄金流通，最终将新经济政策的俄国变成社会主义的基地。在列宁的提议下，商业代办网随之迅速扩大，到 1922 年底，全国公私零售商业已达 47 万多家。整个商业代办网实行分成制，因此充满了活力和竞争力。

四是吸纳过去的商业阶层去收购各种原料、货源。要搞好自由流转，就必须建立各种原料储备。先前国家将收购原料的任务交给经济机关的各级机构去完成，结果并没有做好。如何解决这一问题呢？1922 年有关人员就这一问题呈送报告给列宁。报告人指出，为了搞好贸易，就必须建立原料储备。国家的各级机构在这一方面不能胜任。有鉴于此，必须将目光转移到过去的个体收购商身上，要充分发挥这一阶层的作用，在收购原料的问题上，他们更有办法。个体收购商是一个早已有之的群体，十月革命

① 列宁全集：第 52 卷．北京：人民出版社，2017：255.

前的俄国就形成了一个以收买原料和手工业品为职业的中小收购商阶层。十月革命打击了他们，但并没有消灭他们，军事共产主义政策则将这个阶层的饭碗端掉了。新经济政策有关副业和手工业的法令给了他们生机。这批人正摩拳擦掌，准备重操“旧业”。报告分析了个体收购商的优势，这个群体在收购原料方面颇有办法，毕竟这是他们的职业。如果国家将收购原料的任务交给收购商，他们就能迅速组成一些合作小组，在不长的时间里展开他们强有力的收购网来收集到一切国家所需的原料。报告指出，让现在已经加入合作社的这些过去的收购商收购各种原料，是完全必要和不可避免的。报告接着指出，国家应当充分利用这些收购商。具体如何做呢？关键是保证收购商的利益，让他们感觉到收购工作是有利可图的。报告人建议，必须使收购商相信，国家将按照“现行批发价格”来支付他们款项，保证他们的利益。报告指出：“如果我们能够以某种形式使出口工作人员感到在物质上有好处，那么建立这样的机构和设立代办人员就不是一件复杂的事情，也不需要很多的时间。”[①] 在这里，我们再次看到了新政改革同个人利益相结合的原则，在这种结合中看顾了个人利益，同时也实现了国家利益。列宁无疑对启用个体收购商并保证他们利益的提议是认同的，他在该报告中多次标注“对!”的字样。在全俄苏维埃第九次代表大会的报告中，列宁也坦率承认，这些私商为了利润还是能把事情办成的，比如，他们可以给国家工业搞到原料，而国家机关却往往做不到，因此就必须启用这些私商并向他们学习。

（三）批评、鞭策与督促相关负责机构和部门

敲打财政人民委员部和国家银行贸易部，是列宁搞好商业和市场经济的重要举措。我们来梳理列宁分析这一问题的内在逻辑。

1. 批评财政人民委员部对自己主要职责的定位是错误的

时任苏维埃财政人民委员部部务委员的是索柯里尼柯夫，在他看来，财政人民委员部和国家银行的主要任务是进行机构改革。1922 年 1 月 18 日，他致信列宁，请求将俄罗斯联邦国家珍品库改组为外汇管理局，并且任命一位比国家珍品库主任级别更高的干部来领导外汇管理局。显然，这位部务委员将机构改组视为当时最重要的事情。面对这种情况，列宁在回信中表达了自己的担忧，担心财政人民委员部醉心于机构改组的形式上的

---

① 列宁全集：第 60 卷. 北京：人民出版社，2017：435.

“严谨”，他说：“我万分害怕不断的改组。我们总是改组来改组去，而实际工作却放下不干。请记住我的话：如果说财政人民委员部有个凶恶的敌人的话，那么这个敌人就是醉心于改组而削弱**实际**工作。”① 在列宁看来，财政人民委员部对自身工作重点的把握是错误的，这种错误很可能会把苏维埃的事业毁掉。如果不能尽快掌握商业、稳定卢布，那么就无法给大工业的恢复奠定基础，过渡事业就不过是迷梦。列宁多次批评财政人民委员部没有正确认识自己的主要职责，被机构改革和“重新整顿”迷住了心窍。

2. 指出财政人民委员部和国家银行的主要职责是掌握商业，搞好市场经济

在批评的基础上，列宁明确指出，财政人民委员部和国家银行的主要职责是掌握商业，搞好市场经济。1922 年 1 月，身体抱病的列宁每隔几天就致信索柯里尼柯夫和瞿鲁巴，在信中他不断点明财政人民委员部和国家银行的主要职责。他说：“现在一切的中心是贸易，首先是国内贸易，其次是对外贸易；随着贸易的发展，以贸易为基础，来恢复卢布的币值。要把全部注意力集中在这件事情上。要**切实**处理好这件事，这是主要的，最主要的，根本的。”② 他又说：“工作中心应是贸易和恢复卢布币值。”③ 列宁指出，财政人民委员部和国家银行在睡大觉，看不到自己的主要职责，现在最重要的是“实干、实干、再实干”④，要振兴贸易，用自由贸易原则击败私营商业，要增加税收并在此基础上稳定卢布。

要如何振兴贸易、稳定币值呢？列宁在这里提供了方向性的指导，他指出，要振兴贸易、稳定币值，就需要有专业人才，因此财政人民委员部和整个政府机构要善于挖掘经济人才。1922 年 2 月 20 日，列宁在致瞿鲁巴的信中指出，俄国现在需要的不是“国内贸易衙门”⑤，俄国急需的是在国家银行里发现几十个有经商本领并且能教会别人的人才。这是整个问题的“关键”。1922 年 2 月 22 日、28 日，列宁在致索柯里尼柯夫的信中不断强调发现人才的极端重要性。他指出，现在问题的“全部关键”在于要有“实践家”，要有实践；要发现人才，挖掘会做生意的人（这样的人在苏维埃国家机关队伍中少之又少），使国家的政策、法律由

① 列宁全集：第 52 卷．北京：人民出版社，2017：208.

② 同①209.

③ 同①208－209.

④ 同①209.

⑤ 同①278.

废纸变成生动的实践。这才是问题的关键。列宁进一步指出，现在问题的关键不在于机构改组，而在于发现人才并将他们放到合适的经营岗位上，这一条应当成为衡量财政人民委员部工作成效的重要标准，如果财政人民委员部无法发现具有经商本领的人才并加以重用，那么整个财政人民委员部就等于零。

3. 国家银行贸易部再昏昏欲睡，就要重拳惩治

列宁在致索柯里尼柯夫的信中严厉批评了国家银行贸易部。他指出，苏维埃国家经济机关工作中存在的最大毛病就是“官僚主义”，这个官僚主义让干部昏睡不醒、麻木不仁，整天想的是如何制定法令、改组机构，而忘记了自己的主要职责，错误就在这里。列宁举了国家银行贸易部对待国营百货公司的态度来说明这一点。前面提到的别洛夫组建和发展国营百货公司是列宁重点支持的事业，而国家银行贸易部并没有及时提供相应的资金和政策支持。列宁为此大发雷霆，批评国家银行贸易部错过了时机，睡着了，如同真正的“官气十足”的废物一样，没有“上司”的命令就不知该干什么。列宁严厉警告：如果再这样失误一次，再这样昏睡不醒，就要“坐牢”。在 1922 年 2 月 20 日致瞿鲁巴的信中，列宁再次表达了自己重拳惩治的决心。他指出，现在国家的整个命运可以说都掌握在财政人民委员部和国家银行手中，如果国家银行贸易部再像“官僚老爷部”那样萎靡不振，那么就要对其开刀，将那些不会做生意、不干实事的人统统从国家银行贸易部中“清除出去”。

在列宁强有力的鞭策和督促下，财政人民委员部和国家银行终于动起来了。为了发展贸易，财政人民委员部和国家银行采取了如下措施：（1）增加从事商业经营的国家主力队成员。国营托拉斯、辛迪加、大中型商店如雨后春笋般冒出来，国营商业点迅速增加。国家通过减税等措施对这些国营商业力量进行扶持。（2）消除工农业产品之间的“剪刀差”。财政人民委员部通过行政手段将工业品的批发、零售价格逐步降低到第一次世界大战前的水平，到 1924 年春，“剪刀差”已经大大缩小，到 6 月首次归零。（3）排挤私人资本。具体做法有：减少或停止对私人的贷款，对私营商业开征财产累进税，等等。（4）废除了固定价格，根据市场的供求关系来调整价格。我们将在后面分析这些做法所取得的成效。

以上是列宁为推动国家“按商业原则办事”、学习“做生意”而做的努力，从中我们能看到和感受到这位改革者在其中扮演的角色、发挥的作用：首先，他是精神领袖，不断激励全党和干部队伍的勇气；其次，他是苏维埃政权的舵手，指出学习“做生意”是国家前进的方向，并且提出了一系列指导性的思路；最后，他还是严厉的鞭策者，每天拿着“三根鞭子”① 来抽打相关的负责机构和部门，让其正视自己的职责，集中力量干正事。

五、规范资本主义

新政改革的最高原则是顺民心、遵规律。从这一最高原则出发，新政改革必须走一条以退为进的曲折道路。国家资本主义就是“围攻”战略的实践模式，而为了预防因恢复资本主义而可能带来的弊端，必须用国家理性来调控资本主义。本节分析列宁是如何构建对资本主义的国家监督和调控。

（一）做好相关思想工作

列宁通过做思想工作来告诫全党和全体干部队伍监督、调控资本主义的极端重要性，做不到苏维埃的事业就会完蛋。关于这一点，列宁在多次报告中都有明确的论述，在 1921 年秋天和 1922 年的报告中谈得尤其集中。

一是实施新经济政策意味着资本主义的恢复，也意味着某种危险。新政改革是否意味着资本主义的恢复？前面也分析了，在这一问题上列宁的回答是非常坦率的。自由流转和租让制就是资本主义。流转自由就是“贸易自由”，而贸易自由就是倒退回资本主义。它是各个小业主之间进行的商品交换，这种交换不可避免地要分化出资本所有者和劳动者，分化出资本家和雇佣工人，从而重新恢复资本主义雇佣劳动制。列宁指出，资本主义制度不是从天上掉下来的，它的基础就是商品经济。租让制的资本主义属性就更不用解释了。资本主义的恢复意味着什么？意味着某种潜在的危险。列宁指出，恢复自由流转，就意味着无政府状态的资本主义和无政府状态的商品交换也可能随之恢复，同国外资本家的租让合同也会带来某种潜在的危险。关于无政府状态的资本主义所带来的危害，前文已经做了详细的分析，小资产阶级自发势力自带的无序性、破坏性时刻威胁着国家经

① 列宁全集：第 42 卷．北京：人民出版社，2017：399.

济的发展和无产阶级政权的巩固。

二是不能建立起对资本主义的国家监督和调控，那一切都会毁掉。列宁表达了自己的担忧，如果不能建立起对资本主义的有效监督和调控，那么一切都会毁掉。如果说因新经济政策而恢复的资本主义是一匹野马，那么无产阶级国家政权就是一个驭手，问题在于这个驭手是否有足够的本领和智慧来驾驭这匹野马；如果没有，那么这匹野马必定会失去控制，践踏良田，甚至伤害人群。这种比喻的现实内容是：如果国家无法建立起对资本主义的有效监督和调控，那么无政府状态的资本主义和无政府状态的商品交换就会把一切都毁掉（投机倒把泛滥、民不聊生、无产阶级政权不保，等等）。1921 年 10 月 29 日，列宁在莫斯科省第七次党代表会议上关于新经济政策的报告中告诫全党要高度重视所面临的危险，他说："资本主义的恢复、资产阶级的发展和资产阶级关系在商业领域的发展等等，这些就是我们目前的经济建设所遇到的危险，就是我们目前逐步解决远比过去困难的任务时所遇到的危险。在这一点上切不可有丝毫的糊涂。"① 可见，在一开始列宁就对恢复资本主义的危险性以及建立国家监督和调控的必要性有着清醒的认识。

三是全部问题的关键在于苏俄能否有效监督和调控资本主义。列宁指出，全部重大的问题就归结为一条："谁战胜谁？无产阶级的国家政权是不是能够依靠农民，对资本家老爷加以适当的控制，把资本主义纳入国家轨道，建立起一种受国家领导并为国家服务的资本主义呢？必须清醒地提出这个问题。"② 列宁眼光的敏锐由此可见。在 1921 年 10 月 17 日召开的全俄政治教育委员会第二次代表大会上，列宁分析了无产阶级国家政权与资本主义较量的两种可能的结果：一种是无产阶级国家政权在经济领域消灭无政府状态的资本主义和无政府状态的商品交换，将私人资本家的活动置于国家调控的轨道，在这种情况下，整个国家就能继续前进；另一种是无产阶级国家政权被投机倒把分子、盗窃分子和私人资本家打败，如果是这样，俄国就会恢复"老样子"，这一点已经为过去的革命经验所证实。因此，"谁战胜谁"的问题，能否建立起无产阶级国家政权对资本主义的有效监督和调控就成了一个极端重要的问题。列宁指出，必须让全党清楚地认识到这一点，苏俄所面临的是历史上从未有过的斗争，一场决定苏维

① 列宁全集：第 42 卷．北京：人民出版社，2017：243.

② 同①197.

埃命运的斗争。

四是实践证明，迄今为止苏俄还没能做到有效监督和调控资本主义。1922 年 3—4 月俄共（布）举行了第十一次代表大会，1922 年 3 月 27 日列宁在俄共（布）中央委员会上做了政治报告，报告总结了过去一年来苏维埃政权在监督和调控资本主义问题上的经验教训。列宁指出，总的来看，过去一年，无产阶级国家政权还没能对资本主义建立有效的监督和调控。列宁指出，苏俄要建立的是一种能“将之纳入一定范围的资本主义”①，是国家规训下的资本主义，但直到 1921 年春天依然没有本领将资本主义纳入规定的范围。全部问题就在于此。那么，苏俄为什么做不到这一点呢？欠缺政治权力吗？还是缺乏足够的经济手段？都不是。问题的关键在于无产阶级先锋队缺乏“足够的本领”②。苏维埃国家的管理者没有足够的本领对资本主义进行管理、划定界限、确定范围。其结果常常是这样，国家如同一辆汽车，过去的一年里，这辆汽车并没有按照无产阶级的意志行动，它就像一辆“不听使唤的汽车”③，不是开往无产阶级要它去的地方，而是开往别人要它去的地方。这个别人是谁？“这个别人不知是非法活动分子，不法之徒，投机倒把分子，天知道哪里来的人，还是私人经济资本家，或者两者都是。”④ 总之，汽车并没有按照掌握方向盘之人的意志行驶。这辆汽车对于驾驶人而言还是一个异在的东西。一句话，掌握国家政权的无产阶级先锋队还缺乏驾驭资本主义的本领。列宁指出，全党必须清楚地认识到这一点，增强危机意识；如果不能尽快建立起对资本主义的有效监督和调控，那么就无法兑现给予人民美好生活的“政治期票”⑤，最终就会被资本主义打败。因此，建立起对资本主义的有效监督和调控就成了极端重要和极端迫切的任务，全体党员和干部必须高度重视。

（二）方向性的指导、具体的示范

在做好相关思想工作的基础上，列宁对于如何监督和调控资本主义的问题也做了方向性的指导，甚至是具体的示范。

① 列宁全集：第 43 卷．北京：人民出版社，2017：88.
② 同①.
③ 同①89.
④ 同①89.
⑤ 同①85.

1. 对租让企业的监督和调控

一是通过确定租让的限度来调控资本主义。列宁指出，在租让事业中，重要的是确定实行租让的“限度”。以出租苏维埃的工厂为例，如果将大部分工厂都出租给资本家，那么这就不是租让，而是走资本主义回头路；必须将大部分工厂保留在自己手中，只把少数工厂出租给私人或资本家。对于各种国内资源，同样应当确认租让的限度。只要严格而精确地权衡轻重，对能租让什么、在什么样的限度内可以出租等问题考虑周全，就能建立起对租让制资本主义的有效调控，这种资本主义也就没什么可怕的。对于这一点，列宁还亲自做了示范。在租让格罗兹尼和巴库石油资源的问题上，列宁就主张，只允许出租两个地区的四分之一。这样做，就不怕被资本主义吞噬，而且还能通过这种出租让其余四分之三赶上发达资本主义的先进技术水平。可以看到，确定租让的限度其实是在量的层面做出限制，以此来调控资本主义。

二是通过法律、合同来调控资本主义。列宁十分重视合同在规范资本主义方面发挥的作用。在他看来，合同体现的就是苏维埃法律的精神。在出租企业或者矿产资源时，必须要求同资本家签订合同，在合同中将苏维埃国家的利益以明确的形式固定下来。同时合同也赋予了苏俄监督和调控资本主义的明确权利。在这一问题上，列宁也是亲自操刀，做出示范。前文所分析的有关租让合同的基本原则就是他亲自起草的。合同基本原则草案将承租资本家所必须履行的义务、必须遵循的规则都清楚地列出来。这就为监督和调控资本主义准备了充分的条件。

三是通过严惩来调控资本主义。租让制和租赁制是新政改革的重要举措，它对俄国的发展具有重要作用，但也出现了部分私人和资本家在承租过程中弄虚作假、谋取私利的问题。例如，1921 年 11 月，莫斯科生产管理局曾致信小人民委员会，揭露了一些承租发起人的不法行为，有些承租人在承租企业后并没有诚信经营，而是虚开出租清单。在莫斯科纺织企业管理局兹纳缅卡第 115 针织纺织厂呈送的两份出租清单中，只是简单罗列了物品的名称，完全没有汇报材料的价格、质量、设备磨损的程度等重要信息。有些承租企业甚至连开列清单都没有。在这种暗箱操作下，许多极宝贵的原材料和商品，如布匹、皮带、机器等，都被承租人和接收人员盗窃一空。对于这种滥用新经济政策的盗窃行为，列宁十分愤怒，他在 1921 年 11 月 21 日、22 日以人民委员会主席的名义分别致信全俄肃反委员会和工农检查院，抨击这是一种“巧妙的”盗窃行为，还询问是否到处都有。列宁要求派遣信得过的人彻查这种盗窃行为，抓几起典型案件，对相关犯罪分子处以极刑，以资震慑；同时也要制定补充细则，堵住漏洞。列宁打击滥用新经济政策之行为的坚定决心和雷霆之举，无疑会对不法承租人有震慑之效。

2. 对商业的监督和调控

一是强化立法。新经济政策的实施是一种改革，它必然会催生许多新的现象，包括许多新的滥用新经济政策的行为。对此，列宁指出，国家的一项重要工作就是强化立法，做到天网恢恢，疏而不漏。这项工作主要体现在新民法的制定上。列宁多次强调，新民法的制定，就是要更广泛地运用国家干预，国家不承认任何“私人性质”的东西，经济领域的一切都属于“公法”范畴。苏维埃不能畏缩不前，要紧紧抓住一切能扩大国家对“民事”关系进行干预的可能性。这意味着，苏维埃的法律要将一切滥用新经济政策的违法行为，尤其是各种投机倒把、不法经商的行为列入“黑榜”。可以看到，用法律来规训自由流转和商人，这是列宁监督和调控商业资本主义的重要思路。

二是健全监督机制。这一点也是非常重要的，苏维埃政权必须健全监督商业资本主义的机制。列宁在这一方面提供了指导——要求商人提供真实的表报。他指出，国家允许商人经商致富，但也将加倍严格地要求他们做“老实人”，即必须按时向国家机关呈送真实、准确和翔实的表报，让国家能把握商业经营的真实情况，了解商人的一举一动，看其是否违反苏维埃国家的法律；如果商人做不到这一点，那就将其列入“黑榜”，甚至取消其经商、经营的权利。列宁还建议对私人交易进行登记，通过这种办法使私营商业服从财政人民委员部和国家银行的监督。在监督私营商业的问题上，列宁也是积极地出谋划策。

三是严惩滥用新经济政策的行为。列宁非常看重这一点。任何立法和监督，如果没有严厉的惩治作为后盾，最终都会沦为虚幻无力的东西。为此，列宁主张严惩一切滥用新经济政策的行为。他指出，罚款是一种“蠢得丢人”的惩治办法，只有愚笨的人才会采用这种做法；正确的做法应当是抓住典型案件的犯人进行公开审判、监禁，甚至枪决。列宁尤其强调公开审判的做法，在他看来，公开审判具有强大的震慑力。1921 年 12 月 15—18 日，法庭公开审判了一起违反苏维埃劳动法典的案件，对 35 名私人企业主和其他一些滥用新经济政策的人进行审判，最后给予了这些违法者严厉的处罚。案件的处理对不法商人起到强大的震慑作用。私商和资本家为了逐利往往罔顾法律、不择手段，为此就必须用重典。

（三）鞭策与督促相关负责机构和部门

鞭策与督促相关负责机构和部门，是列宁落实对资本主义的监督和调控的重要举措，甚至是最重要的举措。这是因为，一切制度设计、法律规范，最后都是由相关行政部门去执行的。如果这些部门对自己的职责缺乏清晰的认识，或者发力不对，或者具有官僚主义、办事拖拉的毛病，那一切都会沦为空谈。列宁深刻地认识到这一点，所以除了做思想工作、提供方向性的指导以外，他发力最多的就是鞭策与督促相关负责机构和部门。

1. 敲打、鞭策工农检查院

一是工农检查院对自己的职责把握不清。工农检查院在规范私营企业、规范自由流转方面应当发挥监督作用。当时有一种观点认为，私营企业属于“私法”领域，工农检查院对其经营活动没有任何检查和监督的权利。列宁借司法人民委员部部务委员雅洪托夫的话来反驳这一点，后者指出，既然工农检查院肩负着监督苏维埃国家各项法令执行的职责，那么工农检查院自然有权就私营企业主的违法行为进行追责。另外，既然私营企业是依靠承租国营企业而恢复并获得发展的，那么工农检查院自然在事实上具备了相应的监督权。这种监督权包含什么内容呢？其内容包括：对承租者是否履行合同进行监督，监督承租人是否妥善保管和合理利用国家财产而不损害国家利益。列宁在致库尔斯基的信中强调，在检查私营企业的问题上，国家不应对工农检查院在这方面的权利有任何限制。可见，监督私人资本主义是工农检查院的权利，同时也是其责无旁贷的职责。列宁的建议在 1922 年 3 月 16 日被全俄中央执行委员会以《关于工农检查人民委员部的决定》的名义通过了。《关于工农检查人民委员部的决定》责成工农检查院人民委员部“从是否符合法律和国家利益的角度，检查上述组织和机构根据国家或国家机关交给的任务、根据同国家机关订立的合同而承担的义务的履行情况……以及检查由国家机关租给的财产是否得到合理使用”①。列宁的这些努力让工农检查院明确了自己监督私营企业的职责。

二是工农检查院要如何履行监督职责——进行事后监督。工农检查院应采取何种形式来监督私人资本主义呢？曾经有一段时间，工农检查院对

① 列宁全集：第 52 卷．北京：人民出版社，2017：638.

私营企业实行事前监督，这种监督对私营企业的自主活动造成很大的限制，为此，列宁主张取消事前监督，改为事后监督。他指出，国家机关不应当干涉私营企业和自由流转的自主权，必须给予从事经营活动的个人独立活动的权利，从而使这些懂行的私营企业主和资本家能单独决定一切，真正按商业原则办事。工农检查院要做的是事后监督，因为是事后监督，所以它既不会损害私营企业的独立经营权，又能切实地监督私营企业是否履行相应的职责从而保护国家和人民群众的利益。列宁有关事后监督的建议在 1922 年 3 月 16 日被全俄中央执行委员会以《关于工农检查人民委员部的决定》的名义通过了。该决定的第 1—3 条规定，工农检查院“对拨给或贷给所有国家的、社会的、私人的和合营的组织、机构、企业的全部资金和物资，或者为了国家和社会的需要和目的以自愿交纳和捐献形式筹集的全部资金和物资进行事后的和事实上的监督”①。可以说，列宁以自己的威信和力量推动了工农检查院履行职责。

2. 敲打、鞭策司法人民委员部

一是司法人民委员部没有认识到自己在新经济政策条件下的职责，昏睡不醒。1922 年 2 月 20 日，列宁致信司法人民委员部部务委员德·伊·库尔斯基，在信中毫不留情地批评了司法人民委员部没有认识到自己在新经济政策条件下的职责。列宁严厉地指出，司法人民委员部“忘记了”它的职责是：督促、推动和整顿人民法院的工作，教会它们无情地同滥用新经济政策的行为和罪犯做斗争。苏维埃过去承认以及今后也承认的资本主义只是“国家资本主义”，对一切超越国家资本主义范围的资本主义都要严加惩处。司法人民委员部根本不了解，自己的职责就是代表苏维埃同滥用新经济政策的行为做斗争，是监督、限制、制止、当场抓住资本家和商人的犯罪行为。列宁说：“在这方面，正是司法人民委员部和人民法院肩负着战斗性特别强、责任特别重大的任务。然而看不出他们对此有所理解。”② 曾经有一段时间，列宁隔三岔五就去信给司法人民委员部，批评司法人民委员部和人民法院忘记了自己的重要职责，昏睡不醒。

二是司法人民委员部应当做什么——强化立法和执法。在批评的基础上，列宁也对司法人民委员部该如何更好地履行职责提供了思路。在他看来，为了惩治滥用新经济政策的行为和罪犯，司法人民委员部要努力的方

---

① 列宁全集：第 52 卷．北京：人民出版社，2017：638.

② 列宁全集：第 42 卷．北京：人民出版社，2017：436.

向就是强化立法和执法。（1）搞好立法工作。前面提到要强化立法，那么谁来做这个工作呢？列宁明确指出，这是司法人民委员部的重要职责，也是其该努力的方向。司法人民委员部全体部务委员必须高度重视立法工作，委员们必须明确分工、压实责任。其中，新民法和刑法的制定是最为重要的，因为这是直接对滥用新经济政策的行为进行立法。列宁多次强调，司法人民委员部部务委员必须亲自监督新民法和刑法的分工与起草工作，将其作为大事来抓。（2）搞好示范性审判。前面提到，列宁主张对滥用新经济政策的行为给予严惩，那么谁来落实呢？司法人民委员部和人民法院。什么样的措施富有震慑力呢？公开审判。为此，列宁多次要求司法人民委员部和人民法院对滥用新经济政策的不法行为进行公开审判，让每一起案件的审判都起到示范性的效果。

三是确定衡量司法人民委员部和人民法院工作好坏的标准。列宁多次强调，评价司法人民委员部和人民法院工作的标准就是看它们是否真正严惩了滥用新经济政策的行为。列宁说："对司法人民委员部的每一个部务委员和每一个工作人员进行鉴定应当依据他的履历，先问问他：……你把多少个滥用**新经济政策**的商人判处了枪决，或者处以其他并非儿戏的（像在莫斯科在司法人民委员部鼻子底下经常发生的那样）惩罚？你无法回答这个问题吗？——那就是说你是个不干正事的人，这种人由于'共产党员的空谈'和'共产党员的狂妄自大'应当驱逐出党。"① 列宁试图通过确定工作成绩的标准来倒逼司法人民委员部和人民法院的干劲。在 1922 年 2 月 28 日给库尔斯基的回信中，列宁依然强调，要根据惩处滥用新经济政策的行为的情况来衡量人民法院和革命法庭的工作成绩。通过以上努力，列宁对司法人民委员部和人民法院进行了有力、清晰的敲打和鞭策。

3. 敲打财政人民委员部和国家银行

列宁指出，财政人民委员部和国家银行不仅肩负着掌握商业、稳定卢布的职责，而且肩负着监督、调控资本主义的重任。

一是明确监督商品交换是财政人民委员部和国家银行的重要职责。列宁多次强调这一点。1921 年 12 月 2 日，他在致国家银行总经理舍印曼的信中询问：国家银行是否切实履行了对中央消费合作总社及其分社的自由交换的监督职责？这种监督是怎样进行的？1922 年 2 月 1 日，列宁在致财政人民委员部部务委员索柯里尼柯夫的信中指出，财政人民委员部有责任

① 列宁全集：第 42 卷．北京：人民出版社，2017：437.

对商品交换建立真正的、切实的监督和检查。1922 年 2 月 15 日，列宁再次致信索柯里尼柯夫，建议财政人民委员部将主要精力放在对商品交换进行监督的问题上（通过国家银行贸易部）。他指出，应当给国家银行提出明确的任务：发展贸易并将它置于自己的监督和调控下。

二是对财政人民委员部和国家银行监督自由交换的方式提供指导。财政人民委员部和国家银行贸易部该如何监督商品交换呢？列宁建议通过对私人贸易进行登记以及征收印花税或其他类似的办法来进行监督。在列宁的建议下，财政人民委员部和国家银行随后对私营商业开征新税，并加强了对私人贸易的登记。

可以看到，列宁做的工作既包括明确职责，同时也提供了具体的指导性意见。

4. 加强工会对私营企业和租让企业的监督

列宁指出，作为同工人关系最密切的组织，苏维埃工会在监督私营企业、保护工人利益方面应当发挥积极作用。

一是工会应当在劳资斗争中捍卫无产阶级的利益。1921 年 12 月 30 日—1922 年 1 月 4 日，列宁起草了《关于工会在新经济政策条件下的作用和任务的提纲草案》，指出新经济政策催生出一大批过去没有的私营企业和租让企业；不仅如此，国营企业改行经济核算制，也意味着在相当大的程度上改行资本主义的分配原则。既然国家在很大程度上恢复了贸易自由和资本主义，那么就可能出现劳资矛盾和对立。工会最主要的任务之一就是，在无产阶级同资本方做斗争时全力捍卫无产阶级的利益。

二是对工会斗争的具体方式提供指导。工会应当如何在资本方面前维护无产阶级的利益呢？列宁建议，工会应当设立罢工基金，保留罢工的撒手锏。关于这一点，1921 年 4 月 11 日，列宁在全俄工会中央理事会共产党党团会议上关于租让问题的报告中讲得很清楚。如果承租方即资本方为了利润而压榨工人，如何保护工人的利益呢？工会工作者在这种条件下可以大有作为。他们可以对资本方施加各种压力，直至“发动罢工”。通过工会的这些斗争，就能狠狠地打击资本家力图逃避国家监督的阶级野心，捍卫无产阶级的利益，巩固无产阶级国家政权。另外，列宁也补充指出，俄国已经是无产阶级专政的国家，法院以及其他一切国家机关都是无产阶级的权力机构，因此，解决劳资冲突的方式应当越来越多地从工会组织斗争、罢工转到由劳动者直接向国家机关投诉这种“正常的方式”。

以上是列宁为落实对资本主义的监督和调控而做的努力，我们从中能看到这位改革者监督和调控资本主义的决心与意志——要狠狠惩治一切滥用新经济政策的资本主义。在列宁看来，如果不能发挥国家理性的调控作用，那么就无法克服恢复资本主义而可能带来的副作用。另外，我们还看到这位改革者的法制思维。在所有的举措中，列宁尤其强调立法和司法监督。法必须面向现实，不应给自己留下禁地。司法监督应当是铁面无情的。只有发挥整个立法、监督与惩罚机制的力量和作用，方能修正资本主义的恢复而可能带来的偏差。

第四章　改善国家机关

从 1922 年 2 月开始，列宁将工作重心从“战略退却”转到了“改善国家机关”的事业上。这种转变是很自然的。制度制定得再完善，如果执行者不合格，局面也就不可能好。当改革推进到执行阶段，“改善国家机关”就会成为日益重要而急迫的问题。什么样的干部队伍才能胜任新政改革的形势呢？概括起来有四个要求：富有才干、务实高效、廉洁奉公和遵守法制。本章的主要内容就是剖析列宁为锻造这样一支合格的干部队伍所做的思考和努力；同时，我们还会分析与“改善国家机关”相联系的关于改造“改造者”的问题。要打造一支合格的干部队伍，自然要发挥党和国家的高层、工农检查院、司法机关以及人民群众等“改造者”的作用，可现实的情况是，这些“改造者”本身并不合格，为此，必须改造“改造者”。列宁有关“改善国家机关”的思想系统而深刻。

一、富有才干

在列宁看来，富有才干（从事商业经营和国家管理的本领）是新经济政策背景下合格干部队伍的第一个要求。苏维埃国家机关人员普遍缺乏这些才干。列宁着力建立相应的吸纳机制、提升机制和淘汰机制，以打造富有才干的干部队伍。

（一）病症

列宁指出，苏维埃国家干部队伍的第一个弊病是缺乏从事商业经营和国家管理的本领。布尔什维克在革命方面干得很出色，但是绝大多数干部对于工商业方面的工作“一窍不通”，正因为如此，“奸商和骗子”都巧妙地利用这种情况将干部玩弄于股掌之中。

列宁以购买罐头的具体例子来说明干部队伍缺乏经商管理的才能。1922 年春天，莫斯科群众处于挨饿中，这时法国人提出建议：售卖其肉罐头来换取苏维埃俄国的货币。莫斯科消费合作社决定购买罐头食品。合作社从 1922 年 2 月 11 日起便同对外贸易人民委员部交涉此事，但是大半个月过去了，罐头食品竟还没买到，法国装运罐头的轮船就在不远处，但合作社和对外贸易人民委员部未能达成一致意见，两者相互指责、推诿，大家只能眼睁睁地看着莫斯科群众继续挨饿。这件事情最后是政治局发了指令才得到解决。列宁指出，事情拖了那么久都没解决，最后不得不闹到政治局的关键在于，“百分之九十九的莫斯科消费合作社工作人员（我丝毫也不反对他们，并且认为他们都是很好的共产党员）和对外贸易人民委员部工作人员缺少文化，他们不能文明地处理业务”①，缺乏从事商业经营的本领，结果就只有“混乱和瞎忙”②，乱忙一气却没有实绩。

列宁还举了另一个例子来说明干部队伍缺乏经商管理的才能，那便是有关顿巴斯管理的问题。顿巴斯是苏维埃的大工业基地，但是苏维埃的管理人员（工业管理局的委员皮达可夫）并没有管理好顿巴斯，他醉心于行政手段，结果在工作中与顿巴斯当地的工作人员、群众发生了摩擦，这种摩擦直接威胁着俄国工业的恢复。列宁指出，这表明，苏维埃的干部还不具备进行工业管理、经济管理的本领，这种本领的缺乏导致苏维埃的干部犯了错误。

列宁进一步指出，干部缺乏本领还不是最糟糕的，最糟糕的是：许多干部不仅没有才干，甚至还不知道自己缺乏才干；不仅缺乏才干，而且还不愿学习、狂妄自大！党员干部负责国营托拉斯和合营公司的经营管理，他们不会做生意，因为他们不是生意人，也不懂得应当“从头学起”③。“问题就在这里，困难就在这里。”④ 百分之九十九负责工作的党员干部不懂经商管理，并且也不想懂得自己缺乏这种本领，应该从头学起。列宁在一篇讲话中指出，苏维埃面临着“三大敌人”，其中第一个敌人就是党员干部的“狂妄自大”⑤。苏维埃的党员干部都是一些优秀、忠诚的战士，他们在战场上流过血，受过苦役折磨，他们不怕死，有着坚定的共产主义

① 列宁全集：第 43 卷．北京：人民出版社，2017：105.

② 同①106.

③ 同①85.

④ 同①107.

⑤ 同①85.

信仰，但他们也常常因此而看不起生意人，他们以自己是干过大事的自居，自比为“拯救罗马的鹅”，他们没有学过也不屑于学习商业，在他们看来，商业和商人是一些卑贱的东西。列宁指出，这就是共产党员的“狂妄自大”。苏维埃干部的缺乏才干和狂妄自大到了非改不可的地步，否则就无法通过经济战场上的严峻考试，就会被资产阶级在经济上和政治上击败。

（二）开方

1. 吸纳机制

所谓吸纳机制，是指要挖掘、吸纳一切有从事经济工作和国家管理的人才。列宁指出，这需要国家高层、工会和地方组织共同发力。

第一，国家高层的挖掘。

列宁指出，国家高层的重要职责就在于发现人才，提拔人才。他在1922年3月21日就人民委员会和劳动国防委员会副主席的工作问题而致斯大林的信中指出，国家主席、国家副主席的主要任务之一就是“挑选人才”，在这一方面国家高层责无旁贷。列宁自己也身体力行，为其他高层人员做示范。在此举三个例子。

例1。列宁在1922年1月4日致莫洛托夫并转俄共（布）中央政治局委员的信中举荐了克拉斯诺晓科夫，克拉斯诺晓科夫是苏维埃国家难得的人才，他在美国和远东共和国都工作过，积累了丰富的经验，而且能实际地处理财政问题，具有财政人民委员部部长普列奥布拉任斯基和其他部务委员所缺少的才干，因此应当给他能发挥才干的职位，列宁推荐他任职第二财政人民委员部部务委员。两个月后，列宁因克拉斯诺晓科夫的任职问题再次致信莫洛托夫和俄共（布）中央政治局委员，他说，克拉斯诺晓科夫无疑是一个“聪明、肯干、内行”① 且富有经验的人，一个“干劲十足、聪明能干、十分宝贵的”② 干部，具有干部队伍所普遍缺乏的才能，即懂得经商，应当在最高国民经济委员会里为他安排个职务，而且不要去打搅他的工作，让他能够把工作干到底。列宁爱惜人才、重用人才的心情跃然纸上。

例2。列宁在1922年4月27日致中央书记处的信中举荐了什克洛夫

---

① 列宁全集：第52卷．北京：人民出版社，2017：355.

② 同①356.

斯基。他指出，该同志在莫斯科市政机关、外交人民委员部、农业人民委员部都工作过，是个有才干的同志，现在侨居国外，苏维埃政权没有安排什克洛夫斯基在国内工作，这使他非常伤心，也很着急。列宁在信中委托斯大林派秘书去和什克洛夫斯基接洽，了解其工作意向，然后交书记处讨论、安排。列宁说："不能'浪费'人才，要多关怀他们。"① 什克洛夫斯基最终被安排在合适的位置上。

例 3。列宁在 1921 年 10 月 19 日致拉德琴柯和林格尼克的信中举荐了叶梅利亚诺夫。他指出，该同志是一位极其"正直、忠诚"② 的共产党员，并且具有丰富的生活经验以及在工厂工作和党政部门工作的经历；该同志性情坚毅、行事果断，为此举荐他入职对外贸易人民委员部，这样就能清扫这个充满盗窃行为和怠工行为的"奥吉亚斯的牛圈"③。

从上述例子中可以看到，列宁在以身作则。在他看来，只有高层重视人才的挖掘并身体力行，才能让越来越多有才干的人充实干部队伍。

第二，各级党组织的挖掘。

列宁指出，除了国家高层，地方党组织也要在挖掘、举荐人才的事业中发挥重要作用。在群众队伍中，有才干的人很多，中央官员对他们并不知悉，而地方党组织直接和群众接触，所以这些党组织必须发挥好中介者的角色，为国举贤。

列宁对各级党组织从群众中吸收人才的情况提出批评，他指出，由于国内战争和敌人的疯狂破坏等原因，各级党组织就局限在自己的小圈子里选拔人才，不敢也不善于从广大群众中吸收足够数量的人才来参加经济建设工作和国家管理工作。1921 年 12 月召开的全俄苏维埃第九次代表大会明确指出：各级党组织从群众中提拔人才的工作已经"落后了"；这方面的工作做得不够，或者没有坚持不懈地去做；而这个工作是"绝对必要的"④。

为了改变上述局面，列宁多次写信给地方党组织，催促它们从群众中吸收德才兼备的人才来充实干部队伍。1921 年 4 月 14 日，列宁在致彼得格勒市非党工人会议的信中指出，彼得格勒党组织需要特别注意，要在群众中挑选一批有才干的工人和农民来参加工作，以后还要越来越多地举荐

① 列宁全集：第 52 卷．北京：人民出版社，2017：400.

② 列宁全集：第 51 卷．北京：人民出版社，2017：464.

③ 同②.

④ 列宁全集：第 42 卷．北京：人民出版社，2017：372.

人才。1921 年 5 月，列宁在致各省委、县委，各共产党党团的信中再一次强调了密切联系群众、为国家提拔人才的重要性和紧迫性。他指出，现在群众参加国家建设的积极性提高了，尚未入党的工人和农民希望担任苏维埃国家的负责职务，对此应当支持，要将他们安排在合适的岗位上。列宁说："苏维埃机关中的共产党员下工厂，部分非党的无产阶级新生力量进苏维埃机关和工会理事会——这就是当前的口号。"① 各级党组织必须深入普通工人和农民之中，充分挖掘、提拔人才。谁不能经常联系群众，走访群众家庭，帮助他们解决生活困难，将他们中有才干的人举荐到苏维埃机关中去，谁就不是合格的共产党员。需要特别指出的是，这里说的人才，不仅指工人、农民群体中有才干的人，也指具有专业知识的专家。列宁指出，所谓专家，既指科学技术人员，也包括在经营商业、组织管理、监督商业业务等方面具有实际经验和才干的知识分子。苏维埃的中央机关和地方机关应当紧紧抓住这批人才，来改善国家机关。

既然是选拔人才，那么当然就得有标准。那么，需要从群众中吸纳什么样的人才呢？列宁指出，最重要的标准就是忠诚与才干。他强调，选拔的人才必须是"在工作中表现忠诚的、或在非党代表会议上表现突出的、或在全厂全村全乡享有极大威望的非党人员"②，这些人工作成绩突出，同时对苏维埃事业忠诚，这就是苏维埃需要的人才。

这一批从群众中选拔出来的人做何使用呢？列宁指出，主要是安排到两个方面：一个是将有专业才能的人员安排到较重要、关键的经济建设岗位和管理岗位上，让他们发挥才干；另一个是将他们安排到工农检查院，让他们去监督干部队伍的实际工作，或者对政府工作提出意见。

为了保证人才选拔事业的顺利推进，列宁要求各级党组织定期汇报情况并形成制度。1921 年 12 月召开的全俄苏维埃第九次代表大会通过了《关于经济工作问题的指令》，要求各个机关更用心地吸收一切比较优秀的群众参加国家建设工作，同时还要求各省委和县委每月呈报有关吸收群众的情况，每次非党代表会议都必须包含这方面的情况汇报，凡是对此不重视、不尽责的各级党组织都要被追究责任。

第三，工会的挖掘。

列宁指出，工会在推荐人才入国家机关方面扮演着重要角色。他指

---

① 列宁全集：第 41 卷 . 北京：人民出版社，2017：244.

② 同①273.

出，工人阶级的先锋队共产党是国家政权和经济工作的领导者，而工会则应当是国家政权最密切的合作者以及助手，工会应当在举荐人才参加国家经济建设和国家管理方面发挥积极作用。

列宁指出，工会要推荐候选人入职国家经济机关，这些候选人可能的职位有：国家最高一级的经济机关的委员、各个经济部门的委员、工厂管理机构的委员，还有其他经济机关的负责人及其助手，等等。此外，工会还要从工人和劳动群众中选拔与培养国家行政管理人员。伴随着国家经济建设的进一步发展，国家需要越来越多的比较称职的行政管理人才。工会的重要工作就在于更细致、更持之以恒地系统登记一切能胜任管理工作的工人和农民，为未来的建设做好人才储备工作。

2. 提升机制

所谓提升机制，就是要求干部“学习、学习再学习”。关于学习，需要回答学习什么、向谁学习、怎样学习（尤其是用什么样的心态来学习）、如何检验学习成效等问题。列宁一一做了回答。

第一，回答学习什么的问题。

列宁指出，学习的内容是由时代的需要确定的，既然已经实行新经济政策，并且已经退到了商业和市场经济，那么学习的主要内容就是经商和调节商业关系，学习怎么做生意，怎么稳定货币系统，怎么管理商业，一句话，学习怎么按照商业原则办事。列宁指出，在这一方面苏维埃还做得不尽如人意，对此必须有高度清醒的认识。

第二，回答向谁学习的问题。

关于向谁学习，列宁指出，自然是向有专业本领，懂得经商管理的商人、资本家和专家学习。过去，布尔什维克为了建设苏维埃军队而不怕向旧时代的、随时可能叛变的军事专家学习，现在为了掌握经商管理的本领，布尔什维克也不惧怕向资本家和专家学习，虽然他们并不比军事专家好。资本家在经商管理这一块确实是布尔什维克的老师，例如，资本家、商人、私人企业主为了百分之百的利润能给工业搞到原料，而苏维埃国家干部却往往办不到。又比如，同样经营一个企业，资本家能赚取百分之百甚至更多的利润，而共产党员却往往做不到。这就是差距，因此必须向资本家和专家学习。

列宁指出，除了向资本家和专家学习，还要从“切身体验中”学习，要敢于承认自己的失败，在失败的经历中学习，“无论过去和将来，我们的力量都在于，我们对最惨重的失败也能给予十分冷静的估计，从失败的经历中学习应该怎样改进我们的活动方式”①。列宁指出，如果不能从昨天的经验教训中懂得过去做法的“不正确”，那么今天就不可能学会用新的、正确的方法来完成自己的使命和任务。要善于总结，尽可能避免再犯同样的错误，这样才能不断进步。

第三，回答怎样学习的问题。

列宁指出，要通过各种形式来学习，他最赞赏的方式是组建合营公司，合营公司中既有资本家，又有苏维埃的干部，这种组织形式使苏维埃的干部能和资本家朝夕相处，给苏维埃的干部提供了绝佳的学习机会。其中，列宁谈及最多的是用什么样的心态来学习的问题，概括起来有六点：

一是要重视。不要因为自己是共产党的干部就狂妄自大、不思进取。列宁说，学习吧！这是一项非常严肃的事情，大家都必须认真对待这个学业，必须意识到，能否在这个学业中合格毕业，决定着苏维埃政权和整个社会主义建设的命运。如果有党员干部想丢开这项任务，或漫不经心，认为与己无关，那么，这种党员干部就犯了“极其罪恶极其危险的狂妄自大的”② 毛病。列宁说：“必须向这门科学进军，向这门艰难、严峻、有时甚至是残酷无情的科学进军，否则就没有出路。”③ 这里体现的是一种决绝的态度。

二是要谦虚。列宁强调，不要因为自己是高贵的共产党员，而对方是资本家，是一些唯利是图的人，就瞧不起人家。这些资本家、店员、专家都是经过资本主义大企业训练的，他们在处理商业经营问题上比苏维埃的党员干部高明，因此必须摆正心态，以虚心的态度向资本家、店员、专家求教，正如过去向军事专家请教一样。

三是要有珍惜的心态。列宁指出，在十月革命后的第五个年头，苏维埃终于获得了宝贵的“学习的机会”，但没有人知道这个和平时期能持续多久，不知道资本主义列强能让苏维埃安心学习多久，因此之故，全党上下更应当抓紧不打仗的时机来学习，现在最重要的任务就是“学习再学习”，要以时不我待、机不再来的心态学习。

四是要有耐心。在俄共（布）第十一次代表大会上，列宁指出，在这次代表大会闭幕后，苏维埃的党员干部应当带着这样一种信念回去：自己

---

① 列宁全集：第 42 卷．北京：人民出版社，2017：237.

② 同①359.

③ 同①204.

不懂如何经商管理，必须从头学起。过去之所以能够完成困难的革命任务，就是因为全体党员懂得一个简单的道理：对于全新的异常艰难的事业，应当坚持不懈地、三番五次地“从头做起”，碰壁了就从头再来——哪怕反复做很多次，要有耐心。现在，苏维埃面临的是同样重要的经济学习任务，更应当有百折不回、从头再来的气势，苏维埃必须要有进“预备班”重新学习的准备和意识。列宁指出，新政改革时期，判断一个党员干部是否合格、负责，就看他能不能“从头学起”，能不能有一学到底的耐心。

五是要气度，即可以为了学习而交昂贵的学费。列宁指出，苏维埃必须学会经商管理，为了学到东西，即使“破费”也在所不惜，只要能学到东西就行。这里有一个典型的例子，1921 年 11 月外国企业家施泰因贝格同苏维埃最高国民经济委员会洽谈有关皮革原料的收购和贸易的租让合同事宜，按照哥尔斯基的计算，如果批准合同，那么施泰因贝格将靠 10 万公斤的糖精赚取近 2 000 亿苏维埃卢布，利润率高达 323%。列宁指出，苏维埃可以给资本家高利润，但前提是要能取得“特别的保证”，使苏维埃的干部（尤其是中央消费合作总社的工作者）向资本家学习并学会经商贸易和组织管理。如果施泰因贝格愿意教苏维埃的干部直至教会，那苏维埃愿意跟他签订合同，列宁说：“合同还是要订的，因为傻子要学习就得付出高昂的代价”①。这位改革者反复指出，为了学习是可以多交点“学费”的，而且也必须交“学费”。这是一种求大利而舍小利的大气心态。

六是要有信心。列宁指出，苏维埃的党员干部对于学习经商和管理心怀畏惧，觉得这项任务是无法完成的。这项任务是困难的，但绝不是无法完成的。过去苏维埃向军事专家学习，不仅学了，而且学得很好，建立了苏维埃红军。现在，只要鼓足勇气，对这项任务的困难和出路有清楚的认识，认真下功夫，就一定能像过去那样，完成看起来不可能完成的困难任务。

第四，回答如何检验学习成效的问题。

列宁指出，检验标准就在于苏维埃能否比资产阶级专家做得更好，能否比专家更懂得用各种方法去振兴苏维埃的农业、工业，尤其是发展工农业之间的流转。苏维埃要为农村市场提供消费服务，要寻求消费

---

① 列宁全集：第 42 卷．北京：人民出版社，2017：288.

者，要满足他们的需要，要“获取赢利”，要商业核算。一句话，当无产阶级专政国家通过学习而变成一个勤勉、谨慎、能干的“业主”，成为一个“精明的**批发商**”[①]，比资产阶级专家更精明、更能干的时候，学习就出成效了。

在1922年3月28日关于俄共（布）中央政治报告的总结发言中，列宁借用托洛茨基在纪念红军建军节时提出的“学习年”口号来号召全体党员干部学习，他指出，苏维埃已经创建了具有世界历史意义的功绩，但不能因此而不懂得自己面临的任务是“学习年”，苏维埃政权、工农联盟能否得到巩固、能否在经济战场上战胜资产阶级，能否带领农民前进到共产主义，全系于能否完成学业。

3. 淘汰机制

这是列宁的撒手锏，即淘汰那些没有才干、不愿意学习或者学不会的党员干部。

第一，清党。

列宁指出，苏维埃通过清党（1921年8月—1922年3月），清除了10万混入党内的“自私自利分子和盗贼”[②]，这好极了，下次清党就要轮到那些只知道设立委员会而不会做实际工作的党员干部了。这些没有才干、不会做实事的人到时也会有同样的命运。

第二，压缩编制。

列宁指出，苏维埃要毫不留情地赶走“多余的官员”[③]，压缩编制，将那些不认真学习经商管理工作的党员干部统统撤换掉。这就是人民委员会主席和副主席的工作方针。

第三，在实际工作中淘汰。

1922年1月17日，列宁就施泰因贝格在租让企业中行使职权的问题而致信莫洛托夫并转俄共（布）中央政治局，信中有这样的设想：派三个共产党员到合营公司去，向资本家施泰因贝格学习经商管理，学习如何赚取利润，给他们三年左右的时间，规定如果时间到了他们还学不会，那就要“不客气地”[④] 将他们赶走。列宁指出，“我们这里决不容许有学得不好的

---

① 列宁全集：第42卷．北京：人民出版社，2017：187.

② 列宁全集：第43卷．北京：人民出版社，2017：14.

③ 同①406.

④ 同①396.

人"①。到了共产主义时期，学习的任务可能会轻一些，可是在新经济政策时期，在过渡时期，在灭亡的威胁下，学习不可能不是一项"严峻的任务"②，所以，一定要用"**铁的**纪律"、"用认真的态度"③ 来教，来学。

关于在实际工作中淘汰无能之人，列宁用自己的行为来做示范。他在1921年6月5日致副对外贸易人民委员安·马·列扎瓦的信中指出，在列扎瓦患病期间，对外贸易人民委员部部务委员克拉辛什么也没有做，只留下了一个沃伊柯夫，这个人显然不行，才干全无，因此对外贸易人民委员部的工作做得不好。列宁指出，不要指望沃伊柯夫，要派一个"干练的、**办事可靠**的人"④ 来替代沃伊柯夫。

以上是列宁为锻造富有才干的干部队伍所做的努力，我们从中可以感受到：(1) 列宁敏锐的目光。他对苏维埃干部队伍缺乏经商管理本领的分析是非常准确和深入的。(2) 列宁的系统思维。为了锻造党员干部的才干，列宁打出一套组合拳。吸纳机制、提升机制和淘汰机制构成一个整体。这位改革者试图以系统的努力来改善干部队伍。(3) 列宁改善国家机关的坚定意志。这种意志鲜明地体现在淘汰机制上，不管是谁，不管他过去有多大功劳，如果没有相应的才干，或者不愿学习，或者学不会，都要被淘汰，改革者的决心于此可见。

二、务实高效

缺乏实干精神是苏维埃干部队伍的又一大弊病。为了打造富有责任心、高效实干的干部队伍，列宁着力推行机制建设。这些努力有：一是建立个人负责制；二是建立配套的监督机制；三是构建强有力的惩罚机制；四是落实物质和荣誉奖励机制；五是树立模范。

(一) 病症、病因

1. 病症

缺乏实干精神是苏维埃干部队伍的又一大弊病。列宁对此多有批判。

① 列宁全集：第42卷．北京：人民出版社，2017：203.

② 同①.

③ 同①253.

④ 列宁全集：第50卷．北京：人民出版社，2017：404.

他借用俄罗斯文学里的一个人物来比喻苏维埃干部队伍的状态，这个人就是奥勃洛摩夫。这个人物整天躺在床上制订各种宏伟的计划，但是从来没有去付诸实践，是典型的“空谈司令”[①]。列宁指出，苏维埃的干部队伍也像奥勃洛摩夫一样，整天处于没完没了地开会、制订计划、成立委员会的状态中，缺乏实干精神。列宁说：“俄国完成了三次革命，但奥勃洛摩夫们仍然存在……我们应当正视自己的处境，不要有任何幻想。”[②] 这种奥勃洛摩夫习气弥漫在苏维埃的干部队伍中，渗透到干部的言行中。在苏维埃俄国，奥勃洛摩夫习气即缺乏实干精神最鲜明的体现就是拖拉作风和官僚主义。这样的例子不胜枚举，在这里，我们仅举六个列宁严厉批评过的、比较有代表性的例子。

例 1。1921 年 11 月 12 日，时任劳动国防委员会主席的列宁在给各经济会议的电报中批评了经济会议（劳动国防委员会的地方机构）的拖拉作风。按照规定，经济会议向劳动国防委员会提交工作报告的时间是 1921 年 10 月 15 日至 11 月 1 日，时间已经超出十天，报告还没呈送上来，列宁对经济会议的拖拉行为提出警告。

例 2。1922 年 2 月 15 日，列宁致信农业人民委员部负责人雅科温科，信中批评了农业人民委员部的办事拖拉和官僚主义作风。事情是这样的：军事部门有 770 台崭新的、大功率的发动机闲置了 5 年之久，这些机器就转让给农业人民委员部，以便有效提升农业生产率，但是农业人民委员部得知此事后已经过去 4 个月了，除公文往来外，至今啥事没干。列宁严厉地指出，这是闻所未闻的“管理不善”和“庸碌无能”[③]。

例 3。1922 年 2 月，列宁致信加米涅夫，信中批评了对副外贸易人民委员列扎瓦的拖拉作风。为了准备讨论对外贸易垄断问题，人民委员会委托对外贸易人民委员部部务委员列扎瓦起草《对外贸易提纲》，时间期限是两三天，可是半个月过去了，起草提纲一事还没有下文。列宁对此很气愤，说要把办事拖拉的人“送进监狱”[④]。

例 4。1921 年 9 月 3 日、1922 年 1 月 26 日，列宁两次写信，批评对外贸易人民委员部在订购涡轮机事情上的拖拉作风。事情是这样的：对外贸易人民委员部在订购为斯维里河和沃尔霍夫河两水电站所用的涡轮机的

---

① 列宁全集：第 43 卷．北京：人民出版社，2017：94.

② 同①12－13.

③ 列宁全集：第 52 卷．北京：人民出版社，2017：268.

④ 同③257.

手续方面办得太慢，拖延了好几个月，导致了瑞典尼特维斯和霍尔姆工厂的罢工事件。列宁愤慨地指出："水力涡轮机的订货手续**'办得太慢'**!! 在这方面我们有严重缺点!! 这太不像话，太丢脸!"① 他还说一定要找到此事的"罪魁祸首"，要在监狱里好好收拾这批"坏蛋"。

例5。1922年2月11日，列宁致信财政人民委员部负责人索柯里尼柯夫，信中批评了司法人民委员部和财政人民委员部办事拖拉。信中追问：司法人民委员部和财政人民委员部"对非法贸易的案件审判了没有?对私人贸易征税了没有?"② 在列宁看来，相关部门显然还处于松懈拖拉的状态，苏维埃的官僚们都还在睡大觉。

例6。1922年3月18日，列宁致信司法人民委员部负责人库尔斯基，信中批评了糖业国营托拉斯人员的精神状态和工作状况。列宁指出，国营托拉斯中充满了游手好闲、无所事事的人，这太不像话了，司法人民委员部必须尽最大努力处分这些不干实事的干部。

类似的例子不胜枚举，包括最高国民经济委员会金属局、法典编纂局、邮电人民委员部、教育人民委员部、最高国民经济委员会科学技术局、中央统计处和登记分配处等在内的各个部门，都曾因拖拉作风、官僚主义、不干实事的弊病而遭到列宁的严厉训斥。1921年12月，列宁以人民委员会主席的名义致信各中央苏维埃机关领导人，信中开门见山地指出："你们机关里存在的极为恶劣的拖拉作风和文牍主义必须彻底根除。"③ 这种拖拉作风和不干实事的风气会毁掉一切，列宁命令各部门必须立刻加以改进。

2. 病因

为何会产生上述拖拉作风和官僚主义的病症？列宁对此进行了深入分析。一是传统精神的影响。列宁指出，苏维埃干部队伍之所以缺乏务实高效的精神，拖拉作风和官僚主义盛行，很重要的原因在于传统精神的影响。在苏维埃共和国，"奥勃洛摩夫"是司空见惯的，从"奥勃洛摩夫"到"奥勃洛摩夫王国"，这种空谈习气已经渗透到官僚阶级的上上下下。从根源上说，"奥勃洛摩夫习气"根植于沙皇时代，沙皇政权虽然已被推翻，但那个时代形成的传统还会像"九头蛇"一样缠绕着苏维埃，更何

① 列宁全集：第51卷. 北京：人民出版社，2017：268.

② 列宁全集：第52卷. 北京：人民出版社，2017：256.

③ 同②161-162.

况，苏维埃还留下了沙皇时期和资产阶级临时政府时期的几十万官吏。苏维埃将旧时代“最坏的东西”① 即“奥勃洛摩夫习气”继承下来了，这种糟糕的传统仿佛一座沉重无比的大山压在新时代的肩头，让苏维埃负重难行。

二是制度本身有弊端。列宁指出，苏维埃的上层机关以及各个政府部门之所以存在严重的“奥勃洛摩夫习气”，与制度本身的弊端有着重要的关联。苏维埃的各个机关部门普遍存在责任不清的问题，看起来谁都要负责，实际上谁都不用负责，怠工分子恰恰钻了这个空子，久而久之，就出现了普遍的缺乏责任心的情况。

（二）开方

1. 建立个人负责制

牵牛要牵牛鼻子。既然责任不清是导致干部缺乏责任心的重要原因，那么建立个人负责制就是解决问题的前提和关键。列宁指出，人民委员会和劳动国防委员会副主席的主要职责之一就是建立责任制，要“十分明确地逐个规定首先是各部务委员会委员和最重要的苏维埃工作人员的责任，其次是全体苏维埃工作人员的责任；对普遍存在的个人职责不明以及由此产生的完全不负责任的现象进行无情的斗争”②。列宁多次强调建立个人负责制的必要性及作用。在他看来，建立个人负责制是绝对必要的，这种制度的意义在于迫使各个政府部门在授予其权利和承担义务的范围内“独立地”和“负责地”进行行政与管理工作。个人负责制就是要倒逼政府部门及相关工作人员在工作中表现出更强的独立自主精神和责任心。

2. 建立配套的监督机制

在个人负责制的基础上，列宁构建起配套的监督机制。在他看来，人民委员会和劳动国防委员会的主席、副主席、人民委员，以及工农检查院和报刊都肩负着监督的职责。

一是国家高层肩负监督的责任。列宁一再提醒人民委员会和劳动国防委员会的副主席，其职责不在于一天到晚地开会，而在于检查各政府部门和相关负责人的实际执行情况。列宁这样劝诫两位国家副主席（指瞿鲁巴和李可夫）：要将检查实际执行情况的责任扛起来，亲自到下面“走走看

---

① 列宁全集：第 42 卷．北京：人民出版社，2017：437.

② 列宁全集：第 43 卷．北京：人民出版社，2017：152.

看”，检查检查，读读材料，对各个机关上层和基层的五花八门的部分，而且是“最意想不到的”① 部分进行考察，看看这些部门和相关工作人员的工作是否负责，是否有官僚主义和拖拉作风的弊病。

除了人民委员会和劳动国防委员会的副主席以外，列宁也要求同为国家高层的人民委员认真检查实际执行情况。他指出，人民委员如果不认真进行检查，那就要受到一般警告和记入党证的警告处分，严重的还要撤职。这样做意在施加压力，使各个政府部门和相关工作人员养成认真工作的作风。国家高层的角色就是监督者和鞭策者。列宁说：“**考查人和检查实际执行情况**——现在全部工作、全部政策的关键就在于此，全在于此，仅在于此。”② 我们从中可以看到这位国家最高领导人是多么重视监督、检查工作。

二是工农检查院肩负监督的责任。从名称就可以看到，工农检查院的主要职责之一就是检查，检查各个部门及相关工作人员是否干实事。列宁曾向工农检查院院务委员会委员科罗斯捷廖夫建议，工农检查人民委员部在首都莫斯科设立一个经济部门促进委员会，目的在于检查莫斯科干部尤其是经济建设干部的实际执行情况，看看他们是否有官僚主义和拖拉作风的弊病，是否真正做到“个人负责”，从而振兴经济，改进工作。列宁对这个委员会寄予厚望，他指出，莫斯科的监督、检查工作比地方上的难做，因为莫斯科娇生惯养、腐化堕落的上层人士比较多，同时该地的工作也是无比重要的，因为首都的监督、检查工作做好了，无疑会给地方以巨大的示范作用和政治意义。列宁还建议经济部门促进委员会集中力量，最好是从抓少数国营托拉斯入手，并且一经开始，就持续不断地干到底。为了促成该委员会尽早成立，列宁几次致信科罗斯捷廖夫，强调此事极为重要、极为紧急，要求其加快进度。委员会不久后就建立并运转起来了。

3. 构建强有力的惩罚机制

在监督机制的基础上，列宁构建了一套惩罚机制，意在将不干实事或办事拖拉的干部清除出去。

一是清党。列宁指出，1921 年 8 月—1922 年 3 月的清党，清除了 10 万混入党内的“自私自利分子和盗贼”，下次清党就轮到只知道设立委员会而不做任何实际工作的几万身居苏维埃要职或担任一般职务的干部，也

---

① 列宁全集：第 43 卷．北京：人民出版社，2017：325.

② 同①15.

要将他们清除出去。

二是缩减编制。列宁指出，缩减编制除了能将那些无能之辈踢出干部队伍，也能将那些办事拖拉的职员清除出去。按照其设想，缩减标准是至少缩减一半的人员，最好能缩减三分之二的人员，只留下那些劳动效率能达到令人满意程度的干部，不干实事或办事拖拉的统统清除出去。

三是国家高层的处罚。列宁指出，国家高层必须在反对官僚主义和拖拉作风的事业中扮演重要角色，发挥重要作用。因此，国家副主席应当比以前更经常地行使"个人权力"，对有官僚主义、玩忽职守、办事拖拉等过错的个人给予行政处分，情节严重的予以撤职并送交法院。列宁自己也对官僚主义、拖拉作风等给予严惩，例如前面提到的莫斯科购买罐头事件中出现的无能和拖拉现象，列宁主张给予莫斯科省经济会议的工作人员关押 6 小时、对外贸易人民委员部的工作人员关押 36 小时的处分。在他看来，国家高层应当扮演"鞭子"的角色，发挥鞭打落后者的作用，以此倒逼出干部的务实高效精神。

四是舆论谴责。列宁指出，要对官僚主义和拖拉作风进行舆论谴责。他曾写信给《经济生活报》编辑部，要求将机关或经济部门中马虎拖拉、不干实事的工作人员及其劣迹揭露出来让大家批判。

五是司法追究。这是列宁最为重视的环节。在他看来，司法部门是打击官僚主义和拖拉作风的主力，司法追究必须发挥作用。在方式、方法上，列宁有如下建议：（1）判刑、监禁。对于有官僚主义和拖拉作风的官员，司法部门应当对其处以判刑、监禁的惩罚。（2）进行公开审判。这是列宁强调最多的。在俄共（布）党内，有一种声音主张，对于有官僚主义和拖拉作风的党员干部，处罚固然是要的，但也要顾全犯错人员的面子，毕竟这些干部都是一些忠诚的、为革命做过重要贡献的、宝贵的工作人员，因此不应当在法庭上公开审判其过错。这里就有一个相关案件。由于国家农业生产的需要，1919 年苏维埃提出要生产福勒式犁（一种用固定式发动机牵引的耕犁），到了 1920 年 5 月，最高国民经济委员会金属局局务委员会承担了这项生产任务，但是几个月过去了，以工程师 М. И. 温克索夫为首的三人负责小组除了和各部门进行公文往来以外，并未真正着手进行生产事宜。这件拖拉作风案件给国家带来了严重损失，最后让列宁知道了，后者要求公开审判相关负责人。1921 年 9 月 30 日、11 月 4 日，列宁分别致信司法人民委员部负责人克拉西科夫和库尔斯基，要求务必在 1921 年秋季和冬季将几起有关拖拉作风的案件交给莫斯科法院"公开审判”。从原则上说，福勒式犁案件是不应该留在官僚机关内部处理的，司法人民委员部必须将其交付法院公开审理，要将这些案件的审判变为“有政治影响的”① 事件。

1921 年 12 月，时任最高国民经济委员会主席的波格丹诺夫为此事而致信列宁，请求对犯错的干部从轻发落，声称负责的干部都是老党员，忠诚于苏维埃政权，先前的工作表现表明他们工作认真、有能力，而且时值最高国民经济委员会的主席团发生变动，这种机制上的缺点也影响了他们的工作，因此这些干部所犯的过错当属无心之失，请将干部问题留在官僚机关内部处理，建议对有拖拉作风的干部进行批评、警告，也让最高国民经济委员会主席团的全体成员从中吸取教训。

1921 年 12 月 23 日，列宁回信波格丹诺夫，信的开头就直言不讳地指出，波格丹诺夫发表的关于福勒式犁案件的所有言论在原则上是完全错误的。身为最高国民经济委员会主席，公开替有官僚主义和拖拉作风的下属求情，即使这不是“本位主义情绪”②，也会阻碍苏维埃真正治好官僚机构的弊病。列宁指出，犯错的干部确实是一些“忠诚的、宝贵的”的工作人员，但他们所犯的错误会毁掉苏维埃的事业，如果同意波格丹诺夫的请求，内部处理此事，或者对相关人员免予任何惩罚，将不利于深刻认识这种弊端的危害，更不利于同它进行斗争。列宁甚至说：“我们不善于对可恶的拖拉作风进行公开审判，为此完全应该把我们大家以及司法人民委员部的人用发臭的绳子吊死。”③ 列宁指出，只有将拖拉作风案件拿出来公开审判，才能真正治好这种病。这是因为，公开审判具有内部判决所没有的震慑力。通过公开审判可以打破那种广为流传的错误观念，即失职人员可以不受处罚。公开审判的社会影响与私下了结的“愚蠢做法”相比，不是要“大一千倍”④ 吗？因此，列宁坚决要求将拖拉作风案件的相关人员交由法院公开审判。他指出，苏维埃的法院应当给予这样的判决：本庭宣布该案件的相关责任人犯有“办事拖拉、无能和纵容官僚主义”的罪行，鉴于被告们忠诚于苏维埃，这次判决从轻处罚，同时提出严重警告，今后不管是谁，再出现这类罪行，定要将其毫不留情地关进监狱。从这些回信内容中，我们看到了列宁惩治拖拉作风的坚定决心。

① 列宁全集：第 51 卷．北京：人民出版社，2017：380.
② 列宁全集：第 52 卷．北京：人民出版社，2017：141.
③ 同②.
④ 同②.

除了福勒式犁案件以外，列宁还亲自过问了其他几起拖拉作风案件。例如，1921 年 9 月 30 日，列宁致信副司法人民委员克拉西科夫，要求对中央消费合作总社在采购种子事件中犯有拖拉作风罪过的中央机关人员进行公开审判，要将此事变成引人注目的审判、教育案件。又如，1921 年 10 月，发生了粮食人民委员部办事拖拉的阿尔丘霍夫案件（1921 年 7 月底，莫斯科省新卡缅斯克县遭受雹灾，受灾的两个乡向粮食人民委员部递交了减免实物税的申请书，该申请书被粮食人民委员部采购管理局计划处处长阿尔丘霍夫一直压到 1921 年 10 月），列宁于 1921 年 10 月 20 日致信莫斯科革命法庭，要求法庭在最短时间内对相关责任人进行公开审判，并将处理结果上报给自己。在信的附言部分，列宁指出，对于拖拉作风案件的审理，应当“非常庄严、非常**有教育意义**，使判决给人以强烈的震动”①。案件最终进行公开审判，也确实起到了强烈的震慑效果。

4. 落实物质和荣誉奖励机制

如果说前面有关建立个人负责制、监督机制和惩罚机制的内容是从激浊方面来倒逼干部的实干精神，那么建立奖励机制和树立模范就是从扬清方面来鼓励干部的实干精神了。

列宁一直致力于思考如何调动干部的干劲，在军事共产主义时期，国家寄希望于个人对共产主义事业的热情、信念；而到了新政改革时期，列宁转变了思路，他看到，个人对物质利益的实现有着强烈的追求，如果像军事共产主义时期那样试图通过压制个人利益来实现国家利益，结果便会是个人利益和国家利益都得不到实现，因此对于个人利益必须适当加以安顿，将个人利益和国家利益的实现统一起来，既为个人利益的实现开辟空间，同时也使国家利益凭借个人在追求物质利益时所展现的干劲而得到实现。实物税、自由流转、经济核算制等，正是针对这种思想觉悟水平的，既安顿个人利益，又将个人利益同国家利益相结合，从而最终实现国家利益的政策。

伴随着认识的深入，列宁认识到，干部的思想觉悟也没有之前想象的高，物质利益的刺激能更好地激发干部的干劲。这里有一个事例。1921 年 10 月 15 日，列宁致信阿瓦涅索夫，讨论了仓库货物的运输工作，由于仓库管理职员没有工作热情，运输器材制造厂仓库的货物堆积成山。如何

---

① 列宁全集：第 51 卷．北京：人民出版社，2017：467.

解决这个问题呢？列宁想到了物质利益的刺激，他建议：建立物质奖励制度，仓库管理职员如能将库存货物直接分送到工厂、国营农场等国营企业而腾出库房，那么就根据其工作量来给予相应的物质奖励。列宁说：“不同个人利益结合，什么也办不成。要善于同利益结合起来。”① 在 1921 年 10 月 22 日致索斯诺夫斯基的信中，列宁表达了同样的主张，即通过物质奖励来迅速减少库存货物积压。

到了 1922 年春天，列宁关于在干部队伍中实行物质奖励制度的思考就成熟了。为了激发干部，尤其是经济战线干部的工作热情，列宁 1922 年 3 月 3 日就对外贸易垄断制和外贸工作问题致信加米涅夫，信中明确提出要改行分成制，即对外贸易人民委员部的官员每做成一笔交易，就给予其“一定的提成（按百分比）”②。1922 年 3 月 3 日，列宁在就财政人民委员部的提纲而给俄共（布）中央政治局的信中重申了分成制，他指出，要对所有与经济工作相关的干部改行“按营业额和利润分成的制度”③，并且首次提出要拨款 10 万金卢布作为奖金，在年终按成效、业绩来发奖金。要知道，在饱受战争摧残后的苏维埃，10 万金卢布可是一笔很大的资金，可见列宁推行分成制的决心。到了 1922 年 4 月 11 日，列宁在《关于副主席（人民委员会和劳动国防委员会副主席）工作的决定》中明确表达了要在苏维埃全体职员中贯彻奖励制度的思路和决心。他说：“刻不容缓的是实行奖励制度，根据对外贸易人民委员部、合作社以及其他贸易机关的交易额和利润额来奖励苏维埃职员。必须系统地研究并拟定措施，把奖励制度推广到全体苏维埃职员的全部报酬中去。”④ 到这里，列宁关于分成制和奖励制的思想成熟了。

5. 树立模范

列宁非常重视模范的作用。他指出，苏维埃必须努力在各个人民委员部中建立务实高效的模范机关，然后努力推广这些模范机关的工作方法、办文制度以及提高劳动效率的有效做法。这样做必定能有效提高干部队伍的责任心和工作效率。列宁指出，这个问题异常重要，国家高层必须亲自抓。1922 年 4 月 11 日，在《关于副主席（人民委员会和劳动国防委员会副主席）工作的决定》中，列宁强调，人民委员会和劳动国防委员会的两

---

① 列宁全集：第 51 卷．北京：人民出版社，2017：441.

② 列宁全集：第 42 卷．北京：人民出版社，2017：473.

③ 同②469.

④ 列宁全集：第 43 卷．北京：人民出版社，2017：153.

位副主席（瞿鲁巴和李可夫）必须亲自负责在各个人民委员部中建立一两个务实高效的模范部门或机关，发挥这些标杆部门的带动作用和辐射作用。列宁还指出，这项事业必定会遭到维护官僚主义旧习气的苏维埃官僚们的顽强抵制，因此，两位副主席必须做好充分的思想准备，意志坚定地进行"顽强的斗争"①，这样才能克服困难，完成树立模范的事业。

以上是列宁为锻造务实高效的干部队伍所做的努力，我们从中可以感受到：(1) 列宁的敏锐眼光。列宁直指苏维埃干部队伍的严重弊病，即缺乏实干精神，并且对这种弊病做了鞭辟入里的分析。(2) 列宁的系统思维。个人负责制、监督机制、惩罚机制、奖励机制、树立模范等共同构成列宁惩治官僚主义和拖拉作风、淬炼干部队伍实干精神的组合拳。(3) 列宁的深度参与。列宁不仅是官僚主义、拖拉作风的批判者，也是改善国家机关的总设计师，更是其中的践行者。

三、廉洁奉公

贪污受贿被视为苏维埃经济建设的"三大敌人"之一，也是苏维埃国家机关的一大弊病。为打造廉洁奉公的干部队伍，列宁主张从如下方面同时发力：一是建立完善的遴选机制；二是发挥薪金机制在廉政建设中的作用；三是法制反腐，构建完整的立法、司法机制；四是建立监督机制；五是精简机制，去除腐败分子；六是加强思想政治教育。

(一) 病症、病因

1. 病症

1921 年 10 月 17 日，列宁在全俄政治教育委员会第二次代表大会上的报告（有关新经济政策和政治教育委员会的任务）中指出，贪污受贿是苏维埃政权和新经济政策的"三大敌人"之一，是"道地的俄国现象"②，在贪污受贿的风气下，一切设想、一切措施都会落空。那么，贪污受贿的现象到了什么程度？具体都有哪些表现呢？关于腐败的现象，学者们多有记载。《一个大国的崛起与崩溃》一书指出，新经济政策时期的腐败行为

① 列宁全集：第 43 卷. 北京：人民出版社，2017：154.

② 列宁全集：第 42 卷. 北京：人民出版社，2017：207.

主要有：贪污受贿和权钱交易，浪费公款和赌博，贪污和盗用公款。以贪污受贿和权钱交易为例，新经济政策实施后，私商为了获得业务，常常采用各种手段贿赂苏维埃官员。1923 年，古比雪夫在一份工作报告中指出，纺织工业托拉斯主席勃拉戈夫不断收受贿赂，包括钻石项链、金表、带海狸鼠的貂皮大衣，等等。[①] 可见，在经济建设初期，苏维埃官僚机构的腐败状况已经很严重了。具体到干部的腐败形式，其种类很多，最典型的有以下三种：

一是浪费公款。公款的浪费是多种多样的，利用公款大吃大喝，想方设法为自己配置汽车，利用公款装修奢华的住房，利用干部身份超规格地进行医疗，官员甚至包括其家属普遍选择去国外治病，或者超期居住在疗养院。还有性质更恶劣的，某些官员利用公款赌博，如赌马、赌牌等。1923 年 10 月，俄共（布）中央委员会在发给各省委会和州委会的通告信（《关于同浪费作斗争》）中列举了诸如公款吃喝、公款豪华装修、公款赌博等腐败行为。

二是官员收受贿赂。官员收受贿赂有两种情况：一种是官员经不起糖衣炮弹的攻击而腐败。大批商人（尤其是外商），为了行事方便，对苏维埃官员进行贿赂，许多官员禁不住诱惑就腐败了。列宁曾写信给加米涅夫，信中指出，“外国人现在已经在行贿收买我们的官员，并‘运走俄国仅存的一点东西’”[②]。列宁甚至指出，对外贸易人民委员部的工作人员有“百分之九十”[③] 将会被资本家收买。另一种是官员主动索贿。这种情况的性质更加恶劣，因为它是苏维埃官员主动为恶。新政改革时期官员干部索贿的形式多样，其中最典型的是利用职权敲诈国内外商人。红色资本家哈默就曾遭遇这样的敲诈。有一次，哈默的助理沃尔夫用货车运一批粮食前往目的地，途中这列货车在一个车站滞留了很久，原因是该站站长不让通行，站长以各种理由（例如车站过去有一座桥，承受不了这 25 节货车车厢的重量，等等）阻拦货车，经过长时间的争论后，站长逮到一个机会，他将沃尔夫叫到一边小声交代：你是个聪明人，只需给我 500 普特粮食，货车就可以顺利通行了。随后沃尔夫和哈默将此事告知了列宁与斯维尔德洛夫，最终将该站长加以严惩。

---

① 沈志华．一个大国的崛起与崩溃：上册．北京：社会科学文献出版社，2009：214－216.

② 列宁全集：第 42 卷．北京：人民出版社，2017：471.

③ 同②472.

三是官商勾结，合伙犯罪。这也是官员腐败的主要形式之一。官员与商人勾结，合伙侵吞国家与合作社的财产。在新政改革时期，粮食稀缺，粮食部门本应发挥调节市场，打击投机倒把、囤积买卖的不法行为，但有些粮食部门的官员却暗中与富商勾结，抬高粮食价格，从中牟取巨额利润。

2. 病因

从上面的情况来看，苏维埃官员的贪污腐败问题是严重的。那么，为何会出现这种弊端呢？主要原因有二：

一是官员的成分有问题。十月革命前的俄国历经沙皇和资产阶级临时政府的统治，官员腐败是旧制度的顽疾。新生的苏维埃政权建立后，管理人才异常缺乏，为此不得不留用了几十万沙皇时期和资产阶级临时政府时期的官吏，这些官吏自然会把其旧思想和旧作风带进苏维埃国家机关。旧官吏贪污受贿、投机营利，致使腐败这个“毒瘤”在苏维埃国家机关中滋长。列宁说：“工人阶级开创了共产主义革命，并不能一下子就丢掉自己身上的弱点和毛病。这些东西都是从地主资本家社会，从剥削者和土豪的社会，从少数人卑鄙地钻营财富而多数人遭受贫困的社会继承下来的。”① 因此，去除腐败这个“毒瘤”是一项“旧任务”。

二是制度本身有弊端。在沙皇时期和资产阶级临时政府时期，由于社会性质的原因，打击贪污受贿的制度是虚假无力的，旧政府声称要根治官员腐败，殊不知私有制本身就是官员腐败的温床。苏维埃政权建立后，在反腐败问题上并没有建立起一套行之有效的制度，它更多是依靠领导人的权力和意志，没有形成有效的机制。这是苏维埃官员腐败严重的重要原因。

（二）开方

1. 建立完善的遴选机制

列宁看到，把好入口关是很重要的，遴选机制的作用就是要清除坏种。那么，苏维埃政权遴选干部的标准是什么呢？列宁用实例做了说明，1921 年 12 月，他得知农业人民委员部准备任命西伯利亚的农民共产党员雅科温科为该部部务委员，就写信给有关部门，他这样询问雅科温科的情

① 列宁全集：第 34 卷．北京：人民出版社，2017：341.

况："有无经验?""受到农民尊敬吗?""才智怎样?""忠于苏维埃政权吗?"① 在得到满意的答复后，列宁同意雅科温科担任农业人民委员部部务委员的候选人。从这些询问中，我们可以看到列宁遴选干部的标准，除了要有相应的才干，忠诚是关键因素，忠诚就意味着官员会以人民利益为重、廉洁奉公。忠诚成为苏维埃遴选干部的重要标准。

2. 发挥薪金机制在廉政建设中的作用

列宁指出，很多自私自利的异己分子之所以想加入国家干部队伍，主要是奔着干部队伍的优厚待遇去的，在沙皇时期和资产阶级临时政府时期，官员享受着优厚的薪金待遇和其他方面的高福利（例如住房等福利）。这种高薪金、高福利只会起到"腐化作用"，使政府和民众离心离德。因此，为了保证个人是怀着为人民服务的目的，而不是为了薪金待遇而加入干部队伍的，就必须将以前官员职位所带来的高薪厚利去掉。为此，列宁力主官员待遇平民化。这也是推行巴黎公社的薪金机制。早在 1917 年 11 月，列宁就主持通过了《人民委员会关于高级职员和官员的薪金额的决定草案》，该草案明确规定要降低干部的薪金待遇标准。该草案规定，苏维埃政权采取最坚决的措施降低一切国家机关和政府官员的薪金待遇，其中，人民委员中无未成年子女的"最高月薪"为 500 卢布，有未成年子女的每个子女另增 100 卢布。不仅如此，该草案还要求对高级职员征收特别税，削减一切"过高的"薪金及退休金。就当时的经济水平而言，五六百卢布大体相当于普通工人或熟练工工资的水平。苏维埃政权在这里要践行的正是巴黎公社的薪金机制——一切公职人员只应领取等同于普通工人工资的薪金。在住房方面，该草案也明确规定，每个干部家庭成员的住房不得超过 1 间。新政改革时期继续贯彻这一薪金待遇原则。

列宁希望借助这些改革来取消过去职位带来的高福利，让官员的职位回归到它本来的面目，即能有效地防止人们去谋求享乐发财，让那些真正廉洁奉公、有志于为人民服务的人进入干部队伍。

3. 法制反腐，构建完整的立法、司法机制

在列宁看来，推进法制建设，法制反腐，构建完整的立法、司法机制是反腐败的关键环节。从实践来看，列宁反腐是从严厉打击贪污受贿行为开始的，然后将这些经验和意志上升为国家的法律。不管是革命时期还是新政改革时期，情况均是如此。

---

① 列宁全集：第 52 卷．北京：人民出版社，2017：149.

第一，严惩贪污受贿。

列宁对贪污受贿行为的惩处是毫不手软的，发现一起就严办一起。这里讲两个案件。

案件 1。1918 年初，莫斯科侦查委员会 4 名工作人员被指控受贿和敲诈勒索，1918 年 5 月 2 日，莫斯科革命法庭在审理了该起案件后，轻判了这些罪犯（半年监禁）。列宁得悉此事后异常愤怒，他于 1918 年 5 月 4 日分别写信给俄共（布）中央和司法人民委员部部务委员库尔斯基，要求严惩判案的法官并给予相关犯人重判。在致俄共（布）中央的信中，列宁指出，不枪毙犯有受贿罪的干部，而是判以轻得“令人发笑的刑罚”，这对于革命者和共产党员来说是“**可耻的**行为”[①]，他建议，应当在报刊上谴责判案的法官，并将他们开除出党。在致库尔斯基的信中，列宁要求紧急出台一个法令草案，规定对于行贿、受贿以及牵线搭桥者判以“**不少于** 10 年的徒刑”[②]，外加 10 年的强制劳动。在列宁的坚持下，全俄中央执行委员会重新审理该起受贿案，最后判处其中 3 名被告各 10 年有期徒刑。

案件 2。1918 年夏天，苏俄实施军事共产主义，在粮食政策方面实行余粮收集制，工人征购队下乡征收粮食。在此过程中，有一些“流氓分子”[③] 混进了征粮队，他们收受粮贩的贿赂，玷污了苏维埃的声誉。列宁在 1918 年 7 月 1 日给各铁路沿线征购队队长的电报中要求立即拘捕这些收受贿赂的罪犯，并将其押送莫斯科革命法庭严加惩处。在 1919 年 2 月 28 日的国防委员会决定中，列宁再次强调要严惩铁路运输中的贪污受贿、盗窃物资等罪行，要求对犯有相关罪行的公职人员处以“极刑”。

第二，强化立法。

列宁并没有止步于对个别贪污受贿案件的严肃处理，而是将其上升到法制的高度。例如上述案件 1，在将其中 3 人判处 10 年有期徒刑之后，列宁建议人民委员会责成司法人民委员部制定一个法令草案，对受贿以及与受贿有牵连的行为规定一个比较高的最低惩处标准。法令草案于 1918 年 5 月 8 日提交，列宁亲自对草案做了修改。苏维埃政府通过了经由列宁修改的《对关于惩治受贿的法令草案的修改》，该修改草案规定：“在俄罗斯社

① 列宁全集：第 34 卷．北京：人民出版社，2017：263.

② 列宁全集：第 48 卷．北京：人民出版社，2017：127.

③ 同②201.

会主义联邦苏维埃共和国担任国家职务或社会职务的人员……利用进行其职权范围内的活动或协助进行其他部门公职人员职权内的活动而犯有受贿罪者，应判处不少于 5 年的徒刑，服刑期间强迫劳动［并没收其全部财产］。"① 从此以后，与贪污受贿行为的斗争便有了法律的保障。

案件 2 的严惩原则同样被上升为国家意志，列宁提请劳动国防委员会全体委员签字附议，将上述案件 2 的惩罚结果和严惩原则提升为国家法律。在革命时期，苏维埃制定和通过了《关于肃清贿赂行为》《关于贿赂行为》等一系列惩治贪污腐败的法律法令。新政改革时期，在总结反腐败斗争经验的基础上，列宁继续推进关于反腐败的立法工作。他指出，关于反腐败的立法工作应当贯彻的原则是：对贪污受贿的惩罚只能加重，不能减轻。1921 年 8 月 12 日，小人民委员会讨论了反贪污受贿的法令草案，列宁于第二天致信小人民委员会主席基谢廖夫，表达了对贪污受贿的刑罚"只能加重"② 的主张。这一主张被吸收进了法令草案。1922 年《俄罗斯社会主义联邦苏维埃共和国刑法典》的出台，在苏俄反腐事业中具有标志性的意义。《刑法典》专门开辟出"职务上的犯罪"一章，对公职人员贪污受贿的行为和处罚进行了详细、明确的规定，而且也贯彻了对贪污受贿行为加重处罚的原则，对贪污受贿行为判以重刑。上述法律法规的出台，为法制反腐提供了坚实的基础。

第三，严格执法。

完整的法制反腐不仅要有立法，而且要有严格的执法，要普遍地施行反贪污受贿的法律，任何人都不能例外。列宁指出，对于犯贪污受贿罪的党员干部，要给予更严厉的处罚。1922 年 2 月 20 日，列宁在致司法人民委员部部务委员库尔斯基的信中指出，对共产党员犯贪污受贿等罪行的惩办应比对非党员的惩罚"加倍严厉"③。

1922 年春，莫斯科苏维埃中央房产局营私舞弊案案发。经查实，中央房产局的某些负责人伙同莫斯科公用事业局局长徇私舞弊、以权谋私。案件查清后，按规定相关犯人应当交由莫斯科革命法庭审判，但是俄共（布）莫斯科市常务委员会于 1922 年 3 月 14 日召开了莫斯科苏维埃主席团参加的特别会议，会议认为相关检查的结论缺乏根据，决定将此案转交

---

① 列宁全集：第 60 卷．北京：人民出版社，2017：227.
② 列宁全集：第 51 卷．北京：人民出版社，2017：204.
③ 列宁全集：第 42 卷．北京：人民出版社，2017：437.

给新成立的党的特别委员会重新审理。特别委员会最后对相关责任人从轻处置。直接参与了舞弊案调查工作的人民委员会办公厅工作人员季维尔科夫斯基于1922年3月15日致信俄共（布）中央政治局全体委员，信中将从轻处置的决定称作“以超等的手段”① 葬送了整个案件。他请求取消该决定，仍旧将罪犯交莫斯科革命法庭审判。

列宁得悉此事后愤怒异常，于1922年3月18日就惩处犯罪的共产党员问题致信俄共（布）中央政治局，他在信中首先狠狠地批判了莫斯科委员会庇护罪犯的行为，说执政党竟然庇护罪行严重的坏蛋，真是“可耻和荒唐到了极点”②，建议对莫斯科委员会给予严重警告处分，指出必须通告司法人民委员部，“法庭对共产党员的惩处必须**严于**非党员”③，党员干部知法犯法，就应该罪加一等。列宁还强调，要将所有试图通过对法庭施加影响而减轻党员罪行的要员统统开除出党，以此来杜绝任何减轻刑罚的可能性。

我们看到，列宁的这些努力旨在贯彻反腐败的法制原则，他心里清楚，国家法律的力量就在于无例外地执行，对于党员干部，更不能例外，更要从重处罚。对于袒护腐败分子的有关人员，也必须严厉无情地与之斗争。只有这样，才能让法制的力量显示出来，法制反腐才能真正发挥作用。

4. 建立监督机制

法制建设必须配以相应的监督机制才能发挥最大的作用，列宁深谙此理，他着力建构起一个完善的监督体系。

第一，机构监督。

列宁指出，工农检查院和中央监察委员会在监督官员是否贪腐的问题上扮演着重要角色。早在1918年5月，列宁就亲自领导人民委员会设立了监察人民委员部，该部门下设中央控告检举局，专门揭发与检举官员的违法乱纪、贪污受贿行为。1920年，该部门在大量吸收工农群众的基础上改组为工农检查院。列宁强调，工农检查院最重要的职责在于揭发各种犯罪行为，尤其是干部队伍的贪污受贿行为。这一思想为1923年4月召开的俄共（布）第十二次代表大会所确认，大会决议宣称：工农检查院的主要职责在于“调查和研究国家机关的领导人员和工作人员犯罪和不善经营的原

---

① 列宁全集：第43卷．北京：人民出版社，2017：504.

② 同①53.

③ 同①52.

因，同各种贿赂行为进行斗争”①。

除了工农检查院外，列宁还在 1921 年 3 月召开的俄共（布）第十次代表大会上亲自主持筹建中央监察委员会，大会通过的《关于监察委员会》的决议指出，中央监察委员会的任务是：同官僚主义和升官发财思想等现象做斗争。决议还强调，中央监察委员会的地位同中央委员会平行。1922 年 3 月，俄共（布）第十一次代表大会通过了《监察委员会条例》，该条例除了重申中央监察委员会具有独立的监察权及其他各项基本原则以外，又对原有的监察体制做了进一步的补充，从而完善了反贪污受贿的监察体制。1923 年，列宁又向党中央建议，将工农检查院和中央监察委员会结合起来，使监督机构能更有效地发挥作用。

第二，群众监督。

列宁指出，群众的广泛监督是消除贪污腐败的有力武器。在人民群众千千万万双眼睛的紧盯下，贪污受贿这种“道地的俄国现象”就不会再随处出现，反腐事业必须有人民群众的帮助才能成功。列宁十分欢迎和重视群众的来信来访，认为群众对干部贪污受贿行为的揭发、意见、申述等都是苏维埃发现相关罪行的重要途径。列宁要求各级机关必须认真对待群众的来信来访。如果出现有关机关无视群众来信来访的，人民委员会接待室就有权追究相关失职人员的责任，不管其级别如何。贪污受贿行为是任何政治改造和军事胜利都无法治好的毛病。要真正治好这种病，只能依靠广大群众，依靠他们的广泛监督。

5. 精简机制，去除腐败分子

列宁特别强调要发挥清党在反腐倡廉中的作用。他指出，有些人加入共产党和干部队伍并非为了革命与人民的事业，而是因为参加执政党的“引诱力”很大。由于执政党和权力的诱惑，许多身上没有丝毫无产阶级气息的人千方百计地混进共产党和干部队伍中来。这些追逐私利的人掌握权力后，政治局面就不可能好。

列宁指出，苏维埃决心清党，以此来清除“混入党内的自私自利分子和盗贼”②。根据俄共（布）第十次代表大会的决议，清党工作从 1921 年 8 月开始，1922 年 3 月结束。列宁撰写了一系列文章，为清党工作指明方

① 苏联共产党代表大会、代表会议和中央全会决议汇编：第二分册．北京：人民出版社，1964：296.

② 列宁全集：第 43 卷．北京：人民出版社，2017：14.

向，即要清除那些腐化、以权谋私的自私自利分子和异己分子。此次清党，共约有 16 万名党员被除名（占党员总数的四分之一）。借助于清党机制，苏维埃政权增强了党和干部队伍的纯洁性。

6. 加强思想政治教育

贪污受贿等腐败行为与政治教养和文化素养的缺乏有着密切的联系。列宁说："政治上有教养的人是不会贪污受贿的"①。文盲是滋养贪污受贿行为的土壤。贪污受贿的毛病最终只能通过提高文化的办法才能治好。因此，早在 1919 年 3 月召开的俄共（布）第八次代表大会上，列宁就提议制定专门的关于党员教育的学习提纲，希望借此不断增强党员干部的党性修养；1920 年 3 月俄共（布）第九次代表大会的闭幕词明确指出：党和干部队伍在迅速发展，但是思想政治教育工作却不能随时跟上，因此必须加强这个方面的建设。

1921 年春天，俄国实施新经济政策，对党员干部的思想政治教育工作更加重视，在列宁的倡议下，俄共（布）第十次代表大会通过了《关于政治教育总局和党的宣传鼓动任务》的决议，决议规定在全国各地建立各级各类党校，以对党员干部开展思想政治教育。根据决议的安排：在 1921 年年内，苏维埃俄国最低限度的计划目标是建立一所二年制的党大学、四所高级的党大学、若干所区域苏维埃和党务干部学校，努力使每个省都有若干所每年有 2～3 班学员毕业的高质量的苏维埃和党务干部学校，同时建立县级苏维埃和党务干部学校。这些学校的首要任务就是对党员展开思想政治教育，尤其是廉政教育，不断增强党员干部的党性修养，坚定其理想信念，强化其宗旨意识，筑牢其正确的人生观和价值观，使党员干部在思想上和行为上远离腐败。

言传身教，在一个法制不完善的国家里，国家高层的行为具有很大的示范作用。列宁深知这一点，因此他在生活中严格要求自己，廉洁奉公，以身作则。我们来看一个例子。俄国十月革命胜利后，为了防止党和政府的干部由"社会公仆"变为"社会主人"，人民委员会在列宁的主持下通过了《人民委员会关于高级职员和官员的薪金额的决定草案》，规定人民委员中无未成年子女的最高月薪为 500 卢布，有未成年子女的每个子女另增加 100 卢布。要求任何人都必须遵守这个相当于普通工人工资的待遇标准，否则就要受到法律的制裁。列宁是全俄人民委员会主席，工作繁忙，

① 列宁全集：第 42 卷．北京：人民出版社，2017：208.

而且要经常接待各地来访的群众和干部，开支大，因此每月 500 卢布的工资常常入不敷出。见此情况，时任人民委员会秘书的哥尔布诺夫指示总务处长布鲁耶维奇，从 1918 年 3 月 1 日起，将主席的工资从每月 500 卢布提高到 800 卢布。列宁知道此事后立即写信给布鲁耶维奇，指出："鉴于您直接破坏人民委员会 1917 年 11 月 23 日的法令，在取得人民委员会秘书尼古拉·彼得罗维奇·哥尔布诺夫同意后擅自提高我的薪金这一公然违法行为，我宣布给您以严重警告处分"①。可以看到，列宁并没有利用手中的权力为自己谋取私利，始终廉洁奉公。这无疑为广大党员干部树立了一个光辉榜样。

以上是列宁为锻造廉洁奉公的干部队伍所做的努力，我们从中可以感受到：（1）列宁的系统思维。遴选机制、薪金机制、法制反腐、监督机制、精简机制和思想政治教育共同组成一套反腐倡廉的组合拳。（2）列宁的法制思维。在所有这些努力中，列宁最看中的是法制反腐，在他看来，反腐倡廉最终得靠法制做保障。（3）列宁的知行合一。列宁不仅是贪污腐败的批判者，也是反腐倡廉的总设计师，更是做出了表率，"其身正，不令而行"，反腐倡廉就需要这样的引领者。

四、遵守法制

以市场经济为主体的新政改革内在地要求法制和遵守法制的干部队伍。为打造遵守法制的干部队伍，列宁主张从如下方面发力：一是树立"党在法下"的理念；二是强化立法，使干部队伍有法可依；三是构建独立的监督体系；四是严惩干部的违法行为；五是加强思想政治教育。

（一）病症、病因

新经济政策的实施内在地要求法制和遵从法制的干部队伍。苏维埃的党员干部本应是"勤恳工作和严格按法律办事的模范"②，但现实的情况是，不守法制已经成为苏维埃干部队伍的一大弊病。所谓不守法制，就是苏维埃的党员干部弄不清权和法的关系，用现在流行的话语来说就是有权任性。干部队伍总是以为权力凌驾于国家法制之上。

---

① 列宁全集：第 48 卷．北京：人民出版社，2017：142.

② 列宁全集：第 35 卷．北京：人民出版社，2017：471.

1. 病症

一是习惯于以“当官的”自居。1919 年 2 月 14 日，列宁在对一个农民的询问的答复中描述了老百姓对于官员胡作非为的抱怨，地方当局，尤其是偏僻地方的干部“官架子”太大，作风“不民主”，有时简直就是任意妄为。这些以“当官的”自居的干部，全无法制观念，他们实际上是地主资本家的香火传人，习惯于生活在“无法纪的海洋”① 中。

二是要求“双重”领导，以躲避独立的司法监督。事情是这样的：1922 年 5 月，俄共（布）第九届全俄中央执行委员会第三次常会讨论了一个由司法人民委员部提交的有关检察机关职权和任免的条例草案，该草案的第五条引起了各方激烈的争论，该条规定：在检察机关职权和任免方面，地方检察长直接受苏维埃共和国检察长的领导，不受地方执行委员会的领导；地方检察长的任免、调动与停职也直接由共和国检察长决定，地方执行委员会不得干涉。这一规定的实质是要建立独立的司法监督权以维护国家的法制。对于这一规定，中央执行委员会的多数委员都持反对意见，他们主张，地方检察长应当既受中央机关（通过共和国检察长）的领导，也受省执行委员会的领导，是为“双重”领导。相关的专门委员会也通过了同样的决定。“双重”领导的实质就是干部要求躲避独立的司法监督，以继续生活在“无法纪的海洋”中。

三是追求免责、减责的特权。这也是苏维埃干部不守法制的表现之一。犯罪的干部总试图利用执政党的身份寻求免责、减责。关于这一点，从俄共（布）中央 1921 年 6 月 16 日关于党的机关与司法侦查机关的相互关系的通告信中可以看得清楚。通告信的第四条规定：司法机关必须将待审的共产党员交由党委委托的人员保释。第五条规定：党委必须在知悉案情后的三天内就案件的实质做出结论，这一结论将成为法庭审判的指示。说白了，就是预先做出审判结果。这些规定的实质，用列宁的话来说，就是党员干部在利用执政党的地位谋求从轻处理。

综上可见，苏维埃干部习惯于不守法制的生活，也在千方百计地为这种行为寻求便利。

2. 病因

苏维埃干部不守法制的原因很复杂，比较重要的是这样两个：

一是文化传统的影响。俄国经历了漫长的封建统治，封建统治有哪些

---

① 列宁全集：第 43 卷．北京：人民出版社，2017：426.

特点呢？列宁概括了其基本特征，即“宗法制度”、“奥勃洛摩夫精神”和“半野蛮状态”，其中，“宗法制度”“半野蛮状态”说的就是官员目中无法、有权任性的状态。封建官僚习惯于以“当官的”自居，在“无法纪的海洋”中任性而为。由于历史的原因，苏维埃干部队伍中保留了相当一部分旧官员，这批官员深受文化传统的影响，不守法制就成了其突出的特点。

二是地方官僚的利益和偏见。列宁指出，地方官僚的利益和偏见是维护统一法制的“最有害的”障碍。当法制与地方官僚的利益发生冲突时，官员首先想到的往往是维护自己的利益，于是法制的推行遭遇了最顽强的抵制。关于这一点，在接下来讨论“双重”领导问题时有鲜明的体现。

（二）开方

1. 树立“党在法下”的理念

早在 1918 年 7 月 10 日苏维埃颁布世界上第一部社会主义性质的宪法《俄罗斯社会主义联邦苏维埃共和国宪法》时，列宁就明确指出，国家宪法具有最高权威，苏维埃宪法是“高于”政党的。因此，党员干部在行使权力时必须心中有法，行为守法。1918 年 9 月 6 日，在致各人民委员部全体部务委员和人民委员的信中，列宁用《执行苏维埃共和国的法律！》一书的书名表达遵守法制的主题：要求所有公民尤其是党员干部必须“无条件地”严格执行苏维埃共和国的法律（这也是全俄苏维埃第六次非常代表大会于 1918 年 11 月 8 日通过的决定）。党员干部必须在法律的框架内行使权力，切不可逾越法律。在 1918 年 12 月 11 日致弗·德·邦契-布鲁耶维奇的信中，列宁还专门叮嘱收信人给《执行苏维埃共和国的法律！》这个关于执行法律的小册子拟一个较鲜明、较响亮和较明确的书名，以供出版。

2. 强化立法，使干部队伍有法可依

立法是法制建设的基础。要加强法制建设，首先必须制定完备的法律制度。立法工作早在苏维埃政权建立初期就开始了，在列宁的直接领导下，新政权在短短几年内就制定了以宪法为纲领的一系列社会主义性质的法律、法规，改变了无法可依的局面。转入新政改革时期之后，列宁更是强调立法工作的紧迫性和重要性，在他的领导下，苏维埃在 1922 年先后制定并颁行了《俄罗斯联邦刑法典》《检察监督条例》《苏俄法院组织条例》《俄罗斯社会主义联邦苏维埃共和国劳动法典》《俄罗斯社会主义联邦

苏维埃共和国土地法典》《俄罗斯社会主义联邦苏维埃共和国民法典》《俄罗斯社会主义联邦苏维埃共和国刑事诉讼法典》等国家的基本法律，随后的1923年初又颁布了《俄罗斯社会主义联邦苏维埃共和国民事诉讼法典》。在苏俄实施新政改革不到两年的时间内，苏维埃政权就初步建立了以刑法典、民法典、劳动法典、土地法典和诉讼法典等为核心的门类齐全的社会主义法律体系。对于这种立法速度，列宁在1922年10月举行的第九届全俄中央执行委员会第四次常会上指出，像苏维埃这种立法速度，其他大国“还未有过”①。

在新政改革时期制定的这些法典中，列宁最为关注、指导最多的是民法典和刑法典的制定。这是为何呢？因为这两部法典可以说最充分地体现了新政改革的利益，具体说来，民法典规定了公民有什么权利，尤其是在经济生活方面的权利，即合法从事商业经营活动，通过诚信经营而获取财富的权利，这是新政改革利益的重要方面；刑法典则规定了公民在经济生活方面不能做什么，即什么是“滥用新经济政策的行为”。民法典和刑法典的制定就是要告诉全体干部：不能侵犯公民应有的权利，尤其是通过诚信经营而获取财富的权利，一切侵犯这些权利的行为都将受到严惩。这两部法典集中地体现了新经济政策的利益，也给干部的行为赋予了规范。

列宁关于两部法典的制定有如下指导：其一，必须保障公民权利。必须将公民在有关新经济政策方面的权利确定下来，即在法律上满足全体公民关于经济流转的要求。列宁特别叮嘱，在这个方面一定要吸收欧洲立法中保护公民权利的相关内容。其二，要明确规定什么是“滥用新经济政策的行为”，规定严厉的处罚标准。列宁指出，在这个方面，不要因袭资产阶级的民法概念，苏维埃不承认在经济领域有任何“纯私人”性质的东西，即不存在国家法律的禁区，要扩大国家对“私法”关系的干预。列宁指出，在扩大司法干预经济生活方面苏维埃决不应也决不会束缚住自己的手脚。“一旦现实生活暴露出我们以前没有预料到的滥用新经济政策的现象，我们会马上作出必要的修正。”② 这就是制定民法典和刑法典的方向。

列宁明确指出，新法典的实质就是要“把叫做新经济政策的东西以法律形式最牢固地固定下来，以排除任何偏离这种政策的可能性”③。法律

① 列宁全集：第43卷．北京：人民出版社，2017：250.

② 同①.

③ 同①246.

（尤其是和新经济政策直接相关的民法典和刑法典）存在的意义就在于为新政改革保驾护航，有了这些法典，党员干部应当做什么、能做什么、不能做什么就有了明确的规定，干部才可能依法办事。

3. 构建独立的监督体系

第一，政务公开。

列宁有关政务公开的思想是对马克思相关思想的继承和发挥。早在《莱茵报》时期，马克思就批判了普鲁士政府的严重弊端——秘密性，这种被笼罩在迷雾中的秘密政务让人民无从知悉，更无从监督。为此，马克思呼吁政务公开，他说："正如一切生物只有在**开阔的室外**环境中才能繁茂，真正的政治会议也只有在**公众精神**的密切保护下才能昌盛。"① 只有阳光政治才能为民众提供监督的前提，也只有民众的有效监督才能给官员施加压力，倒逼其遵纪守法。

列宁继承并发挥了马克思的上述思想，他指出，合乎理性的政务管理必须发挥"完全公开、选举制和普遍监督的'自然选择'作用"，要使"整个政治舞台都公开摆在大家面前，就像戏剧舞台摆在观众面前一样"②。这样，民众就能监督政府机关人员的一举一动，看其是否依法行政。在政务公开的具体做法方面，列宁有这样的设想：（1）建立工作报告制度，由负责的公职人员定期向群众报告政务工作，从而使民众能了解政务，并且有机会对苏维埃机关及其工作人员的工作提出批评；（2）刊印政府管理机关的工作通讯报告，这些通讯报告分发到每个地方的群众组织中去，以便群众更好地了解政府机关的具体做法，从而更好地推进国家法制化。

第二，否定"双重"领导，建立独立的司法监督权。

列宁深知，能否建立起独立的司法监督权是维护国家法制的关键。前面提到，各级官员为了躲避独立的司法监督而寻求"双重"领导，将监督、检查的机构和力量置于党委的领导下。列宁指出，这无疑会破坏苏维埃俄国的法制。

1922 年 5 月，列宁多次致信政治局，阐明"双重"领导对法制的危害并要求予以废除。在《〈论"双重"领导和法制〉一信提纲》中，列宁剖析了"双重"领导与法制的关系。他指出，国家的法制"只能有一个"，

① 马克思恩格斯全集：第 1 卷．北京：人民出版社，1995：162.

② 列宁全集：第 6 卷．北京：人民出版社，2013：132.

认识不到这一点就意味着没有“政治常识”①。检察机关是国家统一法制的捍卫者，其作用就在于监视法制，监督政府机关，看其有无违法行为，如有则坚决加以纠正，以此来维护统一的法制。“双重”领导是统一法制的障碍。这是因为，该政策意味着将检察机关置于地方党委的领导下，结果就是所有的监督都失去了其公正性的基础——独立性。试想，省检查院是省委的下属，其监督有可能是有效、全面的吗？列宁指出，要求“双重”领导说白了就是党员干部企图继续过那种“无法纪的海洋”的生活。在提纲的结尾部分，列宁总结出两个结论：（1）“双重”领导＝“地方官僚加地方影响”＝“劳动人民与政权之间最有害的障碍”；（2）“法制和文明至少应是统一的，而不是‘卡卢加省’的”②。列宁对“双重”领导和法制之间关系的剖析何其透彻。

1922年5月20日，列宁就“双重”领导和法制问题致信中央政治局总书记斯大林，系统阐发并进一步发挥了以上提纲中的思想。列宁在信中开门见山地指出，关于检察机关是否需要接受“双重”领导的问题“很重要”，建议将它提交中央政治局解决。接着，列宁剖析了全俄中央执行委员会多数委员要求“双重”领导的考虑：他们之所以主张对检察机关实行“双重”领导，取消检察机关对地方行政机关的决定提出异议的权利，主要原因在于“地方官僚和地方影响的利益和偏见”③。这是说，取消了独立的检察机关，地方官僚就能继续生活在“无法纪的海洋”中，继续保留“古老的俄罗斯观点”和“半野蛮人的习惯”④而免受任何处罚，因为他们总能从自己所在省的法制中找到免责依据。再接着，列宁旗帜鲜明地反对“双重”领导，要求独立的检察权，维护统一的法制。列宁指出，“双重”领导在原则上是“错误的”，它会妨碍苏维埃实行统一的法制。法制只能有一个，那就是“全俄统一的法制”，而不能有“卡卢加省的法制”“喀山省的法制”⑤。与此相联系，检察机关的职责就只有一件事情，那便是“注意使整个共和国对法制有真正一致的理解，不管任何地方差别，不受任何地方影响”⑥。说白了就是监督干部队伍，看

---

① 列宁全集：第43卷．北京：人民出版社，2017：425.

② 同①426.

③ 同①201.

④ 同①199.

⑤ 同①199.

⑥ 同①199.

其行为是否违反了国家法律。如果发现地方机关的决定同国家法律相抵触，那么检察长就必须对此提出异议。列宁在信的末尾建议，在当时情况下中央委员会应否决“双重”领导，规定地方检察机关只受中央的垂直领导，保留检察机关对地方政权机关的一切决议或决定提出异议的权利，从而使整个共和国对法制的理解保持一致，以此来促使行政官员遵守法纪。

1922 年 5 月 22 日，中央政治局以多数票通过了列宁的建议，否决了“双重”领导。政治局的决议中指出，“否决‘双重’领导，规定地方检察机关只受**中央机关**领导，保留检察机关从地方政权机关的一切决定或决议是否合乎法制的观点对它们提出异议的权利和义务，但无权停止决议的执行，而只有权把案件提交法院裁决”①。遵照此精神，司法人民委员部拟定了相关的《检察条例》，中央执行委员会常会批准了《检察条例》，该条例自 1922 年 8 月 1 日起施行。在列宁的保驾护航下，独立的司法监督权诞生了。

4. 严惩干部的违法行为

对于干部的违法行为，列宁历来主张依法严惩。在革命时期，农民控诉了某些干部的违法乱纪、乱整农民的行为，列宁指出，必须对这些违法的干部进行“无情的斗争”②，立即解除其职务并且给予最严厉的法律制裁。对于在工作中不依法履行职责、玩忽职守、敲诈勒索、贪污受贿、伪造文件的干部，列宁主张对其判处相应的徒刑；对于那些严重违法乱纪、欺压农民的干部，列宁主张就地审判，无条件枪决。在革命时期，布尔什维克处决了大批严重违反法纪的公职人员。

到了新政改革时期，列宁有关严厉惩治违法行为、维护国家法制的精神更是上升到国家制度层面，有例可证：对于前面提到的关于党的机关与司法侦查机关的相互关系问题，列宁两次致信政治局委员莫洛托夫，表达了自己的立场。在 1921 年 11 月 14 日的便条中，列宁明确指出，俄共（布）中央发布的通告信的第四条和第五条（对违法的干部从轻处罚）是“有害的”。在 1921 年 11 月 19 日的便条中，列宁再次表达了前一便条表达的观点，并且指出“对共产党员更要追究**法律**责任”③。对党员干部的

① 列宁全集：第 43 卷. 北京：人民出版社，2017：202.

② 同①152.

③ 列宁全集：第 42 卷. 北京：人民出版社，2017：279.

违法行为进行加倍严厉的处罚，这是“起码常识”①。唯此，才能消除任何利用执政党地位而得以从轻处理的可能性，从而让党员干部明白，国家法制是必须遵守的，有权不能任性，违法必须受到严厉的追究。

在列宁的直接参加下，俄共（布）中央政治局于 1921 年 11 月 24 日讨论了党委与司法侦查机关的相互关系问题。政治局责成司法人民委员部部务委员库尔斯基按照党员干部因违反法纪的案件交法庭审判时应加重判刑以及“消除任何利用执政党地位得以从轻处理的可能性”② 的精神，在一周内对整个通告信内容进行全面修改。1922 年 1 月初，俄共（布）中央颁布了《关于党委与司法侦查机关的相互关系问题》的通告信，废除了 1921 年 6 月 16 日的通告信，对党员干部的违法行为从重处罚就上升为国家意志。

5. 加强思想政治教育

列宁十分重视对干部的法制教育，前文提到，1921 年 3 月俄共（布）第十次代表大会召开后，明确做出了要在全国各地建立各级各类党校的决定。这些党校不仅对党员干部进行廉政教育，同时也对其进行全面的法制教育，教导党员干部知法、守法，在法律的规范下行使权力。另外，大会也要求大力进行思想启蒙。前面提到，旧的文化传统阻碍着法制的推行，“宗法制度”“半野蛮状态”顽强地抵制法律的推行，因此法制教育必须与思想启蒙并举。苏维埃俄国法律宣布了公民婚姻自由，但由于宗教习俗的影响，在农村，婚姻自由的法律往往成了一纸空文，这种情况甚至也发生在某些干部身上。为此苏维埃俄国加强了思想宣传，通过思想启蒙来克服宗教对世俗生活的影响。

在国家法制还不健全的情况下，国家领导人的行为起着强烈的带头作用。在遵守法纪方面，列宁严格要求自己，以身作则。有例可证：

例 1。1919 年 2 月，达尼洛夫纺织厂的工人代表致信列宁，请求给该工厂工人配给纺织品。列宁要求严格按相应的规章制度办事，他在回信中说：“由于这个问题是中央执行委员会主席团决定的，而根据宪法规定，中央执行委员会主席团**高于**人民委员会，所以无论我这人民委员会主席，还是人民委员会都无权改变此项决定。”③ 可见，在列宁心中，法纪高于

① 列宁全集：第 42 卷．北京：人民出版社，2017：437.

② 同①600.

③ 列宁全集：第 48 卷．北京：人民出版社，2017：464.

个人意志，哪怕是国家最高领导人的意志。

例 2。卡季扬是列宁的老朋友，她的侄子塔甘采夫教授因反苏维埃政权的罪行而被关押待判，卡季扬为此事几次致信列宁，请求从宽处理。列宁在 1921 年 8 月 10 日的回信中说，塔甘采夫被指控犯了严重的罪行，“罪证确凿”，不可能释放。1921 年 8 月 24 日，塔甘采夫被枪决。我们看到，列宁并没有因为老朋友的求情而置国家法纪于不顾，在他心中，国法高于人情。

例 3。拉甫连季耶娃是列宁多年的朋友，有一次她写了一份申请书寄给列宁，请求协助发还被没收的财物。列宁在 1921 年 8 月 31 日的回信中说，自己无论如何不能干预此类事情，能够给予的帮助就是教会并帮助他们，“按照俄罗斯联邦合法的**维护权利的斗争**的各项规则**为自己的权利而斗争**”[①]。一位遵守法纪、严于律己的领导人形象跃然纸上。榜样就是最好的老师，列宁的言行合一必定会对党员干部产生深刻的影响。

以上是列宁为锻造遵守法制的干部队伍所做的努力，我们从中可以感受到：(1) 列宁的系统思维。这是列宁在改善国家机关问题上的突出特点。树立“党在法下”的理念、强化立法、构建独立的监督体系、严惩干部的违法行为和加强思想政治教育共同构成一套组合拳。(2) 列宁的制度思维。在列宁看来，要让干部遵守法制，最根本的不是依靠某位领导人的强力意志，而得依靠制度建设，依靠独立的司法监督。这也就是他花那么大的力气反对“双重”领导的根本原因。(3) 列宁的知行合一。作为国家领导人，列宁并没有任性用权，而是时刻遵纪守法、以身作则，这对于锻造遵守法制的干部队伍是大有裨益的。

五、改造“改造者”

列宁指出，党和国家的高层、工农检查院、司法机关以及人民群众是改善国家机关的“改造者”，但这些力量因各自的问题而难以发挥应有的作用，因此，必须改造“改造者”。列宁的具体思路是：将党和国家的高层从“琐事”的泥潭与各人民委员部的纠缠中解放出来；将缺乏威信和臃肿低效的工农检查院改造成威信高、精简干练的新型机关；将“软弱无力”的司法机关改造成铁面无私、果敢有力的国家力量；通过扫盲与政治

① 列宁全集：第 51 卷．北京：人民出版社，2017：248.

教育等手段提升人民群众的文化水平和政治素养。

（一）改造党和国家的高层

党和国家的高层陷入无谓的忙乱状态中。列宁指出，党和国家的高层肩负着改善国家机关的重任，但现实情况却不尽如人意，人民委员会和劳动国防委员会最根本的问题在于陷入无谓的忙乱状态中，这种忙乱状态表现为：高层深陷文山会海之中，忙着处理一些琐事，耗费了宝贵的时间；高层不善于摆脱各人民委员部的纠缠，后者总企图将本应自己解决的事务提交给人民委员会和劳动国防委员会，高层疲于应对。针对这些问题，列宁提出了以下解决思路：

一是强调高层的主要职责是检查实际工作。列宁指出，国家高层并没有完全认识清楚自己的主要职责，有些大员还认为主要职责是进行机构改组，列宁对此多次提出批评，他一再强调，高层的主要职责在于检查实际工作并挖掘人才，监督各部门的工作是否实干高效，是否遵纪守法。列宁说："我们需要的不是新的法令、新的机构和新的斗争方式。**我们需要的是考查用人是否得当，检查实际执行情况……考查人和检查实际执行情况**——现在全部工作、全部政策的关键就在于此，全在于此，仅在于此。"① 在列宁看来，这就是高层的首要职责，检查实际工作和考查人，发现干部队伍中有官僚主义、拖拉作风、违法乱纪和贪污受贿的，就加以严厉惩处。高层一定要弄清自己扮演的角色，即首先是一个手持鞭子狠狠抽打官僚主义和拖拉作风等弊病的国家高层人员。

二是把副主席的检查工作用制度固定下来。列宁对高层每周下基层检查工作的时间和次数做了制度性的安排：每位副主席每周下基层检查工作的时间不得少于两小时，要按顺序对机关上层和基层的各个部分，而且是"最意想不到的"部分进行深入检查，每次检查都要做详细的书面记录和书面决定，如果发现存在官僚主义、拖拉作风和违法乱纪的，就要对相关责任人进行严厉处分。

三是发挥办公厅主任和小人民委员会的过滤作用。既然国家高层遭遇各人民委员部的纠缠，后者习惯于将自己部门的琐碎问题提交到人民委员会和劳动国防委员会，那么就要建立起一套过滤机制。列宁指出，人民委员会和小人民委员会的办公厅主任应当扮演过滤者的角色，其职责在于

---

① 列宁全集：第 43 卷. 北京：人民出版社，2017：15.

“严格把关”，要事先将提交的问题过滤“三遍”，将一切琐碎问题交给小人民委员会以及劳动国防委员会的办公会议去处理，或者打回去要求各人民委员部自行解决，以此减轻大人民委员会和劳动国防委员会的负担，使高层能集中时间检查实际工作。

四是规定每周开会的时间和次数。列宁指出，应当规定，高层每周参加会议的次数和时间是：人民委员会 1 次＋劳动国防委员会 1 次，每次不超过两小时。除此以外，任何会议都不参加，“坚决”不参加。

五是撤销多如牛毛的委员会，阻止成立新的委员会。列宁指出，苏维埃国家存在各式各样的委员会，这些委员会中的十分之九是没有必要存在的，因此副主席要尽可能避免参加这些委员会，而且要阻止成立新的委员会，在不得不过问委员会的工作时，副主席也要避免亲自参加，副主席所做的工作应当仅限于最后批准委员会的决定。

（二）改造工农检查院

在列宁看来，工农检查院是苏维埃政权重要的国家监察机关，其主要任务是：监督各个政府机关和经济管理机关的活动，同官僚主义、拖拉作风、违法乱纪、贪污受贿做斗争，检查苏维埃政府决议和法令的执行情况等。一句话，工农检查院在改善国家机关的问题上扮演着重要的“改造者”角色。

那么，现有的工农检查院是否称职呢？列宁给出的答案是否定的。列宁指出，工农检查院存在这样的缺陷：缺乏威信、臃肿低效。首先是缺乏威信。工农检查院只是一个部级机关，当它要监督、检查级别较高的大员时，常常威信不够。其次是臃肿低效。工农检查院从工农群众中吸收了大量人员，达到了上万，这就导致机关臃肿，同时由于工农群众的文化素质较低，在履行职责时往往有心无力，结果整个工农检查院工作效率低下。这些都阻碍了工农检查院改善国家机关的事业。如何改变工农检查院现存的问题呢？

一是赋予工农检查院最高的威信。在不晚于 1923 年 1 月 9 日的《〈我们对工农检查院怎么办?〉一文提纲》中，列宁要求提高工农检查院的机动性和威信，方法是让中央委员直接领导工农检查院，委员们轮流出席工农检查院部务会议。列宁指出，通过这种办法就可以立刻提高工农检查院的威信。需要顺便交代的是，这些直接领导工农检查院的中央委员是从工农群众中新提拔上来的，这些人有干劲、忠诚于苏维埃，怀有改善国家机关的强烈愿望，因此由他们来领导工农检查院，不仅能提高工农检查院的威信，而且注入了改善国家机关的决心和意志。

二是精简队伍。现有工农检查院的工作人员多达一万两千人，机构臃肿，这就需要精简队伍。列宁指出，要这样改善工农检查院的人员构造：选出几十名认真、负责和忠诚的中央委员直接参加工农检查院，而工农检查院的工作人员则大幅缩减至数百人。经过一番精简，工农检查院成员不超过五六百人（含中央委员）。

三是实现检查队伍的专业化、专家化。改善国家机关是一项高度专业化的工作，需要有专业的知识，普通群众是不胜任的，必须要有“高度熟练的专家”①，因此改造的方向就是要使工农检查院的队伍专业化、专家化。列宁指出，通过实现检查队伍的专家化，就能将工农检查院“从检查一切的机关变为人数不多但属第一流的检查员的集合体”②。这些专家对国家机关的运转及缺陷、对它的劳动组织问题有着深刻的把握，同时又掌握着高超的检查、侦查方法，因此这样的工农检查院就能对国家机关的工作开展最内行的普遍监督，检查其实际执行情况，从而改善国家机关。

四是提高工农检查院职员的待遇。在过去，工农检查院的职员通常都是靠施舍过日子，待遇低，结果其独立性就得不到保障。为了转变这种状况，使工农检查院职员的工作获得“最大限度的独立性”，列宁主张给予工农检查院职员“很高的薪金”③，具体办法是将该部人员缩减到几百人，将腾出来的薪金给予专家。

通过以上努力，列宁力图打造出一支威信高、精简干练的检查队伍，这支队伍能真正肩负起改善国家机关的重任。

（三）改造司法机关

司法机关在打击干部队伍的官僚主义、拖拉作风、贪污受贿等行为中发挥着十分关键的作用。对于官僚主义的弊病，单纯的立法和监督是不够的，必须配以强有力的司法惩治才能产生效果。那么，现有的司法机关是否认识到并履行好自己的职责呢？列宁的回答是否定的。

---

① 列宁全集：第43卷．北京：人民出版社，2017：347.

② 同①.

③ 同①441.

列宁指出，司法人民委员部的工作还完全“不适应”新经济政策的要求，新政改革要求司法人民委员部表现出特别强的“战斗性”（这种战斗性在革命时期主要体现在陆军人民委员部和全俄肃反委员会之上），可是现有的司法人民委员部却没有理解这一点，它表现出来的状态是软弱无力的。列宁对司法人民委员部的这种病症提出了严肃的批评，他说：“我们的司法人民委员部是否在睡大觉？……看来司法人民委员部不懂得，新经济政策需要用**新**办法给予**新的严厉的**惩罚。”① 作为同官僚主义、拖拉作风、贪污受贿等弊病做斗争的主力军，司法人民委员部不清楚自己的职责，缺乏刚毅、果断和不留情面的精神气质，这是很严重的问题。如何改变司法机关现存的问题呢？

一是改变气质——从顾情面到不讲情面。列宁指出，司法人民委员部应当做到法不容情。具体做法是：对任何人都不讲情面，不管办事人员和机构是何等“级别”，只要有官僚主义、拖拉作风等弊病，司法人民委员部均严加惩处；要对犯有同样过失的党员干部给予更重的处罚，不能因为犯错者是共产党员，为革命做过贡献而网开一面；要对有官僚主义、拖拉作风等弊病的党员干部进行公开审判。列宁指出，对上述弊病的公开审判既能使每一次审判都成为“有政治影响的”事件，使判决给人以强烈的震动，从而打破那种广为流传的党员干部可以不受惩处的观念；同时也是改变司法人民委员部气质的有效手段，公开审判能倒逼出司法人民委员部的铁面无私。

二是改造人员构成。列宁指出，司法人民委员部必须从共产党员中物色、吸收一些处理官僚主义、拖拉作风等有经验的、精明的、严厉的专家。列宁特别提到要吸收行事果断、严厉的共产党员索斯诺夫斯基进司法人民委员部。这些专家的加入能给司法人民委员部注入行事果断、铁面无私的气质。

三是改造作风。要按照军事规则来同官僚主义、拖拉作风、贪污受贿等弊病做斗争。列宁向司法人民委员部部务委员库尔斯基建议，要切实地按照军事斗争的艺术和规则来同干部队伍中存在的官僚主义等弊病做斗争；要做到刀刃向内，充分发扬铁面无情、迅猛果敢、敢斗善斗的军事斗争艺术，通过作风改造推进对司法人民委员部的改造。

四是构建新的评价标准。列宁指出，在评价司法人民委员部部务委员

---

① 列宁全集：第 52 卷．北京：人民出版社，2017：255－256.

和工作人员的工作时，应当先追问他："在你监禁的共产党员中有几个判刑比犯同样过失的非党人员更重？你监禁了多少个犯有官僚主义和拖拉作风罪过的官僚主义者？"① 如果他回答不出来，那就证明他不懂得也没有能力履行好自己的职责，就应该认为这样的司法人员毫不中用，应当将其撤职。

(四) 改造人民群众

在列宁看来，同官僚主义、拖拉作风、贪污受贿等弊病做斗争的先决条件及取得最终胜利的保障是有文化、高素质的人民群众。如果人民群众没有文化和政治觉悟，那么官僚主义等弊病是无法根除的。可以说，在改善国家机关的问题上人民群众扮演着最重要的"改造者"角色。那么，俄国民众的文化水平和政治素养是否达标呢？列宁给出的答案是否定的。

列宁指出，苏维埃俄国的法律是"很好的"，因为它使每一个人都有机会同官僚主义、拖拉作风、贪污受贿等弊病做斗争，这是任何资本主义国家都不可能做到的。但是，苏维埃国家的工人和农民能利用好这种机会吗？不能。甚至许多共产党员都不会利用这种机会。是什么阻碍了群众的斗争呢？存在于俄国群众身上的最大问题就是文化素质低。关于这一点，列宁在一次报告中强调，新政改革时期的俄国有"三大敌人"，其中一个就是"文盲"，人民群众的文化水平普遍较低，文盲大量存在。列宁说："只要在我国还存在文盲现象，那就很难谈得上政治教育。这并不是政治任务，这是先决条件，没有这个条件就谈不上政治。"② 俄国群众的文化水平低，这就决定了他们无法完成同官僚主义、拖拉作风、贪污受贿等弊病做斗争的任务。针对这些问题，列宁提出了以下解决思路：

第一，扫除文盲并在此基础上提升群众的文化水平。

列宁在多个场合、多次报告中强调了扫除文盲的必要性，它是提升群众文化水平和政治素养的前提。扫除文盲固然重要，但仅仅会识字是不够的，还要努力提升群众同官僚主义、拖拉作风、贪污受贿等弊病做斗争的文化素养。列宁指出，拖拉作风和贪污受贿是任何政治改造与军事胜利都无法治好的弊病，要治好只能靠提升人民群众的文化水平和政治素养。当群众的文化水平和政治素养被提高到一定程度后，他们才能掌握同拖拉作

① 列宁全集：第 42 卷．北京：人民出版社，2017：437.

② 同①210.

风和贪污受贿等弊病做斗争的"艺术"。因此，努力的方向就很明确了：扫除文盲，并在此基础上提升群众的文化水平和政治素养。教育的作用就凸显出来了。

第二，敲打和指导政治教育委员会。

在苏维埃俄国，肩负着扫除文盲、提升群众文化水平和政治素养的主要机构是哪个呢？是政治教育委员会。政治教育委员会是根据苏维埃人民委员会 1920 年 11 月 12 日的法令成立的，直接隶属于地方各级国民教育部门。政治教育总委员会是各地政治教育委员会的总指导。

肩负着重要职责的政治教育委员会是否充分认识到自己的责任呢？列宁认为并没有。他批评了政治教育委员会的工作。人们常常会问政治教育委员会：如何才能消灭贪污受贿现象？这时政治教育工作者往往会回答："这事不归我们管"，"关于这个问题我们已经出了小册子和布告"①。列宁指出，这就表明政治教育委员会没有充分认识到自己的职责。政治教育工作者的职责不仅仅在于教人读书写字，更在于要使一切事情都有"结果"，即要教会人民群众同官僚主义、拖拉作风、贪污受贿等弊病做斗争，这才是有"结果"。

在批评的基础上，列宁正面指导政治教育委员会的工作：

一是要明确职责。列宁强调，政治教育工作者要认识到，自己的职责首先在于扫除文盲，教会人们识字，然后在此基础上提高人们的文化水平，使他们更有文化，从而能够掌握同官僚主义、拖拉作风、贪污受贿等弊病做斗争的艺术，使俄国的农民和工人有可能用自己的本领来改善国家的状况，尤其是国家干部的素质。这是政治教育委员会最重要的职责。只有实现上述目标，政治教育委员会才算完成自己的职责。

二是要增强紧迫感。列宁指出，政治教育委员会要明白，提高群众的文化水平是"最迫切的任务之一"②，这是因为，经济改革必然伴随着对政治改革的要求，如果不能尽快为新政改革锻造出一支富有才干、务实高效、廉洁奉公、遵守法制的新型干部队伍，苏维埃就无法真正将新政改革推进下去。要做到这一点，就必须提高群众的文化水平和政治素养，因此这一要求是迫切的，政治教育委员会必须充分认识到这一点。列宁在 1921 年 10 月 17 日召开的全俄政治教育委员会第二次代表大会上的发言结

---

① 列宁全集：第 42 卷．北京：人民出版社，2017：208－209.

② 同①206.

尾处指出，希望政治教育委员会认识到新经济政策对自己提出的急迫任务，并以这次大会为契机，在提升群众文化水平方面取得“更大的成就”①。列宁的迫切期待跃然纸上。

三是要有坚韧不拔的精神。列宁指出，文化任务和政治任务、军事任务不同，后两者可以通过群众的热情和牺牲精神即强攻而在短时间内迅速完成。文化任务是改造广大群众的事业。十年树木，百年树人。扫除文盲是一项长期的工作，在此基础上教会群众同官僚主义、拖拉作风、贪污受贿等弊病做斗争的艺术，更是需要一个“较长的时期”②。因此，政治教育工作者应当充分认识到这一点，要充分发扬“坚韧不拔、不屈不挠、始终如一”③ 的精神。苏维埃的政治教育工作者如果没有这些品质，就无法顺利地完成政治教育的使命。

第三，亲自为扫除文盲与群众教育事业争取资金和供应。

理念确定后，就要通过切实的行动将其现实化。要扫除文盲和提升群众的文化水平和政治素养，就必须关心教育事业，解决教育事业面临的难题。从当时的情况来看，教育事业面临的最大难题是资金和供应问题。以时间为线索，我们来看列宁是如何亲自为教育事业争取资金和供应的。

一是为教科书出版争取供应。经过多年的战争，苏维埃俄国遭受了巨大创伤，财力匮乏，因此能投入教育的资金少之又少。1921 年 6 月，副教育人民委员利特肯斯致信列宁，信中说，由于资金不足的缘故，教科书出版工作将会在新学期开学前陷于停顿。获悉此事后，列宁致信人民委员会办公厅主任哥尔布诺夫，请该同志弄清能给予教育事业什么样的帮助。他还特别询问，能否将教科书印刷厂列入已经实行集体供应的名单。在列宁的直接关怀下，教科书出版工作顺利进行。

二是力推能改善教育机构供应的方案。为改善教育机构的供应，教育人民委员部起草了一份名为《关于改善学校和其他教育机构供应措施的决定》的方案，方案有两条主要的建议：(1) 建议让本地居民特别是农民负担学校教育的部分费用；(2) 允许教育人民委员部下属机构开办和租赁企业。教育人民委员部希望通过这些措施来改善学校的经济状况以及减轻教师和学生挨饿的程度。但是，方案遭到了中央政治局委员季诺维也夫的反

① 列宁全集：第 42 卷．北京：人民出版社，2017：212.

② 同①211.

③ 同①211.

对，理由是方案“操之过急”并且存在“某些错误”（主要是方案的条款会削弱“苏维埃政权掌握学校”这条原则），方案面临夭折的危险。列宁知悉后于1921年9月8日致电季诺维也夫，明确表示自己完全认同方案的条款，方案是完全正确的，不会削弱“苏维埃政权掌握学校”这条原则，希望季诺维也夫不要再反对方案。1921年9月9日，方案得以通过，上升为法令。列宁在法令通过的第三天就致信教育人民委员部部务委员卢那察尔斯基，敦促后者尽快颁布改善供应的实施细则，抓紧落实。

方案虽然通过了，但依然有人对此提出异议，政治局委员加米涅夫就是其中之一。为了更好地推行法令，列宁于1921年9月12日和15日之间致信小人民委员会，信中指出，鉴于政治局委员加米涅夫对改善学校供应措施的方案提出异议，建议在加米涅夫的参加下对该项草案再做一次审议。1921年9月15日，在加米涅夫的参加下，小人民委员会再次审议并通过了《关于改善学校和其他教育机构供应措施的决定》。可以看到，在改善学校供应的问题上，列宁扮演着启动者、督促者和护航者的角色。

三是要求关闭大剧院，将节约的资金用以群众教育。1921年8月25日，教育人民委员部部务委员卢那察尔斯基致信列宁，请求接见并商谈莫斯科艺术剧院改组的问题。列宁拒绝接见，他于1921年8月26日回电，明确建议要将所有剧院都“送进坟墓”①。列宁指出，教育人民委员部首先要抓的不是剧院，而应当是“教人识字”②。同一天，列宁还致信副教育人民委员波克罗夫斯基，请该同志千方百计地影响卢那察尔斯基，让这位部务委员力抓扫盲工作、职业教育和统一劳动学校，千万别让他管剧院！

卢那察尔斯基并没有如列宁所愿，依旧要求保留大歌舞剧院并为此奔走呼号。1922年1月初，人民委员会通过了卢那察尔斯基提出的保留大歌舞剧院的建议。列宁知悉后，于1922年1月12日致信俄共（布）中央政治局，建议政治局做出这样的决定：（1）撤销人民委员会关于保留大歌舞剧院的决定；（2）只允许莫斯科和彼得格勒保留几十名歌剧与芭蕾舞演员，并要求其做到收支相抵；（3）从节约出来的几十亿卢布中至少“拨出一半”③ 用以扫除文盲和建立阅览室。在列宁的建议和敦促下，俄共

① 列宁全集：第51卷．北京：人民出版社，2017：236.

② 同①.

③ 列宁全集：第52卷．北京：人民出版社，2017：175.

（布）中央政治局当天就通过了撤销人民委员会关于保留大歌舞剧院的决定。1922 年 11 月 16 日，根据列宁的建议，政治局提名柯列加耶夫为特别委员，委托他将国立剧院的津贴每年减少 3.5 亿卢布，直至关闭大剧院。这就意味着，歌剧事业只能寻求民间资本以维持生存。可以看到，在要求关闭大剧院、增加扫盲和国民教育资金的问题上，列宁扮演的是校正者角色，将国家资金用在刀刃上。

四是促使教育人民委员部的预算通过，不削减经费投入。1922 年初，由于经费紧张，俄共（布）中央政治局预算会议做出了准备大量缩减教育人民委员部的预算的决定。时任教育人民委员部部务委员克鲁普斯卡娅致信列宁，表达了对上述决定的反对意见，并陈述了保证国民教育经费的必要性。列宁获悉此事后十分重视，他于 1922 年 5 月 2 日致信瞿鲁巴和李可夫两位国家副主席，请两位副主席对教育事业给予支持，如有必要，此事还可以提交政治局讨论。1922 年 6 月 22 日，人民委员会原则上批准了教育人民委员部的预算。

以上是列宁为改造“改造者”所做的努力，我们从中可以感受到：(1) 列宁的系统思维。列宁是将改造“改造者”与改善国家机关的工作视为一个整体加以推进的，没有前者的进展，改善国家机关的任务是难以完成的。(2) 列宁的尽心竭力。改造“改造者”的许多工作是在列宁身体状况十分堪忧的条件下进行的，改造工农检查院的工作甚至已经被纳入其政治遗嘱。为了改善国家机关和改造“改造者”的事业，列宁可谓扮演了所有可能扮演的角色——弊病批判者、制度设计者、督促鞭策者、校正者、示范者，鞠躬尽瘁，死而后已。

改善国家机关的成效如何呢？布哈林 1928 年 7 月在联共（布）七中全会上的评价或许能给出答案。他说：“在培养干部上，我们面对世界历史同样有可为自己辩护之词”①。可以设想，如果列宁活得足够长久，改善国家机关和改造“改造者”的事业将取得更大的成绩。

---

① 布哈林文选．北京：人民出版社，2014：352.

第五章　新政改革的成效和命运

本章分析新政改革的成效和命运。以“顺民心、遵规律”为最高原则的改革成功了。一方面，新政改革发挥了大用，它让笑容重新回到了普通百姓脸上，使俄国生产力迅速恢复和提高；另一方面，它建立了对资本主义的监督和调控，有效克服了因资本主义的恢复而可能带来的弊端。新政改革发挥了大用且克服了副作用。

新政改革自其诞生之日起就遭遇坎坷，沉沉浮浮，最终于 1929 年即列宁去世后的第五个年头被终结了。新政改革的终结意味着俄国失去了一条通向共产主义的可能的道路。

一、硕果累累

根据前文的分析，新政改革是以“顺民心、遵规律”为最高原则，以国家资本主义为实践模式的改革，这种改革的成效如何呢？用一个词来概括，那便是“硕果累累”，新政改革真的“成事”了，实现了以退为进。“同个人利益相结合”的改革激发出农民、工人、业主、商人和专家的积极性，农业、工业全面复苏，商业蓬勃发展，国家资本主义在俄国确立并获得成功。“新经济政策的俄国”正向“社会主义的俄国”迈步前进。

我们先来看列宁和其他观察者对新政改革成效的评价。在 1922 年 11—12 月关于共产国际第四次代表大会的文献里，列宁有意识地评价新政改革对俄国总的影响。到 1922 年底，在实施新政近两年后，其结果如何呢？这次退却是真正拯救了俄国，还是结果不明呢？列宁明确指出，应对此问题做出“肯定的”回答，过去一年多的实践，绝对地证明了实施新经济政策的正确性。列宁对新政改革总的作用做了这样的概括：它让饱受战争之苦、虚弱不堪的苏维埃俄国恢复了生机。列宁还指出，由于新经济政策的推行，社会主义之于俄国已不再是一个遥远的未来，苏维埃已经将社会主义拖入日常生活，“新经济政策的俄国将变成社会主义的俄国”①。字里行间，我们能感受到列宁对新政改革成效的充分肯定，感受到他的欣慰之情。

我们再来看亲历者的评价，瞿秋白是其中有代表性的一位。1920 年 8 月，瞿秋白作为特约通讯员来到莫斯科，从 1920 年 8 月一直到 1922 年 12 月 21 日离开莫斯科启程回国工作，瞿氏见证了新政改革的整个发生、发展的过程。1921 年 7 月 6 日，瞿氏还受到了列宁的接见。1921 年 11 月 7 日，在俄国十月革命四周年的日子，瞿氏还聆听了列宁的演讲。可以说，瞿氏是一位对新政改革及其影响有着亲身体验和深入考察的亲历者，这些体验和观察凝聚成《赤都心史》一书。那么，在其眼中，新政改革给俄国带来了什么样的影响呢？

瞿秋白在《赤都心史》中描绘了新经济政策实施几个月后俄国的变化。复活节是俄国最重要的节日（1921 年复活节与五一劳动节同日），家家户户都会准备丰盛的食材，相当于中国的春节。瞿氏细心考察了 1921 年复活节的情景，并将它同之前的节日状况做了对比。他说：“革命后战祸相寻，政府行集权制及劳动券，已经两三年没有大大的过这佳节，食物菜膳不容易取得。今年第一年行新经济政策，开放商业，民间值此佳节，突现活泼泼的气象。”② 在过去的日子里，黑面包是民众餐桌上唯一的食品，中国茶已经是请客的佳味。而在 1921 年的复活节，每家餐桌上的食物比过去几年要丰盛得多，新鲜肉也能看到了。透过这个具体的例子及其评价，我们可以看到，瞿氏对新政改革的积极影响是充分肯定的。

可以看到，不论是列宁本人还是其他观察者，对新政改革的成效都是充分肯定的，这种评价也是主流评价。

上面我们对新政改革的成效做了一个总体描述，接下来具体分析新政改革在各个方面给俄国带来的积极影响。

（一）农业方面

农业方面的可喜变化体现为以下两个方面：（1）农民满意了，干劲

① 列宁全集：第 43 卷．北京：人民出版社，2017：306.

② 瞿秋白．赤都心史．上海：上海三联书店，2012：30.

足；（2）农业生产恢复，实物税的征收得到保障。

1. 农民满意了，干劲足

"农民满意了"这一点是非常明显的。随着实物税（当然还有自由流转）政策的推行，在军事共产主义时期农民心中所积累的不满烟消云散了。列宁指出，在1921年以前，农民暴动在俄国此起彼伏，连绵不绝。新政实施后，这种不满行径完全没有了，广大农民对自己目前的境况是"满意的"。新政给予了农民所渴望的东西——对美好生活的盼头。新政给农民提供了实现美好生活的平台和机会，只要勤奋劳作，就能谷物满仓，就能改善自己和家人的生活。在这种情况下，勤奋的农民还会有什么不满？关于这一点，我们也可以从瞿秋白的观察中得到进一步的证明。1921年中秋节，瞿氏在俄国友人家中拜访，其间遇到一位来自库尔斯克的农民，交谈中这位农民表达了自己对实物税的态度——"很满意"，可见新政真的是让广大农民满意了。

我们来看农民的干劲。新政改革无疑极大地激发了农民的干劲。列宁这样描述新政背景下农民的精神面貌："正是现在，农民精力充沛地、废寝忘食地重整自己的耕地，修复自己的农具、房舍、各种设施等等。"①可以看到，普通民众的要求其实很简单，给他们一个实现个人利益的空间，他们就会干劲十足。这种冲天干劲是农业增产、工业恢复的根本保障。

2. 农业生产恢复，实物税的征收得到保障

农民有干劲，农业恢复也就是自然而然的事情。据统计，1913年到1921年春天，俄国农业产量是逐年下降的，1921年秋天开始出现反弹，然后一路迅猛提升，到1925—1926年度，俄国的农业生产恢复到了第一次世界大战前的水平。就1921—1922年度（新政实施第一年）的情况来看，尽管当年遭遇了严重饥荒和其他诸多不利因素，但由于新政的激励，播种面积大大增加了，部分农民还雇了耕作助手，结果当年粮食产量相当不错，据列宁在1921年12月举行的全俄苏维埃第九次代表大会上提供的数字，1921年的农业产量已经达到第一次世界大战前水平的四分之三。新政改革的效果立竿见影。

农业的成就还体现在实物税的征收上。列宁在全俄苏维埃第九次代表大会上指出，新政实施的一年多以来，农民不仅战胜了饥荒，而且还向国

---

① 列宁全集：第43卷．北京：人民出版社，2017：266-267.

家缴纳了大量实物税，关键是苏维埃国家政权几乎没有使用任何强制手段，这在过去是不可思议的。根据 1921 年 12 月 23 日粮食人民委员部报送的总结数字，到 1921 年 12 月，国家征收到的实物税已经有 10 900 万普特，之后随着农业产量的快速提高，国家征收到的实物税也随之不断攀升。

农民有干劲，农业增产，实物税顺利征收，这些都充分表明同个人利益相结合的改革在农业领域取得成功。

（二）工业方面

工业方面的可喜成果体现为以下两个方面：（1）产业工人满意了，干劲足；（2）工业得到恢复。

1. 产业工人满意了，干劲足

经济核算制取代平均主义分配制度是同工人个人利益相结合的改革。这项改革的作用等同于实物税取代余粮收集制的作用。在平均主义分配制度下，干多干少一个样，而且所得甚至不能维持温饱，在这种制度下，广大工人尤其是勤奋的工人心生不满也就是自然而然的事情。这种不满情绪一方面体现为工业产量急剧下降，另一方面则体现为时有发生罢工事件。这一点列宁也坦率承认，他指出，工人阶级对军事共产主义政策存在不满，1921 年春天，莫斯科和彼得格勒的工人有过“不满”。

经济核算制的实施为工人实现个人利益打开了一个空间。新政改革真的是开辟了一个新的时代，在这个新的时代，工人可以凭借勤奋劳动而获得更好的物质回报，多劳多得，甚至还有额外的物质奖励。这如何让工人不心动？勤奋的工人还能有什么不满？在看顾个人利益的政策下，工人必定干劲十足。列宁清楚地揭示了这一点，他说：“也正是现在，产业工人同样精力旺盛地改进劳动工具，用新的劳动工具来代替已磨损的劳动工具，修复破旧不堪的或受到破坏的房屋等等”①。所谓“现在”就是新经济政策开辟的新的时代——一个充满盼头和干劲的时代。

除了经济核算制，租赁制也是对工人的利好政策，个体工人或工人联合组织通过承租企业，用心经营，也能获得许多利润。这同样让工人干劲十足。

关于工人的满意状况，我们也可以从瞿秋白的观察中得到验证。1921

① 列宁全集：第 43 卷．北京：人民出版社，2017：267.

年 5 月 20 日，瞿氏在莫斯科散步，其间听到工人们在兴高采烈地交谈。他们提到，自己现在的薪水快赶上先前的十倍，而且工厂还发口粮。① 这让他们非常满意。可以看到，工人们在这里提到的其实就是经济核算制给他们带来的利好。按劳分配使勤劳个人的收入快速增加，集体供应制也保证了效率高的企业的供应，这也让工人们获得实惠。一句话，工人们因看顾其个人利益的新政策而欢欣鼓舞、干劲十足。

2. 工业得到恢复

工人有干劲，工业的恢复也就是水到渠成的事情。我们先来看轻工业的恢复情况，列宁用了“普遍的高涨”② 一词来形容其恢复状况。列宁指出，正是由于轻工业的高涨，因而俄国工人，尤其是莫斯科和彼得格勒工人的生活状况有了较大改善。轻工业和食品工业的工资增速明显高于五金、化工行业的工资增速。轻工业的快速恢复是同工业改革（经济核算制）密切相关的。小工业也得到了快速发展。1921 年 10 月 29 日，列宁在莫斯科省第七次党代表会议上关于新经济政策的报告中专门举例来说明这一点。由于实行了租赁制，许多农民承租了小矿井，这些矿井是按照国家资本主义的原则经营的，即承租人在缴纳了规定的租金后，剩下的产品都是自己的。从现实情况来看，这些出租的小矿井的生产状况非常好，开采出了大量煤矿，出租人也自觉地将开采量的 30％作为租金交给国家，整个过程没有强制，完全是自愿的。列宁指出，退回资本主义让俄国的小工业活跃起来了，生产效率也提高了。正是在这种国家利益同个人利益相结合的机制中，小工业得以快速发展起来。

同时，重工业也在缓慢恢复。重工业的恢复需要大量资金、资源，苏维埃俄国无法从国外获得这方面的贷款或援助，因此其恢复速度是无法与轻工业和小工业相比的，但是由于新政改革的作用，这方面的境况也在改善。燃料、煤炭、生铁等资源的开采工作有进展。这是重工业恢复的前提条件。由于采用了经济核算制，上述资源开采部门工人的干劲也提上来了。以煤炭的开采量为例，1921 年预计的开采量是 14 300 万普特，结果开采到 18 400 万普特，完成率为 128％。其他部门的开采情况大致相同。列宁指出，不管 1921 年有多么困难，不管压在苏维埃身上的担子有多么沉重，“我们毕竟在前进，我们毕竟走上了正确的道路，只要竭尽全力，

① 瞿秋白．赤都心史．上海：上海三联书店，2012：34.

② 列宁全集：第 43 卷．北京：人民出版社，2017：285.

我们就可望取得更大的进步”①。

除了各类资源开发的进展以外，苏维埃国家也为重工业的恢复积累了初始资金。列宁指出，这个方面的成绩主要是商业活动带来的。由于开放了商业，国家得以征税，1921—1922 年度，苏维埃政权征收到了2 000万金卢布的商业税收，这笔税收成了恢复重工业的初始基金。列宁指出，这笔基金对于恢复大工业而言远远不够，但总算有了一个“开端”，通过商业苏维埃获得了发展重工业所需的专项资金。这个意义足够巨大。

同个人利益相结合的改革给俄国整个工业带来生机，成效已经显现出来。

（三）租让事业

租让制是新政改革的主要内容之一，它的成败也就是新政改革的成败。租让事业是否取得了成功呢？列宁给出的答案是肯定的。我们可以从量的突破和企业效益两个方面加以分析。

1. 租让企业的数量迅速增加

苏俄的租让企业主要有两种类型，一种是由外国资本家独立经营的纯租让企业，另一种是合营公司。两种租让企业都在发展。第一个外资独立经营的租让企业是哈默承租的石棉矿公司，之后苏俄的外资企业逐年增加。哈默不仅自己在苏俄投资设厂，而且还劝说美国汽车大王亨利·福特到苏俄开办企业。在哈默的游说以及利益的驱使下，福特也在苏俄建厂，批量生产汽车（嘎斯车）。

合营公司的数量也在增加。所谓合营公司，是指苏维埃国家同外国资本家联合投资经营的企业。当然，由于苏维埃缺乏资金，所以苏维埃的投资主要体现为提供劳动力、承担基础建设工程等形式。列宁十分关注合营公司的建立，并将其视为苏维埃国家建设的重要成就。在 1922 年春召开的俄共（布）第十一次代表大会上，列宁谈到了合营公司组建的情况。到 1922 年 3—4 月，苏俄批准建立的拥有百万资本的合营公司有 17 个，其中对外贸易人民委员部办了 9 个，财政人民委员部办了 6 个，白海北部地区森林工业特别管理局也办了 2 个。列宁指出，尽管数量不多，但这

① 列宁全集：第 42 卷．北京：人民出版社，2017：356.

毕竟是一个良好的开端，表明苏维埃在租让事业上取得了“一点成绩”①。据统计，到 1924 年 5 月，苏维埃俄国拥有的租让企业达到 70 个，具体分配情况是：工业领域 31 个，外贸领域 23 个，交通运输业 8 个，农业领域 7 个，建筑工业 1 个。在工业领域，租让企业集中在生产资料的生产部门，其中约 60％又集中在石油、矿物开采和木材采伐与加工的部门。②

2. 租让企业带来巨大效益

总的来看，租让企业还是给苏俄带来了巨大效益。在此举例说明，奇阿图拉锰矿（位于格鲁吉亚西部）十月革命后被苏俄收归国有，但苏俄政府无力经营，列宁等人主张将其出租。在 1921 年 4 月 5 日致格鲁吉亚负责人的信中，列宁交代了有关奇阿图拉锰矿出租的事宜，指出可以将锰矿出租给德国人或意大利人，最重要的是，租让问题的解决要“极其迅速”③，这一事业不论是对格鲁吉亚，还是对俄罗斯联邦，都具有巨大意义。由于各方面因素的考虑，锰矿出租并没有迅速成行，经过几年的谈判和选择，1926 年 6 月苏联政府才将该矿出租给哈里曼公司。

哈里曼公司在承租锰矿企业后投入了大量资金用于设备更新和技术改造，彻底改变了过去手工开采和畜力驮运的落后状况。这种革新带来了积极变化，1922—1923 年度苏联的锰矿开采量仅为十月革命前的 6％，到 1929 年这个数字迅速上升到 40％，哈里曼公司的先进设备和技术功不可没。苏维埃获得了其中一部分锰矿石，然后利用这些矿石换回了大量外汇。同时，锰矿开采也解决了部分工人的就业问题，据统计，在 1926 年，无论在采矿业的总产值方面，还是在劳动力的总人数方面，租让企业都占 30％，租让企业在解决就业问题上出力颇多。④

租让企业的建立也提供了学习平台。在第四章讲干部如何学习、向谁学习的时候也提到，列宁主张通过合营公司来向资本家、专家学习如何经商，“和狼在一起，就要学狼叫”⑤。现实中合营公司也确实像学习经商管理的学校，为苏维埃培养了经济领域的人才。

---

① 列宁全集：第 43 卷．北京：人民出版社，2017：93.

② 闻一．列宁和苏维埃俄国的租让政策．世界历史，1980（1）.

③ 列宁全集：第 50 卷．北京：人民出版社，2017：207.

④ 同②.

⑤ 列宁全集：第 42 卷．北京：人民出版社，2017：260.

(四) 商业领域

商业领域可以说是新政改革发力的中心环节，也是列宁最为关注的，我们可以从商业蓬勃发展和卢布得到稳定这两个方面来考察新政改革给商业领域带来的积极变化。

1. 商业蓬勃发展

新政改革无疑带来了商业生活的蓬勃发展，这一点是观察者的共识。《曼彻斯特卫报》记者阿·兰塞姆在考察了苏俄的市民生活后指出，1922年苏俄的经济生活很“活跃”，大伙都在忙着买东西和卖东西，“耐普曼”阶层正在产生。瞿秋白对商业生活的繁荣景象也进行了具体和生动的描述，他观察到，在1921年3—4月刚开放商业的时候，小商人就欣欣然冒出头来，不但是小商人，包括“念书人”、夫人、小姐等都跑去摆摊。瞿氏描述道：“十字街间，广场两面，一排一排小摊子……人山人海。农家妇女、老人、工人、学生……种种色色人，簇拥在一处。这里一批白面包、香肠、火腿、牛奶、糖果点心，那里一批小褂、绒裤、布匹。一堆一堆旧书旧报、铁罐洋锅、碗盏茶杯……唔！多得很呢！”① 甚至连高傲的“贵妇人”也手捧金表、宝盒之类的贵重物品站在路旁兜卖。这真是一幅活脱脱的市井图！新经济政策激活了商业。1921年6月，瞿氏再次描绘了商业生活的繁荣景象：“亚尔培德街前，许多小孩子拿纸烟洋火叫卖，汽车马车穿梭似的来往，街窗里红玫瑰绣球花欣欣的舞弄它的美色，一处两处散见着新油漆的商号匾额——啊哎！热闹呢！”② 瞿氏对此颇为感慨，说“冬时”过去了，显然，“冬时”不仅仅指季节，更指军事共产主义所导致的商业萧条情景。新经济政策的推行起到放水养鱼之功，商业生活被彻底激活。

我们再来看贸易方面的发展。列宁在1921年12月23日全俄中央执行委员会和人民委员会的工作报告中列举了国内商业发展的业绩，1921年9月国内商业的贸易额是100万金卢布，10月的贸易额是300万金卢布，到11月就增加到600万金卢布。列宁指出，虽然总的数字还很小，但它们确凿地说明，国内贸易在不断向前发展。

对外贸易也在不断向前发展。列宁在1921年12月23日全俄中央执行

① 瞿秋白．赤都心史．上海：上海三联书店，2012：39.

② 同①.

行委员会和人民委员会的工作报告中总结了苏俄在对外贸易方面取得的成绩。一方面，苏维埃同许多发达资本主义国家签订了通商条约，在对外贸易的头一年就从国外购买了大量机器设备：订购了几千台机车，第一批订单已经到货；还订购了几百台油罐车，其中 500 台已经运抵俄国。列宁指出，“我们买这些东西都非常贵，贵得不得了”①，但这终究表明，苏俄开始在先进国家大工业的帮助下恢复国民经济。

就统计的数字来看，在进口方面，1918 年、1919 年和 1920 年三年的总进口量大约是 1 700 万普特，而 1921 年已达 5 000 万普特（其中，第一季度进口量约 300 万普特，第二季度是 800 万普特，第三季度是 2 400 万普特），这个数字比前三年的总数还要多两倍。在出口方面，1918 年、1919 年和 1920 年三年的总出口量仅为 250 万普特，而 1921 年一年的出口量就达到了1 150 万普特。列宁指出，尽管这些数字都微不足道，但它们表明苏俄有了一个开端，只要持续往这方面努力，就会不断取得更大的成绩。

2. 卢布得到稳定

总的来说，在稳定卢布方面苏维埃政权取得了辉煌成就。前面提到，卢布贬值问题是苏维埃建立正常货币关系的拦路虎，如果卢布持续贬值，那么币制改革乃至整个市场经济都无法建立起来。而要稳定卢布，最重要的就是消除庞大的财政赤字，到 1921 年俄国的卢布发行量已经超过 1 000 万亿，这背后折射的财政赤字是何其吓人。因此，列宁指出，真正重要的是“稳定卢布”和消除赤字，苏维埃要集中优秀的力量研究和解决这一问题。

关于如何稳定卢布和消除赤字的问题，我们在前文已经交代过了，列宁和财政人民委员部的思路概括起来就是开源节流。国家通过合理征税来增加财政收入，通过压缩政府开支和削减行政人员数量来减少财政支出。其成效如何呢？苏维埃取得了可喜成绩，1921 年纸卢布币值的稳定期还不到 3 个月，而 1922 年的稳定期已经超过 5 个月了。这表明在稳定卢布的问题上国家已经前进了。列宁指出，这个成绩在苏维埃俄国是一个了不起的成绩，“我们这些落后无知的人居然懂得了最重要的一件事，懂得了稳定卢布的条件”，这就可以“心满意足”② 了。苏维埃不是通过理论分

① 列宁全集：第 42 卷．北京：人民出版社，2017：341.

② 列宁全集：第 43 卷．北京：人民出版社，2017：284.

析，而是通过实践来证明自己做到了这一点。列宁说："实践证明，我们在这里取得了决定性的成就，就是说我们开始朝着稳定卢布的方向推动经济，这对于商业，对于自由的商品流转，对于农民和广大小生产者有极其重大的意义"①。我们从这些话中可以感受到列宁的激动和欣慰之情。稳定卢布，就为商品流转、市场经济的建立，为工农业之间的流转，最后为大工业的恢复奠定了基础。

（五）国家监督和调控资本主义的事业

国家监督和调控资本主义的事业无疑也取得了巨大进展，表现如下：

1. 监督和调控资本主义的立法不断推进

在列宁的亲自关心和督促下，苏维埃新民法和刑法的制定工作进展顺利。1922年10月31日，全俄中央执行委员会通过《苏俄民法典》（全称《俄罗斯社会主义联邦苏维埃共和国民法典》），自1923年1月1日起施行。《民法典》贯彻了列宁关于严惩一切滥用新经济政策的行为的思想主张，对"民事"关系进行了最广泛的国家干预。1922年5月24日，全俄中央执行委员会批准了《苏俄刑法典》（全称《俄罗斯社会主义联邦苏维埃共和国刑法典》），同年6月1日起施行。《刑法典》对各种犯罪行为的刑罚做了明确规定，尤其是对滥用新经济政策的行为规定了相当重的刑罚。

2. 监督和司法工作也在不断推进

在列宁的督促和鞭策下，国家的监督机关如工农检查院和司法机关如人民法院等都行动了起来，着力打击滥用新经济政策的行为。列宁特别提到一个例子来说明这一点，1921年12月15—18日苏维埃的法院在莫斯科公开审判了一起滥用新经济政策的行为，35名私人企业主（面包坊、茶馆及制鞋作坊老板）被指控违反《俄罗斯社会主义联邦苏维埃共和国劳动法典》，法庭最终判处了其中十几名被告巨额罚款或不剥夺自由的强制劳动，这个例子说明了苏维埃国家的监督和司法机关惩治滥用新经济政策行为的决心、意志和行动。列宁指出，司法机关以后还要更多地严惩私人企业主的违法行为。瞿秋白的《赤都心史》一书中也记载了苏维埃国家机关管控商人的事件。1921年8月15日，莫斯科的商人进行了一次商会选举，商会理事会共有五人，说要"整理"市价，实际是企图做"投机总机关"，

---

① 列宁全集：第43卷．北京：人民出版社，2017：284.

苏维埃政府识破了这一伎俩，明令禁止，并且宣布要建立由合法商人组成的商业组织，使私营商业置于政府的监督和调控下。① 可以看到，尽管艰难曲折，但监督和司法工作还是在不断推进。

3. 苏维埃政权掌握商业

前面提到，掌握商业，用自由贸易原则击败自由贸易也是监督和调控资本主义的重要手段。列宁明确提出，全部问题的关键在于“谁战胜谁”，在于苏维埃能否在经济战场上打败私营商业，能否在农民的支持下对资本家老爷们进行适当的控制，建立起一种“循规蹈矩的”资本主义。整个新政改革时期，列宁和苏维埃政权都在努力掌握商业。

“谁战胜谁”的问题在三年后有了答案，1925—1926 年度私营商业在商品流转市场所占的份额从 1922 年下半年的 73％下降到了 25％，反之，国营商业成分所占份额从 18％上升到 57％，合作社所占份额从 9.5％上升到 18％。私商主要的市场是零售商业，国营企业主要面向批发行业，合作社则两者兼有。苏维埃试图通过掌握商业来监督和调控资本主义的事业取得了阶段性的成功。

可以说，顺民心、遵规律并辅以国家理性的改革取得了巨大成功——人民满意、干劲迸发，各行业欣欣向荣，生产力快速恢复和发展，国家监督和调控资本主义取得了阶段性的成功。新政改革发挥了大用，同时避免了严重的副作用。

（六）新政改革获得民众高度认可

最后，我们在人民之声中来展现民众对整个新政改革的认可。前文提到，在军事共产主义时期，民众普遍存在着不满情绪。农民暴动和军队哗变是这种不满情绪最尖锐的表达。在此背景下，列宁等人推行顺民心、遵规律的新政改革，仅仅过了几年时间，民众对待国家政权的态度就完全变了，新政改革平息了民众的不满，给予了他们生活的盼头和干劲。民众尤其是广大农民对新政、对国家政权满怀赞赏之情。此种心情有“伊里奇之灯”（伊里奇就是列宁的名字）为证。苏维埃的电气化工程为杰尔诺沃村的村民安装了明亮的电灯，这些电灯在夜间给农舍带来光明，望着这一片灯火辉煌，农民们忍不住高声赞叹：“在我们的家里装上了这么美妙的灯，这是过去任何一个政权都没有替我们做到的。看那灯光闪烁

① 瞿秋白．赤都心史．上海：上海三联书店，2012：51.

起来，照亮我们的农舍，心里是如此欢乐和愉快，禁不住要高声喊叫：苏维埃政权，你干得多么出色！”① 在这里，农民不仅仅感激政府给他们安装了电灯，更是感激新政改革给他们带来了丰足、富有盼头的生活。

除了“伊里奇之灯”，人民的眼泪也真切反映了民众对新政改革的态度。1924 年 1 月 21 日，苏维埃俄国的缔造者列宁与世长辞。这不仅仅是一个人的去世，更是国家痛失领航人；在普通民众看来，他们失去了一盏明灯，一盏照亮他们生活道路的明灯。这种痛苦的心情最后凝聚在列宁的葬礼上。备受列宁关爱的哈默这样描述葬礼的场景：莫斯科的天气异常寒冷，气温在零下 30 摄氏度，送别的人们在进入大厅前，一般要在室外等候 5 小时。总共有近 75 万人在严寒中送别列宁。哈默描写道：“长长的队伍绵延数英里，缓缓地往前挪动着。每隔一百米便有一大堆篝火，入夜，这里是一幅奇异、醒目的景色：黑色的人群、红色的火焰、哈气凝成的白雾，外加上飘逸的烟云。农民们从 50 英里外的村庄赶来，向这位曾给予他们以几辈人渴望得到的土地的人表达敬意。”② 在其中，最具有代表性的是农民们的态度，他们从 50 英里外的村庄赶来，胡子上结满了霜，为的是表达对列宁的感恩之情——因他之故，农民获得土地，更为重要的是，列宁主导的新政改革让他们过上了好日子。在葬礼上，农民和工人都留下了真诚而哀伤的眼泪，来送别给予他们生活盼头的改革者。

“伊里奇之灯”与人民之泪，一喜一悲，这是人民之声的真实表达，也是新政改革所取得成效的最动人、最深刻的证明。

综上，新政改革的成功在于它深刻地契合了现实的民心和生产力的要求。它以“战略退却”的方式去安顿个人利益和现实生产力的要求，结果民众满意了，生产力获得了与之相适应的经济关系，国家利益也在民众的勤奋劳动中得以实现。顺民心、遵规律，所以能成事。理想的种子一经扎根于现实的土壤，就能结出累累硕果。

新政改革的成功还在于它充分发挥了国家理性的作用。“战略退却”意味着国家必须在很大程度上恢复资本主义，自由流转、租让制、经济核算制和市场经济均是资本主义经济关系的体现，通过资本主义来安顿民众的个人利益和现实生产力的发展要求，但如何防止资本主义损害国家利益

① 网络资料：第 20 课 从战时共产主义到斯大林模式 . https：//wenku. baidu. com/view/61c6d65a185f312b3169a45177232f60dccce737. html.

② 阿曼德·哈默 . 哈默自传 . 天津：天津人民出版社，1990：184.

呢？新政改革的精妙之处在于，它用无产阶级国家政权来监督和调控资本主义。正因为发挥了国家理性的作用，俄国在快速恢复生产力的同时，能有效克服因恢复资本主义而可能带来的严重副作用。新政改革真的是饱含智慧。

二、命运沉浮

新经济政策自其实施之日起，命运就沉沉浮浮，最终在列宁去世后的第五个年头（1929年）被终结了。本节全面、细致地梳理新政改革在三个时期的命运沉浮，并对新政改革的终结做出评析。

（一）1921—1923年，遭遇小浪，破浪前行

1921—1923年是新政改革命运沉浮的第一个时期，在这个时期，新政总的境遇可被概括为：遭遇小浪，破浪前行。

在这个时期，新政改革遭遇了许多的不解、质疑和非难。国外的反对势力除了资产阶级反对派以外，还有共产国际的各国代表、外国革命者；苏维埃国内的反对派主要是一批具有真诚革命信念的保守的老党员、老革命和一些非重量级的行政官员。这些反对势力主要从以下方面反对新政改革：

一是理论上质疑、反对。苏维埃的一批老布尔什维克无法接受以恢复自由流转和搞租让制为主要内容的新政改革，在他们看来，这实际上是在走资本主义回头路。我们举例说明。1921年5月18日，彼得格勒省国民经济委员会电力处处务委员会秘书瓦・巴・奥博林致信列宁，直言不讳地对国家资本主义道路提出质疑。奥博林说："很清楚，在苏维埃政权范围内要顺利地建成国家资本主义，事实上就意味着大资本主义的资产阶级经济组织的存在，意味着把整个千百万小资产阶级、小私有的农民群众置于它的思想政治指导的影响之下。"① 走国家资本主义道路的结果就是使苏维埃俄国"由伟大到可笑"②。新政改革打开了潘多拉之盒，大资本主义和小资产阶级自发势力在新经济政策的庇护下得以复活并滋长，待羽翼丰

① 列宁文稿：第17卷．北京：人民出版社，1990：32.
② 同①.

满后就会颠覆无产阶级专政，一切伟大的存在都将沦为笑话。

二是政治上表达愤怒，拒不合作。1921 年 3 月，俄共（布）第十次代表大会召开，在列宁的主导下，新政改革的巨轮破冰起航。许多真诚而保守的共产国际革命者哀叹：晓得今天列宁将俄国搞成如此模样，当初自己就不该参加十月革命了。在列宁宣布实行租让制，将国外资本家请回俄国后，部分激进的革命者甚至吼道：列宁这是要把俄国带到哪里去？这种不满和愤怒最终转化为不合作。1921 年，列宁在一次代表会议上指出，当我面对你们的时候，你们似乎赞成新政并说“是”，但你们转过身去则说“否”。这里描述的就是反对派拒不合作的姿态。

面对质疑、不满、反对，以列宁为首的新政派做了强有力的回应。回应的内容也就是我们先前章节的内容。具体内容不再赘述，概括起来有这样三条：（1）新政改革是顺民心、遵规律并辅以国家理性的必然之举，它不是走资本主义回头路，因为苏维埃搞的是国家资本主义；（2）新政改革是“战略退却”，退却就必须要有秩序，不能喧哗，更不能扰乱军心；（3）用巨大的勇气和魄力推进新政的落实，用事实为新经济政策正名。

在第一个时期（1921—1923 年），由于新政派的力量优势，尤其是列宁推行新政改革的坚定信念、勇气以及他在党内的崇高地位和威望，加之众多行政大员、民众的支持，新政改革虽然遭受了理论上和政治上的质疑、不满、反对，但新政改革的帆船依旧破浪前行。

（二）1923—1927 年，遭遇大浪，沉沉浮浮

1923—1927 年是新政改革命运沉浮的第二个时期，在这个时期，新政遭到了以托洛茨基、普列奥布拉任斯基为首的“左倾派”的强有力的挑战和反对。

1. 遭遇大浪：“左倾派”的反对

“左倾派”的主要代表人物有托洛茨基、加米涅夫、季诺维也夫、普列奥布拉任斯基等。托洛茨基于 1923—1927 年任俄共/联共（布）中央委员、俄共/联共（布）中央政治局委员，是军队的领导人，俄国最具实权的人物之一。加米涅夫于 1922—1924 年任苏联人民委员会副主席兼劳动国防委员会副主席，1924 年列宁逝世后任劳动国防委员会主席，俄国实权人物之一。季诺维也夫于 1921 年任彼得格勒党组织领导人、彼得格勒苏维埃主席、中央政治局委员，1925 年同加米涅夫组成“新反对派”，

1926年春夏之交与托洛茨基结成联盟。普列奥布拉任斯基于1920年起担任中央委员会和人民委员会的财政委员会主席，系托洛茨基派的首领之一和主要理论家。可以看到，“左倾派”的阵容相当强大，其对新政改革的反对是从理论层面和政治层面展开的，是相当有力量的，我们着重论述其理论层面的反对。

第一，反对新政改革的工农业政策。

我们可以这样概括托洛茨基等人反对新政改革的工农业政策的思路：先导出俄国的工业化困境，再将困境归因于新政改革，最后指明出路就在于停止新政改革。

托洛茨基直指俄国所面临的工业化困境——苏维埃政权的工业技术同世界上发达国家相比“过分落后”。他进行了具体论证：（1）人均工业品的消费状况不理想。数据表明，第一次世界大战前（1913年）居民的人均工业品（包括伏特加酒）消费值为47卢布，而到1925—1926年度，这一数值为25卢布，仅约为第一次世界大战前的一半。（2）生产性工业部门在整个国民经济中的比重并无增长。第一次世界大战前（1913年）生产性工业消费占整个国民经济的比重为56%，根据国家制订的未来五年计划，到1930年这一比重将为54%。可见，生产性工业部门在整个国民经济中的比重并无增长。（3）工业无产阶级在全国总人口中的比重无增长。新政改革的实施使无产阶级在全国总人口中所占的比重甚至减少了。而且，托洛茨基分析了工业化的落后将引发的危机。他指出，大工业尤其是重工业的落后威胁着无产阶级国家政权。在资本主义仍然处于绝对优势的背景下，如果苏维埃俄国不能在较短时间内以最快的速度赶上发达国家的工业化水平，不能向苏维埃人民实际地显示社会主义制度的优越性，那么，苏联的无产阶级国家政权就可能丧失，苏维埃俄国就将沦为世界资本主义的附庸。

托洛茨基指出，导致俄国工业化落后的主要原因就在于新政改革的工农业政策。托洛茨基说：“重工业落后于轻工业，乃是新经济政策初期的主要缺点，这是由新经济政策前整个经济状况引起的，也是向新经济政策过渡时，经济关系难免失调的结果”①。在他看来，新政改革重在发展农业和轻工业，重工业就被落下了。这种战略思维决定了重工业的快速发展不可能在新政改革第一个时期的框架内得到实现。

① 联共（布）关于经济建设问题的决议：第1辑．北京：人民出版社，1953：49.

托洛茨基指出，彻底废除新经济政策的工农业政策是实行快速工业化的方针。托洛茨基在《俄国局势真相》一书中指出，面对俄国令人担忧的落后的工业状况，布尔什维克必须紧张起来，要将一切力量集中起来以实现一个目标：以最快的速度实现国家的工业化。在托洛茨基看来，处于世界资本主义包围下的苏联应当优先发展大工业，特别是发展重工业。

要快速工业化，自然需要有大量资金。钱从哪里来？在此问题上，托洛茨基等人主张对农业实行“工业专政”，即通过榨取农业、农民来积累发展重工业所需的资金。托洛茨基和普列奥布拉任斯基指出，苏维埃俄国是世界帝国主义包围下的一个孤岛，不可能从外部获得工业发展资金，因此资金积累只能来自国内经济。为了快速从国内经济中积累发展资金，普列奥布拉任斯基提出了“社会主义原始积累”理论。他给“积累”下了这样的定义：“我们把国家手中的主要来源于或同时来源于国营经济综合体之外的物质资源的积累叫做**社会主义原始积累**。”[①] 说白了就是为工业发展积累资金，那么，这个“物质资源的积累”从哪里抽取呢？从农业。普列奥布拉任斯基论证指出，“剥削”或“剥夺”农民经济是苏联实现工业化的主要途径，国营企业和农业之间必然是“宗主国”和“殖民地”的关系。在具体做法上，托洛茨基和普列奥布拉任斯基主张工农业“剪刀差”，即国家通过大幅提高工业品的价格，压低农产品的价格，对农民经济征收高额赋税的方式从农业、农民那里抽取资金。托洛茨基等人的结论是，对农民经济所实行的“工业专政”将会成为苏维埃俄国通向社会主义的捷径。

托洛茨基等人要搞快速工业化，在手段上搞“工业专政”，这显然与列宁新经济政策的主张相左。那么，托洛茨基等人是如何除去理论上的障碍的呢？托洛茨基在理论上杜撰了新经济政策的两个分期。在列宁那里，新经济政策是一个要长期实行的政策，到托洛茨基那里就变成了“两个分期”。托洛茨基指出，优先发展农业和轻工业，是新经济政策第一个时期的主要特点，现在，新经济政策已经进入“第二个时期”，这一时期的特点是优先发展重工业。将重工业和轻工业“拉平”，这是已经到来的新经济政策第二个时期的“根本任务”。就这样，托洛茨基通过杜撰“两个分期”从而在理论上为快速工业化扫清阻碍。

托洛茨基和普列奥布拉任斯基的“工业专政”思想，无疑颠覆了新经

---

① 叶·阿·普列奥布拉任斯基．新经济学．北京：生活·读书·新知三联书店，1984：41．

济政策的工农业政策（通过发展农业来发展工业的政策）。

第二，反对新政改革的商业政策。

商业政策是"左倾派"反对新政改革的又一焦点问题。托洛茨基等人反对新政改革的商业政策的核心在于，后者极有可能将苏维埃俄国导向资本主义。

托洛茨基在1925年8月撰写了题为《走向社会主义还是走向资本主义?》的小册子，从题目中就可以看出其倾向。在他看来，新经济政策所主张的市场调节是资本主义的手段，是"魔鬼"，市场关系的发展将会导致资本主义的复辟，在新经济政策条件下大批出现的"耐普曼"和富农就是例证。新政改革恢复和扶持商业的政策极有可能导致资本主义在俄国的重新抬头。伴随着资本主义的复辟，无产阶级政权将不保，革命将失败。另外，新政改革的商业政策妨碍了工业化的积累进程。"左倾派"指出，私商和私营商业的存在不仅会妨碍资金从农民经济那里流入工业领域，而且会侵吞国民经济的部分剩余产品，私商和私营商业在同工业化发展"抢食"。那么，这个吞食的比例有多大呢？根据加米涅夫和皮达可夫的估计，当时私商和私营商业资本有四亿两千六百万卢布，所获利润有四亿卢布，这巨额利润被视为私营商业侵吞工业化积累所得的巨额财富。总之，在"左倾派"看来，新政改革推行的商业政策犹如被开封的潘多拉之盒，给国家、人民带来了巨大灾难。

"左倾派"将苏维埃政权同私营商业和资产阶级的对立拔高为敌我矛盾。既然是敌我矛盾，那么自然就要对私营商业和资产阶级展开"进攻"，通过阶级斗争来击垮敌人，具体做法就是通过国家强制即实行计划经济的方式来取消商业和市场。托洛茨基说："在国营工业争取控制市场的斗争中，计划经济是我们的主要武器。"① 通过计划经济，使国营工业不经过私商等中介人而直接成为农民经济的商品供应者，农民也将不经过中介人而成为国营工业的物质供应者。可以看到，"左倾派"此举旨在消灭私人资本，这完全是不给私人资本和市场经济留活路，其实质就是彻底颠覆新经济政策。

可以看到，"左倾派"在理论上反对的是整个新政改革。概括起来，发展速度慢、性质危险是"左倾派"反对新政改革的基本要点。

除了理论上的反对，"左倾派"在政治上也施加压力，其中最典型的

---

① 托洛茨基文选．北京：人民出版社，2010：129.

事件是 1926 年 7 月托洛茨基等人发表的《十三人声明》(署名的有托洛茨基、加米涅夫、季诺维也夫、皮达可夫等)。《十三人声明》明确指出:"只有当工业的发展速度不是落后于整个经济运动,而是带动其他的经济部门,并不断地使国家的技术水平更加接近先进的资本主义国家,向社会主义发展才有保障。一切都必须服从这个无论对无产阶级还是对农民来说都是至关紧要的目标。"① 这是"左倾派"在政治上的一次集体发声,力度十足。

2. 水手护航:新政派的回击

新政派的主要代表人物有布哈林、李可夫、斯大林、莫洛托夫等。布哈林于 1924 年 5 月在俄共(布)第十三次代表大会上当选中央政治局委员,于 1927 年在联共(布)第十五次党代表大会上当选中央政治局委员,是新经济政策最重要的理论家之一,列宁去世后新政改革的坚定捍卫者。李可夫于 1923 年当选俄共(布)中央政治局委员,列宁去世后担任苏联和俄罗斯联邦人民委员会主席,俄国实权派人物之一。斯大林于 1922 年 4 月起当选俄共(布)中央政治局书记。莫洛托夫于 1921 年 3 月在俄共(布)第十次代表大会上当选中央委员和中央政治局候补委员,1924 年出任中央农村工作委员会领导职务,主管农业,1927—1928 年兼任联共(布)莫斯科委员会书记,1930 年出任苏联人民委员会主席。可以看到,这是一个强有力的政治联盟。

针对"左倾派"在理论层面和政治层面对新政改革的责难,新政派也从这两个方面进行了有力的回击。我们着重论述新政派在理论层面的回击。布哈林是新政派最重要的理论家和捍卫者,因此我们主要分析他的观点。

第一,捍卫新政改革的工农业政策。

布哈林直指"工业专政"的危害:(1)在方法论上,"工业专政"孤立、狭隘地看待问题。布哈林指出,反对派是从国营经济内部,有时甚至只是从"工业内部"来解决有关"结合"的问题,是在将工业和农业完全割裂开来的基础上孤立地考虑工业积累的问题。布哈林说:"他们(反对派。——引者注)孤立地考虑工业,他们没有看到问题的'关键'。"② 这种孤立、静止的方法论使反对派始终无法看到工农业之间辩证、深刻的联

① 托洛茨基,季诺维也夫,等. 十三人声明. 国际共运史研究资料,1983(2):247.

② 布哈林文选:上册. 北京:东方出版社,1988:305.

系。同时，这种孤立、静止的方法论也导致了反对派对待农民经济的“傲慢”态度，那就是，要求农民经济必须为工业的积累做无条件的牺牲。反对派寄希望于从农民经济那里获得“卡特尔的超额利润”[①]，寄希望于国家补贴。这种思路毁掉了国民经济，最终毁掉一切。（2）在经济上，“工业专政”杀鸡取卵。布哈林指出，反对派孤立地看待大工业的发展，将农民经济视为工业积累的附庸，无限度地榨取农民经济，这就彻底割裂了工农业之间的联系。这种做法将毁掉农民经济，从而“杀掉会生金蛋的母鸡”。布哈林讽刺反对派的主张是“出色的经营妙计!”[②] 看似精明，实则短视且危害巨大。1923 年的销售危机就是杀害“金鸡”的恶果，若再不改变，国家经济就会彻底完蛋。（3）在政治上，“工业专政”破坏了工农联盟。布哈林指出，“工业专政”极大地损害了农民的利益，降低了他们的收入，在这种情况下，工农联盟就会遭到破坏，而如果失掉了工农结合这种特别有力量的基础，那么整个社会主义革命也就“完了”。这种观点无疑是对先前军事共产主义政策所造成的工农对抗的深刻反思。

在批判的基础上，布哈林雄辩地论证了新政改革工农业政策的正确性。这种正确性从大的方面可被概括为两点：新政改革遵循经济规律，故能真正求得“最高积累速度”；新政改革工农业政策的成就经得起事实的检验。

一是新政改革遵循了以下经济规律：（1）新经济政策基于工农业“一体”论。布哈林指出，在俄国这样一个被封锁的经济落后的国家里，农民经济就是工业生产的最重要的市场。因此，工业的发展速度和规模也是直接由农民需求决定的。工业生产和农民经济是一个不可割裂的整体。布哈林说：“农民的有支付能力的需求愈大，则我们的工业就发展得愈快。我们的农民经济中的积累进行得愈快，就是说，农民经济愈快摆脱贫困，它愈富裕，它购买的农具和机器愈多，它改进自己的技术愈快，采用新的耕作形式愈快，因而能够向城市工业购买的东西愈多，——则我们的工业中的积累就进行得愈快。”[③] 说白了，工农业之间是“一体”的关系。农民经济这只“母鸡”强壮了，那么它就能下更多的鸡蛋，工业积累就有基础和速度。反之，如果推行工农业“剪刀差”政策，那么农民无异于被剥夺

---

① 布哈林文选：上册．北京：东方出版社，1988：328.
② 同①233.
③ 同①422.

了工业品的购买力，同时他们也不愿出售农产品，结果只能是农村市场萎缩，工业品也没有了销路，工业积累目标就会落空。这就是1923年“销售危机”的根源。(2) 新经济政策基于综合平衡发展理论。布哈林指出，新经济政策也追求“最高积累速度”，但它是基于综合平衡发展的内在规律之上的。国家应当追求高速发展，但只有新经济政策才解决了“最适点”问题。所谓“最适点”，就是工业发展速度和农村市场容量之间的平衡，也就是在农民经济所能承受的范围内追求最高的工业发展速度。布哈林说：“中央不是笼统地主张积累的低速度，而是主张不脱离农民经济，归根到底是要获得比较高的，最高的积累速度。”① 平衡是基础，而高速发展则是目的。在具体做法上，这种平衡基础上的“最高积累速度”体现为对农村实行薄利多销的工业品价格政策：降低工业品价格，使农村市场得以扩大，后者的扩大又反过来促进工业生产的发展，这样就能实现工业积累的高速度。布哈林满怀信心地指出，综合平衡发展一定能让国家走得更远，走得更快！如果从单位商品上拿得少些，那么就能逐年扩大农村市场的容量；如果拿得少些，那么就能既缩短“生产时间”，又缩短“流通时间”，从而加快资本周转。“如果我们这样来加速城市和乡村，国营工业和农业，社会主义工业和农民经济的相互影响，那么，我们开始走得慢些，随后满可以赶上、超过我们经济政策的第一种（‘反对派的’）方案所要求的积累速度，并把它远远抛在后面”②。哲学家的辩证思维和宏观视野尽显于此！这是基于历史经验和实践考察之上的深谋远虑。

二是新政改革工农业政策的成就经得起事实的检验。布哈林用事实来说话。面对1923年的“销售危机”，俄共（布）中央采用的是降低工业品价格、加速资本周转的举措，诸如毛纺工业品的价格降低了近五成，这也是布哈林认可的思路。布哈林问：在降低工业品价格后，俄国的工业“毁灭”了吗？答案是否定的。在实施上述举措后，俄国的工业开始“迅速扩大”，在莫斯科和外省的市场上都出现了商品流转加速的状况。1923年在工业品价格降低30%的情况下，工业产值增加了30%。到1924年秋，俄国的工业品甚至已经供不应求。在工业品的增长中，不仅轻工业获得大幅增长，而且连生产生产资料的重工业也开始增长，其中，铁矿石产量增长了109.5%，生铁产量增长了121.5%，钢产量增长了69.7%，轧钢产量

① 布哈林文选：上册．北京：东方出版社，1988：329.

② 同①330.

增长了 51.9%。布哈林指出，事实证明，新政改革的工农业政策才是俄国进行工业积累的正道、大道。只有在保持平衡的基础上，在工农业之间的良性互动中，才能扩展国营工业，积累足够的资金，保持稳健、高速的发展。

第二，捍卫新政改革的商业政策。

布哈林指出，商业不是潘多拉之盒，而是苏维埃俄国发展经济所必需的。布哈林在《对反对派经济纲领的批判》一文中指出，商业和新资产阶级“是社会所需要的一个阶层，它在一定程度上、在一定范围内和在一定时期内执行着对社会有益的职能”①。这种职能主要在于：商业能加速工农业之间的流转，从而快速恢复和发展工农业，最终使俄国过渡到共产主义。这也是列宁将商业流转视为国家工作的“中心环节”的原因。布哈林指出，商业在整个经济发展中扮演着不可替代的角色（起码在过渡阶段是这样），它是经济有机体不可或缺的一部分，“一体”论的思想再次体现出来。

对待商业，不能搞阶级斗争，应该搞国家资本主义。布哈林在肯定商业的作用的同时，也认同要警惕资本主义所带来的弊端。但是，他不认可托洛茨基等人对待私人资本的行政高压态度。他指出，对于私人资本，不能用一道行政命令就加以“没收”，也不能用革命之剑一剑砍倒。这是因为，商业被没收了，国家经济也会失去活力。那么，该如何应对呢？经济斗争。布哈林说：“主要是用经济排挤的方法去战胜它（私人资本。——引者注）”②。具体说来，布哈林主张更多地通过市场竞争来同私人资本进行斗争。国家要努力使自己生产的产品同私商的相比质量更高、价格更低，要努力使自己的服务更周到便利，用自由竞争原则击败自由竞争。布哈林的这些思想是对列宁国家资本主义学说的继承和发展。继承的方面是显而易见的，那便是都对资本主义采取“利用＋调控”的态度；发展的方面是：布哈林结合实际，更深入、更具体地探索了调控资本主义的新方式、新手段。

除了在理论上进行反驳之外，新政派在政治上也进行了强有力的回应。例如，在 1927 年 12 月的联共（布）第十五次党代表大会上，莫洛托夫指出，直到现在还在提出要向农民强征 1.5 亿～2 亿普特粮食的人是

① 布哈林文选：上册．北京：东方出版社，1988：296.
② 同①.

“工农联盟的敌人”，“工业专政”本质上就是搞垮苏维埃的路线，斯大林则应声喊道“对！”①。

3. 新政改革在博弈中沉沉浮浮

在这场反对新政和捍卫新政的斗争中，双方的力量可以说不相伯仲，这种势均力敌的较量导致了新政改革沉沉浮浮的局面。

面对1923年的“销售危机”，俄共（布）中央在1924—1925年度调整了先前的“剪刀差”政策，大力降低工业品价格，努力提高资本周转速度，结果商业和农村市场再次活跃起来。见此情景，“左倾派”对中央施加压力，1924年俄共（布）中央在第十三次党代表大会上提出要加强同私人资本进行斗争的主张，随后推行了一系列排挤私营商业的措施，刚刚恢复起来的商业和农村市场再次受挫，销售危机爆发的危险增大。见此情景，新政派也发力扭转，从1925年起，联共（布）中央又调整了对私人资本的政策，停止排挤，恢复并放宽对私人资本的信贷，减少税收，允许私人资本进入商品流通领域同国营商业展开竞争。这自然又引起了“左倾派”的反对。在“左倾派”的运作下，从1926年起，国家又重新加强了对私营工商业的排挤，减少甚至停止对私商的信贷，对私商征收高额的经营所得税，1926—1927年度国家征收的营业所得税已经达到税收总收入的2/3，结果私营商业迅速萎缩。可以看到，双方博弈的结果就是新政改革沉沉浮浮。

1927年10—11月，联共（布）中央先后将托洛茨基、季诺维也夫等人开除出中央委员会，之后又开除出党。伴随着托洛茨基等人在政治上的失势，新经济政策第二个时期的遭遇也画上句号。

（三）1928年春—1929年冬，遭遇巨浪，沉舟大海

1928年春开始，联共（布）党内以斯大林、莫洛托夫为首的新政反对派和以布哈林为代表的新政派展开了激烈的交锋。新经济政策遭遇滔天巨浪。

1. 遭遇巨浪：来自斯大林的激烈反对

新政反对派的主要代表人物是先前还支持新经济政策的斯大林和莫洛托夫，他们代表的是联共（布）中央的核心力量。斯大林等人从理论层面和政治层面对新政改革进行了激烈的反对，我们着重论述其理论层面的

---

① 布哈林文选．北京：人民出版社，2014：461.

反对。

第一，反对新政改革的工农业政策。

我们可以将反对派的论证思路梳理如下：苏联重工业发展十分缓慢、落后，这是由新政改革的工农业政策导致的，所以必须废除新政改革的工农业政策。

1927 年斯大林指出，苏联面临着严峻的战争威胁，在这种情况下，能够保卫国家独立的只有重工业，尤其是军事工业。“党知道战争日益逼近，没有重工业就无法保卫国家”①。那么，苏联重工业的发展状况如何呢？在斯大林看来，苏联工业尤其是重工业同发达国家相比“过分落后”。这种巨大差距让这位中央政治局总书记寝食难安。

症结在哪里呢？为何苏联的工业技术大大落后于发达国家？与托洛茨基一样，斯大林将原因归结于新政改革的工农业政策。新政改革秉持的保持工农业平衡发展、通过发展农业来发展工业的思路致使重工业的资金积累十分缓慢。斯大林指出，这是新经济政策的“主要缺点”。

在出路问题上，斯大林也和托洛茨基一样，认为必须通过对现行工农业政策进行彻底的改变来加快重工业，尤其是军事工业的资金积累。那么，在实践上，反对派采用了什么样的途径和手段呢？斯大林等人主张采取以“贡税”论、“非常措施”为主要内容的行政强制手段。所谓“贡税”论，说白了就是工农业“剪刀差”，贵卖工业品，压低农产品价格。在此举一例进行说明，1928 年在苏联 1 公担稞麦可分别交换 35 米印花布、75 公斤砂糖，到 1952 年就只能换 1.5 米印花布、0.9 公斤砂糖。农产品的价格缩水了几十倍。斯大林主张通过这种行政压制方式使资金快速从农民经济“流入”工业领域。

为了在理论上搬去新经济政策这块石头，斯大林杜撰了新政改革的两个分期。他指出，从 1921 年列宁宣布实施新经济政策到 1926 年，这是新政改革的“第一个时期”，这个时期首要的、基本的任务是发展农业；从 1926 年起，就进入了新政改革的“第二个时期”，这个时期最重要的特点是，经济发展重心转移到“工业方面”，必须将注意力集中到工业发展上。

可以看到，尽管和托洛茨基的政见不同，但在通过“工业专政”来达到快速工业化（重工业化）的问题上，斯大林的思路和做法与前者如出一辙。有人说，斯大林的主张是托洛茨基主义的延续甚至加强版，此观点应

---

① 斯大林选集：下卷．北京：人民出版社，1979：496.

当是站得住脚的。斯大林的快速工业化理论，无疑彻底颠覆了新政改革关于通过发展农业来发展工业的思路。

第二，反对新政改革的商业政策。

这是斯大林等人反对新经济政策的又一焦点问题，他们反对的主要依据是：私人资本主义阻碍快速工业化。

快速工业化理论主张者对私人资本显然是排斥的。在斯大林等人看来，私人资本不仅无助于工业化资金的快速积累，反而会破坏这一事业。1927年下半年的粮食收购危机被反对派视为农村资本主义分子在新经济政策条件下对国家政权发动的第一次“严重的进攻”，因此，当务之急是消灭国民经济中的资本主义经济成分，踢走这块工业化资金积累的绊脚石。

斯大林不断地提到“进攻”这个词，他指出，向资本主义进攻的阶段已经到来。具体说来，在政策方面，斯大林等人主张用行政强制手段打压私人资本，即用脚“踩踏”并“关闭”私商的店铺，不给私人资本留活路；同时，通过国家计划和强制手段来配置资源，使资源快速流入工业尤其是重工业领域。这种做法的特点就是国家意志、行政命令至上，把一切经济活动都置于指令性计划之下。取消市场经济、击垮“中介人”就是消灭资本主义，在实质上就是取消新经济政策。

除了在理论上反对新政改革以外，斯大林等人还在政治上打击新政派。在1929年1月30日—2月9日的中央联席会议上，斯大林做了题为《布哈林集团和我们党内的右倾》的定性报告，将布哈林等人打入右倾反党集团。在1929年4月召开的联共（布）中央委员会和中央监察委员会联席全会上，斯大林做了长篇发言，批判了“布哈林、李可夫和托姆斯基集团”，全会还做出决议：撤销布哈林《真理报》主编、共产国际政治书记处书记和中央政治局委员的职务。打击力度相当大。

2. 水手护航：来自“孤勇者”的回击

我们来看新政派对新政反对派的回击。布哈林是新政改革的主将，因此，我们主要以他的学说来展现这种回击。针对斯大林等人在理论层面和政治层面的责难，布哈林也从这两个层面加以回击。我们着重论述布哈林在理论层面的回击。

第一，对新政改革工农业政策的辩护。

布哈林指出，“贡税”论有如下弊病：

一是“贡税”论在理论上极端矛盾。布哈林分析了斯大林及其跟随者莫洛托夫在联共（布）第十五次党代表大会前后的言论。在联共（布）第十五次党代表大会上，斯大林和莫洛托夫坚决反对托洛茨基反对派有关“强行征借”的建议。莫洛托夫将所有提出强制“征借”的人都视为工农联盟的敌人，斯大林也明确表示赞同该观点。斯大林等人在大会上的发言表明当时他们是列宁主义的捍卫者，是托洛茨基超工业化理论的批判者。然后仅仅过了两年，斯大林和莫洛托夫就抛出了“贡税”论，主张通过粗暴的行政手段从农业领域搜刮资金用以快速工业化。布哈林指出，斯大林和莫洛托夫前后的态度何其矛盾！这种矛盾将他们置于极其“尴尬的”处境。按照他们先前的说法，“贡税”论和“非常措施”的主张者应当被定性为：新经济政策的破坏者、工农联盟的敌人和苏维埃国家的摧毁者。这些人先前反对托洛茨基主义，现在却成了变本加厉的托洛茨基主义者。

二是“贡税”论在经济上杀鸡取卵。布哈林以北高加索的谷物价格、农民收入、谷物产量为例来说明延续“非常措施”的危害。布哈林指出，“非常措施”压低了农产品的价格，1926—1927 年度每普特粮食价格比 1925—1926 年度每普特粮食价格下降了整整 10 戈比，1927—1928 年度每普特粮食价格就更低了。接着是农民收入。1925 年农民每俄亩收入 72 卢布，1926 年仅有 32 卢布，1927—1928 年度更是下降到 24 卢布。可见，在“非常措施”之下，农民收入是不断减少的。上面的情况直接导致了农业产量大幅下降。据统计，1926—1927 年度粮食产量比前一年度降低了 1.9%（布哈林指出，实际上降低得更多）。面对这种境况，布哈林指出：“贡税”论和“非常措施”摧毁了农民经济，而且终将摧毁国家经济。

三是“贡税”论在政治上破坏工农联盟。布哈林以 1928 年的情况为例说明延续“非常措施”必然引发群众性的不满浪潮。1928 年，在一些地方，例如在乌克兰，在北高加索等地就发生了约 150 起事端。在塞米巴拉金斯克发生了暴动，在列宁格勒和莫斯科交易所发生了虐杀事件，在卡巴尔达及其他许多地方发生了起义。布哈林援引了切尔尼亚夫斯基的话：“我们出现这样的情况，贫农在城里举行游行示威时不是走向苏维埃政权的代表，而是走向工人”①，“我们这里出现老革命游击队员的发动，他们找到苏维埃政权、军事委员会，声称：‘怎么样，给不给我们粮食？我们争得了苏维埃政权，我们也可以抛弃它’”②。这就是“非常措施”引发的

① 布哈林文选．北京：人民出版社，2014：361－362.

② 同①362.

政治危机。布哈林指出，这种威胁在实施“非常措施”前是不存在的。他这样形容1928年的形势：“我们面前已响了两次铃，第三次铃马上就要响了”①。如果继续推行“非常措施”，那么工农联盟破裂的威胁就会不断增加。

布哈林在批判“贡税”论的基础上捍卫新政改革的工农业政策，即综合平衡发展理论。他从三个方面加以论证：

一是摆事实。布哈林将各国的农业状况及工农业关系分为三种：第一种是以十月革命前的俄国为代表的最落后的“半农奴制农业”，其特点是：农民赤贫如洗，庄稼汉遭受残酷剥削，农业生产落后，产量极低。与之相联系，农村市场容量极小，工业因缺少市场而无法发展起来。第二种的特点是：农奴制的残余很少，地主在很大程度上已经转变为资本家，农民较富裕，农业产量较高，农村市场容量较大。与之相联系，本国的工业发展有较好的基础。第三种以美国为代表，其特点是：几乎完全没有封建关系，土地“自由”，农民收入较高，购买力强，这也为工业发展提供了广阔的国内市场。布哈林得出结论：“不难看出，工业发展的力量和规模、生产力提高的力量和规模正是在美国达到了顶峰。”② 一个国家工业的强大必须以农业发展、农民富裕和农村市场广阔为基础。

二是讲道理。布哈林讲的依旧是“一体”论和综合平衡的道理。他指出，在一个国家中，农业、工业这些大部类犹如一个有机体的各个器官，彼此之间的关系应当是和谐共处、相互支持。如果社会生产中的某个部门（如农业）在付出大量劳动后，发现无法收回成本并获得一个“增加额”，那么这个部门就会感到“受委屈”，结果就是不再发展。布哈林说：“如果这某一生产部门不能从共同的经济机体中获得足够的营养，它就会衰落。要跳出这一规律是绝对不行的。”③ 在他看来，“一体”论是任何一个国家的经济生活都必须遵循的规律。这个规律也适用于谷物业。上面提到的农民收入缩减、谷物价格降低、农业产量降低就是例证。

布哈林指出，工业的高速发展在任何时候都是国家发展的重要目标，但是这一目标的实现必须建立在遵循社会有机体理论的基础之上。因此，关键问题在于“保持平衡”，即必须将国民经济的基本成分尽可能正确地

---

① 布哈林文选．北京：人民出版社，2014：363.

② 布哈林文选：中册．北京：东方出版社，1988：278.

③ 同①357.

结合起来，保证每种成分都“不受委屈”，然后在此基础上确定工业积累的最快速度。可见，布哈林秉持的依然是有机体理论和综合平衡发展理论。

三是引权威。布哈林大量地援引了联共（布）第十五次党代表大会的决议。在工农业关系、工业内部关系（重工业和轻工业的关系）的问题上，第十五次党代表大会秉持的就是综合平衡发展的理念。第十五次党代表大会决议中指出，为了让整个国家经济的发展具备源源不断的后备力量，必须尽可能地将国民经济的各种基本成分正确地“结合起来”，即必须保持它们之间的“平衡”。具体说来，在工农业关系问题上，那种无节制地将资金从农业领域抽调到工业领域的做法是不正确的，这种做法会毁掉农村市场，破坏国民经济体系的平衡。第十五次党代表大会旗帜鲜明地反对托洛茨基派的超工业化主张。布哈林明面上是借第十五次党代表大会的决议反对托洛茨基的理论，实际上是反对斯大林以“贡赋”论和“非常措施”为内容的超工业化理论。

布哈林继续援引第十五次党代表大会的决议来说明在发展速度的问题上布尔什维克应当持什么样的主张。第十五次党代表大会的决议指出：“在发展速度问题上必须……注意这一任务的极端复杂性。这里必须考虑的不是最近一年或数年内积累的最高速度，而是能保证长期的最快发展速度的国民经济各个因素的对比关系”①。这不就是综合平衡理论在发展速度问题上的主张吗？所谓“长期的最快发展速度”，指的就是在保证农业得到发展的前提下最大限度地积累工业发展所需的资金。布哈林指出，在发展速度问题上必须严格执行第十五次党代表大会的决议。

可以看到，布哈林也是在“速度”这个关键词上做文章。在他看来，唯有在综合平衡发展的基础上，国家的经济建设才能获得最快的发展速度，新政改革的工农业政策无疑是正道。

第二，对新政改革商业政策的捍卫。

布哈林辩护的依据是：新经济政策和商品流转依然是进行时，商品流转资本主义依然是发展生产力的必要中介。

布哈林要回应的第一个问题是：新经济政策是否已经过时？布哈林首先强调：新经济政策的实质就是采用商品流转这一主要手段来建立起工人和农民之间的结合。他借斯大林的话来说明这一点：“新经济政策是无产

① 布哈林文选：中册．北京：东方出版社，1988：295.

阶级专政的政策，其目的在于**利用市场，通过市场，而不是以直接的产品交换，不用市场，在市场以外**来战胜资本主义成分并建立社会主义经济……"，"新经济政策是一切国家社会主义革命必经的阶段"①。新经济政策和市场流转是每一个国家进行社会主义革命所必经的阶段。那么，在1928年，已经实施了7年的新经济政策是否如斯大林等人所认为的那样，已经"过时了"呢？布哈林指出，"**市场联系的形式在我们这里还将存在许多许多年**。我甚至可以说，市场联系的形式在许多年内将是经济联系的**决定性**形式。**决定性的！**……我们经济中的结合形式的基本路线是市场路线，我们的主导的经济作用应是通过市场关系，即**通过扩大商品流转**"②。如果列宁此时还在世，他必定会对布哈林的这段话赞赏有加，因为这也是列宁对新经济政策已经"过时了"的言论的回应。列宁曾多次强调，新经济政策是一项"长期的政策"。新经济政策和商品交换正是发展俄国生产力与改善民众生活（尤其是农民生活）所必需的，只要俄国生产力还没有进入共产主义阶段，只要民众还需要市场交换，新经济政策和商品流转就是现在进行时。可以说，布哈林深刻地把握了列宁有关新经济政策和商品流转的思想实质。

布哈林要回应的第二个问题是：如何对待市场自发势力？在这一问题上，布哈林继承和发展了列宁有关国家资本主义的思想。他指出，不能像托洛茨基派那样"脚踩"和"关闭"私商的店铺，而是要充分发挥国家的监督和调控作用。具体说来，国家应当通过如下方式来监督和调控资本主义：（1）通过强化立法、增强工会权利和采用各种形式的税收等手段来对资本主义的活动加以限制，使其不能越出国家资本主义的范围；（2）布哈林最为看重的就是，通过市场竞争（诸如开办国营企业、发展合作社等）来同私人商业进行经济斗争。布哈林特别强调，和私商做斗争的办法就是努力生产，使自己的产品比私商的更物美价廉，更具竞争力。国家的政策应当少一点"压制"，多一点"周转自由"；少一点"行政影响"，多一点"经济斗争"。用自由竞争原则击败自由竞争。布哈林指出，"我们当然从来也没有把新经济政策想象成我们放弃对市场自发势力的影响"③。苏维埃国家容许的只是国家资本主义，是一种苏维埃国家能对其加以调控的资

① 布哈林文选．北京：人民出版社，2014：482.

② 同①482－483.

③ 布哈林文选：中册．北京：东方出版社，1988：224.

本主义。新经济政策本身就蕴含“自我克服的根源”，即“社会主义胜利的根源”①。可以说，布哈林在新的条件下继承和发展了列宁关于国家资本主义的思想：说继承，是因为他始终不曾忘记对资本主义进行调控；说发展，是因为他探索与拓展了国家监督和调控的经济形式。

在1928年11月的政治局会议上，布哈林为捍卫新经济政策而与斯大林发生了激烈的争吵，激动时，甚至骂斯大林是“渺小的东方暴君”，并且退出会场。随后，他与李可夫、托姆斯基一起提交了事先写好的辞职声明。

3. 新政改革沉舟大海

1929年12月27日，斯大林在马克思主义者土地问题专家代表会议上宣称：“我们所以采取新经济政策，就是因为它为社会主义事业服务。当它不再为社会主义事业服务的时候，我们就把它抛开。”② 新政改革就此被终结。1938年3月14日，新政改革的捍卫者布哈林与李可夫等人一并被秘密枪决。新政改革被画上句号，悲情而无力。

以上是对新政改革沉浮命运的梳理。该如何评价其中的争论和新政改革的终结呢？从理论斗争来看，第三个时期的论争与第二个时期的论争在本质上是一致的，焦点都在于速度和性质这两个关键词。斯大林和托洛茨基在这两个问题上的看法如出一辙。因此，虽然在内容上我们将第三个时期和第二个时期区分开来，但在实质上，这两个时期的论争是合二为一的。

在快速工业化理论者（托洛茨基、斯大林）看来，不能快速建立重工业尤其是军事工业，俄国就无法在即将到来的严峻环境（战争、军事封锁）中存活下来。新经济政策在工农业平衡基础上借助于自由市场流转而进行的工业积累太慢了，不适应现实的迫切需要，因此新经济政策已经“过时了”。非常时期应当有非常手段，国家意志必须显现出来，这种意志就体现为以国家计划替代自由市场流转，用行政手段、强制方法（“贡税”“非常措施”等）快速将资金从农业领域抽取到工业领域。说白了，这里体现的是军事思维，战争不等人，落后就要挨打。它面对的是当下和不久的将来。布哈林等人则是从内在的经济规律来看待发展速度问题。在他们看来，经济发展有其内在的发展规律，那便是有机体理论和综合平衡发展

① 布哈林文选：中册．北京：东方出版社，1988：224.

② 斯大林选集：下卷．北京：人民出版社，1979：232.

理论，苏维埃国家追求最快的发展速度，但必须建立在遵循经济规律的基础上。唯有遵循规律，才有长远发展，才有未来，才能实现“最高积累速度”。这种思维体现的是经济学家、哲学家长远的目光，它面向的是规律，是长远的未来。

与速度问题一样，快速工业化理论者也是以斗争思维来看待性质问题，在他们看来，无产阶级政权与私人资本的矛盾是阶级矛盾，因此必须通过阶级斗争的方式来解决。在布哈林等人看来，这种矛盾是非本质的，它从属于整个国家的经济发展，只要有利于经济发展，苏维埃国家是能够在很大程度上允许并促成资本主义的发展的，并通过非对抗的方式对资本主义加以监督和调控，这体现的是经济学和哲学的思维。

新政改革被抛弃了，罪名是速度慢、性质危险。一种以“顺民心、遵规律”为最高原则的改革真的应当承受这种责难吗？或许，反对派低估了新政改革的发展速度。从表面上看，新政改革的发展速度确实不如快速工业化的速度。但实际上，后者是一种减速度（它无法长期持续）；前者却是一种加速度。新政改革对个人利益给予安顿，并将个人利益的实现和国家利益的实现结合在一起，在这种制度下，广大群众正以前所未有的干劲恢复和发展农业与工业。到 1925 年，农业就恢复到第一次世界大战前的水平，轻工业也快速恢复，重工业的恢复也积累了部分资金。如果新经济政策得以平稳延续，那么经济发展就会以滚雪球般的加速度持续增长。这一点，无论是列宁还是布哈林，都给予了充分的论述。从实践来看，1929 年到 1945 年第二次世界大战爆发，还有十几年时间，人的力量如果持续释放出来，经济发展就会呈几何式增长，国家经济可以实现平衡基础上的最快增长。因此，反对派以新政改革不适应现实需要而强加终结，这种思路低估了新政改革的能量、现实民众的力量。此外，反对派指责新政改革会导向资本主义。这说明他们对新政改革所提出的国家理性、国家监督和调控没有信心，低估了国家理性的力量。事实上，无论是列宁还是布哈林，都对国家理性的作用进行了充分的论证。从实践来看，在国家理性强有力的监督和调控下，资本主义确实没能掀起大的风浪，而且伴随着国家在学习“做生意”这一事业上的不断进步和成熟，国家政权将有更多、更强有力的手段来监督和调控资本主义。因此，新政改革被人为终结意味着苏维埃俄国失去了一条通向共产主义的可能的道路。

综论　新经济政策文献的理论意义和现实启示

我们细致梳理了新政改革的相关文献，厘清了新政改革的文献状况、实践背景、理论基础、本质内容、政策辩护、系列实践努力，以及成效和命运。在此基础上，我们还要揭示其中蕴含的理论意义和现实启示。

一、聚讼纷纭的评论

在理论意义方面，我们可以借助对新政改革文献的梳理来回应相关的学术争论。

（一）新政改革开启的时间

学者们对俄国向新经济政策转变的时间提出了不同的看法，主要有三种观点：1918 年年初论、1921 年春天论和 1921 年秋天论。

1918 年年初论。持这种观点的代表人物是俄国学者阿·秋金博士，他指出，列宁在 1918 年 3 月口授的《〈苏维埃政权的当前任务〉一文初稿》中第一次阐述了“新经济政策的构想”。[①] 所谓“新经济政策的构想”，指的是关于国家资本主义的思想（“国家资本主义是我们的救星”），这是列宁在 1918 年初提出的，阿·秋金博士因此将新政改革开始的时间界定为 1918 年初。

1921 年春天论。持这种观点的学者认为，新政改革本质上是“反危机的纲领”，“俄共（布）第十次代表大会《关于以实物税代替余粮收集

① 王丽华．历史性突破：俄罗斯学者论新经济政策．北京：人民出版社，2005：29.

制》的决议是改行新经济政策（与战时共产主义相比较而言）的开始”①。这是学界的主流观点。

1921年秋天论。持这种观点的学者认为，新政改革严格来说是从1921年秋天，即从列宁宣布实施“第二次战略退却”开始的，只是到了这个时候，布尔什维克才突破对商业、市场、货币等经济关系的固有认识，将这些要素视为生产力发展的必要“中介”，结果俄国从原来“社会主义方式的商品交换”即产品交换过渡到通常意义上的商品交换。新政改革由此开启。

笔者认为，要回答俄国向新经济政策转变的时间问题，重要的是弄清楚新政改革的参照系是什么，以及它要解决什么问题。这个问题必须从列宁的视角去回答。按照列宁的说法，新经济政策本质上是对军事共产主义的“纠错”。我们先来看军事共产主义所犯的错误。1919年12月—1921年2月，鉴于“强攻”战略在军事上的辉煌胜利以及其他一些因素的考虑，列宁主张在俄国向共产主义过渡的问题上沿用军事“强攻”战略（其实践模式便是著名的军事共产主义），将流血战争中的全部经验用到不流血的战争中去，即依靠民众的“热情”和经济关系层面的激进变革而跑步进入共产主义。但是，经济“强攻”没有奏响英雄主义的凯歌，而是导出了现实主义的悲歌，严峻的经济政治危机便是其最尖锐的表现。在现实生活面前，列宁坦承，“强攻”战略“错了”。历经军事共产主义一役，俄国病了，从显性层面看，国家正经受着严峻的经济政治危机；从根本层面看，俄国还没有找到一条符合国情与民情的过渡道路。

在这种背景下，新政改革出台了。列宁说：“我们现在正用‘新经济政策’来纠正我们的许多错误，我们正在学习怎样在一个小农国家里进一步建设社会主义大厦而不犯这些错误。”② 这里说的“错误”，指的就是军事共产主义经济“强攻”给俄国带来的显性的和根本的危机。因此，新经济政策的参照系是军事共产主义，它的问题意识是很清晰的，就是治愈军事共产主义所引发的病痛。在本质上，新经济政策就是一剂药方。这剂药方肩负着既治标又治本的使命：说治标，新政改革必须迅速平息农民的怒火，否则国家没有未来；说治本，新政改革必须正确回答生产力落后的俄国如何向共产主义过渡这一根本问题（军事共产主义经济“强攻”给出的

① 徐海燕．中俄学者关于新经济政策问题的争论．俄罗斯中亚东欧市场，2011（3）：22.

② 列宁全集：第42卷．北京：人民出版社，2017：186.

回答是错的）。关于治标，新政改革通过改行实物税、允许自由流转来对农民利益实行让步，从而快速平息了农民的怒火；关于治本，1921 年春天俄共（布）第十次代表大会开启的新政改革给出了这样一个正确的答案（新政改革的成功证明了答案的正确性）：推行一种现实主义的方略。它以“顺民心、遵规律”为最高原则，以“围攻”即“以退为进”为战略路线，以国家资本主义为实践模式。这套方略在 1921 年春天召开的俄共（布）第十次代表大会上已经提出来了。

基于新经济政策是一剂“标本兼治的药方”这样一种认识，我们来评论上述三种观点：

1918 年年初论不成立，时间过早。应当肯定，1918 年年初论有其价值。它提醒我们注意 1918 年初的渐进过渡和新政改革之间的关联，两者确实是有内在关联的，这种关联在于：前者是后者的思想来源和理论基础，关于这一点我们在第一章已经详细论述过了。

但是，1918 年年初论将时间界定早了。具体来看，在 1917 年底—1918 年初的论述中，列宁确实提出了要搞国家资本主义的设想，但从具体内涵来看，这时的国家资本主义思想还只是意在吸收资本主义的先进文明。在列宁看来，作为经济文化落后的国家，俄国要想实现共产主义，就必须吸收资本主义所体现的人类文明来发展自身：其一，要学习国家资本主义所内含的对经济生活强有力的监督和调控，从而有效地消除小资产阶级自发势力给经济生活带来的破坏性、无序性；其二，要学习资本主义所体现的先进技术、管理经验等以发展生产力。基于这两个方面的考虑，列宁提出了搞国家资本主义的设想。我们必须看到，此时的俄国还没有经历军事共产主义所引发的严峻危机，国家资本主义还没有被提升到安抚民心、为过渡探寻正确道路的高度。一句话，从向资本主义学习到用资本主义去治标治本，其间还是有一段距离的。

1921 年秋天论也不成立，时间过晚。1921 年秋天论的价值在于提醒我们重视“第二次战略退却”的重要意义。1921 年秋，以列宁为首的布尔什维克突破对商业、市场、货币等经济关系的固有认识，放弃了先前带有强攻性质的“社会主义方式的商品交换”即产品交换，转而搞商品交换和市场经济。商业领域的退却终于走到了其坚实的基地——认识和遵循经济规律。因此，1921 年秋天论是有意义的，它强调了“第二次战略退却”的重要意义。

但是，1921 年秋天论将时间定晚了。从具体实践来看，新经济政策被作为“标本兼治的药方”来发挥作用从1921年春天俄共（布）第十次代表大会的召开就已经开始了，实物税和自由流转政策的推行就是治标，新路“围攻”（实践模式是国家资本主义）的推行便是治本。这一时期的缺陷只是在于还没有突破对商业、市场、货币等经济关系的固有认识，我们也不能苛求列宁一下子就突破固有的且根深蒂固的观念，对经济规律的认识、把握到遵循总得有个过程。

1921年春天论是成立的。新经济政策的出台确实是为了克服严峻的经济政治危机。但是，正如我们分析的，新经济政策不仅仅是治标，平息农民的怒火，克服危机，它更是治本之策。在俄共（布）第十次代表大会上，列宁已经深刻揭示了军事共产主义失败的根源：它在利益层面和经济关系层面都做得“过火了”，军事共产主义因背离民心和规律而失败了，因此必须走一条顺民心、遵规律的新路，这便是新政改革。1921年春天召开的俄共（布）第十次代表大会在事实上已经提出了新政改革的理念、战略路线、实践模式，换言之，俄共（布）第十次代表大会已经回答了落后的俄国如何向共产主义过渡这一根本问题。因此，新政改革是标本兼治。

（二）新政改革的实质

关于新政改革的实质问题引发了广泛的争论。路标转换派① 的责难是最具代表性的。该派的基本观点是：新政改革是俄国向资本主义的“蜕变”，而非“策略”。路标转换派说：“这个苏维埃政权在建设什么样的国家呢？共产党人说是共产主义国家，并要人相信这是一种策略：布尔什维克在困难关头把私人资本家糊弄过去，然后再达到自己的目的。布尔什维克可以爱怎么说就怎么说，但实际上这并不是策略，而是演变，是内部的蜕变，他们一定会走向通常的资产阶级国家”②。那么，路标转换派的立论依据是什么呢？显然就是新政改革在很大程度上恢复了资本主义。俄共（布）第十次代表大会作为新政改革的开端，明确宣布恢复自由流转，紧接着又推出租让制、租赁制，在分配领域也改用资本主义性质的经济核算制。1921年秋天，列宁更是主导了“第二次战略退却”，即承认商业、市场、货币等经济关系，从“社会主义方式的商品交换”即产品交换退回到

① 路标转换派是一个以俄国资产阶级知识分子为主体的社会政治派别，其主要代表人物有尼·瓦·乌斯特里亚洛夫、尤·弗·克柳奇尼科夫等人，该派因创办《路标转换》杂志和《路标转换》文集而得名。

② 列宁全集：第43卷．北京：人民出版社，2017：95.

商品交换和市场经济，资本主义要素得到了最大程度的恢复，新兴资产阶级力量也得以不断滋长。有鉴于此，路标转换派得出结论：随着资本主义因素的不断积累，俄国终究会发生“内部的蜕变”，实施新经济政策之后，苏维埃国家外面是“红色”的，里面却是“白色”的，最后将演变为里外都是“白色”的，经济的让步最终将导致苏维埃政权的丧失。苏维埃俄国想要再进到共产主义，那是不可能的了。

笔者认为，路标转换派的言论看起来振振有词，但事实上是站不住脚的。就其实质而言，新政改革是“策略”，是以退为进的过渡方式，而非“蜕变”。

第一，新政改革的初衷是在顺民心、遵规律的基础上发展社会生产力，最终过渡到共产主义。

关于这一点，列宁有明确的说明。在战略上，他将军事共产主义和新经济政策视为进攻要塞（共产主义）的两种手段。列宁指出，俄国之所以改行新经济政策，是因为军事共产主义所代表的“强攻”战略已经失败，必须改为以退为进的“围攻”。但不管如何，攻克要塞始终是苏维埃的目标，实现共产主义是苏维埃不变的理想。

实施新政后，有些人提出质疑：苏维埃政权现在专注于搞实物税、恢复小工业等，是不是已经忘记了自己来时的路和将要去的地方？列宁明确批评了这种观点，说它是十分可笑和荒唐的，苏维埃没有忘记自己的主要目标：那便是恢复大工业，为向共产主义过渡奠定基础。在任何时候苏维埃都没有放弃这一根本利益。只是和以前相比，苏维埃的策略变了，为了有步骤地恢复大工业，就必须首先恢复小工业，恢复农业。苏维埃现在不得不退到国家资本主义，通过它来安抚民心，恢复和发展生产力。因此，资本主义要素只是向共产主义过渡的必要“桥梁”，而非目的本身。在任何时候，苏维埃都没有忘记来时的路和将要去的地方，搞国家资本主义是现实情势决定的，是“策略”，而非目标。

第二，新政改革为过渡事业准备了充分的条件。

我们可以从两个方面来加以分析：一方面，新政改革使苏维埃政权赢得了民心。实施新政后，农民的生活有了盼头，他们满意了，农民暴动迅速消失；工人同样有了盼头，他们对布尔什维克的满意度迅速提升。前文提到的“伊里奇之灯”展现的就是农民乃至全体民众对实施了新政改革的苏维埃政权的肯定和赞美。赢得民心也就意味着无产阶级政权的巩固。按照列宁的分析，要想实现共产主义，就必须建立稳固的工农联盟。新政改革犹如一座桥梁，将农民同工人紧密地连接在一起，从而为过渡事业创造稳固的政治条件。

另一方面，新政改革极大地发展了俄国的生产力。新政改革实施后的短短几年，农业、轻工业迅速恢复，重工业也获得了重建的初始资金，作为整个经济生活中心环节的商业蓬勃发展。俄国的生产力已经恢复到第一次世界大战前的水平。新政改革为过渡事业奠定了经济基础。"新经济政策的俄国"正向"社会主义的俄国"迈进。

因此，新政改革看似在往后退，实则在前进，它为俄国的过渡事业准备了充分的条件。

第三，苏维埃政权在监督和调控资本主义的事业上持续发力。

在恢复资本主义之初列宁就已经做好了顶层设计，那便是用国家理性来规范资本主义。列宁指出，在过去、现在和将来，苏维埃承认的只是国家资本主义。苏维埃可以允许商人和资本家"发财"，但也加倍地要求他们"循规蹈矩"，遵守国家的相关法规。根据前面的分析，为了监督和调控资本主义，苏维埃政权建立起了一套涵盖立法、舆论监督、司法、执法在内的规范体系。对问题有清醒的把握并做了制度设计，问题便是可以解决的。

更为可贵的是，列宁对监督和调控资本主义的事业始终保持着实事求是的态度和忧患意识。1922 年 3 月 27 日，列宁在《俄共（布）中央委员会政治报告》中实事求是地指出，回顾过去一年监督和调控资本主义的事业，不得不承认，苏维埃并没有规范好资本主义，苏维埃缺乏监督和调控资本主义的本领。私人资本就像一辆不听使唤的车，通过投机倒把等非法活动破坏国家秩序。列宁对此充满忧虑，他指出，苏维埃必须正视这一问题，解决不好，革命事业和建设事业就会遭到失败。

列宁指出，在监督和调控资本主义的问题上，布尔什维克有"从头学起"的心气。苏维埃虽然缺乏监督和调控资本主义的本领，但已经认识到这一点，并且决心在这个基本领域"从头学起"。列宁指出，"只有当我们完全领会到和意识到这一点的时候，我们才能担保说，我们能够学会这点"①。可以说，这种态度至关重要。新事业不可能一帆风顺，如果遇到挫折就畏缩不前，甚至心灰意冷，那俄国真的就会发生"蜕变"。"从头学起"且坚持不懈，就一定能学会，有了这种心气和持续不断的努力，苏

① 列宁全集：第 43 卷．北京：人民出版社，2017：89.

维埃政权一定能够监督和调控好资本主义。从后续的实践来看，无论是学习“做生意”还是监督和调控资本主义，苏维埃政权都取得了切实的进步。

综上，新政改革的实质是“策略”，是以退为进的过渡方式，而非“蜕变”。

（三）新经济政策与社会主义的关系

这也是学术界争论颇多的问题。列宁在 1923 年 1 月 4 日和 6 日口授的《论合作社》一文中指出，由于新经济政策的实施，“我们不得不承认我们对社会主义的整个看法根本改变了”①。学者们对这句话做出了不同的解读。

俄罗斯科学院哲学所教授、哲学博士尤·普列特尼科夫认为，这时列宁对社会主义的看法确实发生了根本性的变化。在《新经济政策：列宁对社会主义看法的根本改变》一文中，普列特尼科夫指出，在新政改革初期，列宁所承认的社会主义经济成分只有一种——国有成分，合作社被视为小商品经济成分，属于资本主义经济要素。在《论合作社》这篇文章中，列宁实际上将合作社成分纳入了社会主义经济的范畴。合作社被视为社会主义所有制的形式，是组织居民过渡的新原则。列宁对诸如商业、市场、货币等经济关系的认识也发生了同样的变化。因此，列宁对社会主义的看法的确发生了根本性的改变。

俄罗斯社会主义学者协会科学方法中心主任、哲学博士米·伊戈尔金则提出了相反的看法。他在《新经济政策与社会发展的趋同模式》一文中指出，列宁对新经济政策与社会主义关系问题的认识并没有发生改变，新经济政策不是社会主义，而只是向社会主义的过渡。布尔什维克实施新经济政策，意在借助于国家资本主义、合作社等来“创造”社会主义的物质基础。因此，在列宁那里，他不承认诸如合作社、市场经济等要素属于社会主义。笔者认同这种观点。

第一，文本分析：“对社会主义的整个看法根本改变了”的内涵。

在《论合作社》一文中，列宁提出“我们对社会主义的整个看法根本改变了”这一说法，但是否可以由此得出结论说，列宁承认合作社、市场经济等要素属于社会主义因素呢？文本阅读有助于回答这一问题。我们来

---

① 列宁全集：第 43 卷．北京：人民出版社，2017：371.

看列宁紧接着对这个改变的解释，他说："这种根本的改变表现在：从前我们是把重心放在而且也应该放在政治斗争、革命、夺取政权等等方面，而现在重心改变了，转到和平的'文化'组织工作上去了。……我们的第二个任务就是在农民中进行文化工作。这种在农民中进行的文化工作，就其经济目的来说，就是合作化。要是完全实现了合作化，我们也就在社会主义基地上站稳了脚跟。但完全合作化这一条件本身就包含有农民（正是人数众多的农民）的文化水平的问题，就是说，没有一场文化革命，要完全合作化是不可能的。……现在，只要实现了这个文化革命，我们的国家就能成为完全社会主义的国家了。"① 细读这段文本，我们不难得出结论：列宁在这里所说的"对社会主义的整个看法根本改变了"是指布尔什维克政党的时代任务改变了，即要从原来的政治斗争、夺取政权的斗争转变为进行文化革命，即通过文化革命来提升普通民众尤其是农民的文化水平，从而推进合作化，为向共产主义过渡准备条件。因此，从文本来看，普列特尼科夫的观点未免过度解读了。

第二，新经济政策与社会主义的关系问题分析。

列宁如何认识作为新经济政策要素的商业、市场、货币、合作制呢？是否在后期改变了看法，将这些要素视为社会主义制度的构成部分呢？笔者认为，在列宁那里，新经济政策虽是向社会主义的过渡，但新经济政策与社会主义依然是泾渭分明的，商业、市场、货币等经济关系乃至合作制始终只是被定义为"中介"。

我们可以从文本论述中把握这一点。对新经济政策的中介性质，列宁有大量论述。他说："既然我们还不能实现从小生产到社会主义的直接过渡，所以作为小生产和交换的自发产物的资本主义，在一定程度上是不可避免的，所以我们应该利用资本主义（特别是要把它纳入国家资本主义的轨道）作为小生产和社会主义之间的中间环节，作为提高生产力的手段、途径、方法和方式。"② 显然，列宁是将新经济政策即国家资本主义（自由流转、租让制、经济核算制、商业、市场、货币等）视为向社会主义过渡的手段、中介、桥梁，而非目的。

我们还可以从列宁有关商业、市场、货币等经济关系的直接论述中看到他一贯的态度。在苏俄国内战争时期，列宁对商业、市场、货币等经济

① 列宁全集：第43卷．北京：人民出版社，2017：371－372.

② 列宁全集：第41卷．北京：人民出版社，2017：217.

关系持坚定的批判态度。他说："我们不愿意后退而且也决不会后退，去恢复资本家的权力，恢复货币权力，恢复发横财的自由。……必须……根除旧的资本主义的贸易自由、发横财的自由、狗咬狗的自由、压迫人的自由，根除这种种曾把全世界淹没在血泊中的自由。"① 可以说，列宁最尖锐的批判都指向了商业、市场、货币等资本主义经济关系。

到了新经济政策时期，尤其是到了1921年秋天，列宁对待商业、市场、货币等经济关系的态度是否发生了根本改变呢？答案依然是否定的。我们来看实施新经济政策之后，列宁对商业、市场、货币等经济关系的有关表述。他在1921年10月29日莫斯科省第七次党代表会议上关于新经济政策的报告中指出："军事上和政治上的热情是一种公认的巨大的历史力量，曾经起过伟大的作用，并将对国际工人运动有深远的影响。如果我们依靠这种热情，再有相当的文化水平和稍微完好的工厂，能够直接进行社会主义建设，那么，我们就不会来搞商业核算和生意经这套讨厌的玩意儿了。那时这一套就不需要了。可是现在我们必须搞这一套。为什么呢？因为我们正在领导而且必须领导经济建设。经济建设促使我们不仅需要采取出租这种不愉快的手段，而且需要搞做买卖这套讨厌的玩意儿。这种不愉快的情形会使人意志颓丧，情绪低落，这是可以料到的。"② 可见，即使到了1921年秋天，我们依然可以从"讨厌的玩意儿""意志颓丧，情绪低落"这些表述中鲜明地看到列宁对待商业、市场、货币等经济关系的内心态度。从内心感情来看，列宁肯定是不喜欢商业、市场、货币等经济关系的，如果能越过这些因素而直接过渡到社会主义，那对于这位苏维埃最高领导人而言是最痛快的事情了。可见，列宁内心是不把商业、市场、货币等经济关系视为社会主义的组成部分的，他坚持的是传统马克思主义的社会主义观。商业、市场、货币等经济关系，即国家资本主义，始终只是手段，一种为了发展生产力而不得不采取的手段。

（四）评价新政改革的成效

如何评价新政改革的成效是学界讨论得很多的一个问题。其中有一种观点认为，新政改革只是缓和了苏维埃制度所遭遇的危机，并没有从根本上解决这些危机，这些危机最终导致了新政改革的失败。历史学博士、教

① 列宁全集：第35卷．北京：人民出版社，2017：471-472.

② 列宁全集：第42卷．北京：人民出版社，2017：247.

授 B. II. 德米特连科是持这种观点的代表人物。他在《对新经济政策的四个考量》一文中指出，新经济政策诞生于苏维埃陷入危机之时，它在本质上是一种“让步”，通过它，苏维埃的矛盾得到了“缓解”，但是新经济政策并没有在实际上克服严峻的经济政治危机。其中，非社会主义经济成分的发展、监督和调控资本主义的问题始终难以解决。

笔者认为，在评价一个改革实践的成效时，有两个主要标准：一是看它能否有效地解决时代的主要问题；二是看它能否有效地克服新问题。应当说，新政改革在这两个方面都做得非常出色。

第一，新政改革平息了民怒，激发了民众生产的积极性，极大地促进了生产力的发展。

新经济政策实施前夕，苏维埃俄国面临着解决严峻危机的问题，概括起来就是如何平息沸腾的民怒，调动民众生产的积极性以恢复和发展社会生产力，这是当时苏维埃俄国面临的主要矛盾。新经济政策的制度设计着眼于安顿民心和适应生产力发展的需要，实物税、自由流转、经济核算制、租让制以及 1921 年秋天开启的商品交换、市场经济，无一不是以顺民心、遵规律为基本遵循的。具体来说，实物税和自由流转为农民个人利益的实现开辟了空间，从而平息了其愤怒，激发了农民生产的积极性。经济核算制的推行则给了广大工人以生活的盼头，个人终于可以凭借勤奋劳动而获得更多的报酬。实物税基础上的自由流转、经济核算制、租让制、商品交换、市场经济都是适应苏维埃俄国现实生产力发展状况的需要。通过这些政策的实施，人民满意了，人民高兴了，人民有干劲了，生产力也获得了与之相适应的经济关系。顺民心、遵规律的结果就是生产力得到了快速的恢复和发展。农业迅速恢复到第一次世界大战前的水平，轻工业高涨，重工业也获得了发展资金，商业流转繁荣活跃。可以说，新经济政策出色地解决了苏维埃俄国面临的主要矛盾，为向共产主义过渡打下了坚实的基础。一位医生，如果能除去病人的主要疾病，就已经是一位高明的医生了。从这个意义上说，新经济政策无疑是一剂良药，列宁无疑是一位高明的医生。基于这一点，我们就应当充分肯定新政改革的伟大功绩。

第二，新经济政策内含解决新问题的药方。

新政改革是要在很大程度上退回到资本主义，这是否会引发新问题，苏维埃俄国是否会走资本主义回头路？新政改革在这个方面显示出高超的智慧。根据前面的分析，国家资本主义不仅是新政改革为解决发展生产力的难题而给出的药方，而且这剂药方也内含对可能出现的新问题即资本主义所引发的弊病的克服，即充分发挥国家理性的作用，用国家理性来规范资本主义，让其始终在国家利益的轨道上运行。

一是列宁等人在恢复资本主义之初就清醒地认识到其可能带来的弊端。列宁在俄共（布）第十次代表大会的报告中就直言不讳地指出，恢复自由流转就是恢复资本主义，“流转自由就是贸易自由，而贸易自由就是倒退到资本主义”①。这一点无须讳言，而且这正是苏维埃的自觉选择。租让制、经济核算制以及 1921 年秋天的商品交换则是在更大程度上退回到资本主义。之所以要做这样的选择，是由俄国的现实国情和民情决定的。列宁同时指出了资本主义的恢复可能带来的危害。资本主义可能对经济生活造成危害，如投机倒把、囤积买卖、唯利是图等。更为严峻的是，恢复资本主义就意味着苏维埃面临同资本主义的斗争，这场斗争的成败甚至决定着苏维埃革命的命运。关于这一点，列宁有清楚的表述。他说：“要知道，如果资本家战胜我们，那就意味着恢复老样子。这一点已为以往一切革命的经验所证实。我们党的任务就是要使大家都认识到，存在于我们中间的敌人就是无政府状态的资本主义和无政府状态的商品交换。必须清楚地了解斗争的这个实质，并且使广大工农群众清楚地了解斗争的这个实质：‘谁战胜谁？谁将取得胜利？’”② 可见，列宁在恢复资本主义之初就充分认识到可能带来的问题，这虽不是问题的解决，但至少是解决问题的开端。

二是国家资本主义——用国家理性驾驭资本主义。这是列宁敢退回到资本主义的底气。他一直强调，退回到资本主义并不会产生严重的、无法克服的弊病，因为苏维埃要建立的是国家资本主义，这种设计本身就包含着问题的解决。国家资本主义，就是要充分发挥国家理性在监督和调控资本主义中的威力与作用。这种力量通过国家法律、监督机制、执法机制等体现出来。列宁的一段话最能体现这种思想，他说：“做生意吧，发财吧！我们允许你这样做，但是我们将**加倍**严格地要求你做老实人，呈送真实准确的表报，不仅要认真对待我们共产主义法律的条文，而且要认真对待它的**精神**，不得有**一丝一毫**违背我们的法律，——这些就应当是司法人民委员部在**新经济政策**方面的基本准则。……使我们这里的资本主义成为‘训

① 列宁全集：第 41 卷．北京：人民出版社，2017：54.

② 列宁全集：第 42 卷．北京：人民出版社，2017：199.

练有素的'、'循规蹈矩的'资本主义"[1]。无产阶级国家政权必定会严厉打击滥用新经济政策的行为。除了用法制手段来调控资本主义，苏维埃政权也在努力学习用经济手段来调控资本主义。1921 年秋天列宁宣布实行"第二次战略退却"之后，无产阶级国家政权更加清醒地认识到，商业正是无产阶级国家政权必须全力抓住的环节，国家也在努力学习经营商业，用自由贸易原则击败自由贸易。可见，在恢复资本主义的同时，列宁已经做好了制度的顶层设计。

三是国家理性的发挥取得了阶段性的成果。这方面的内容在前文中已经分析过了，不再赘述。在严惩滥用新经济政策的行为的问题上，在学习"做生意"的问题上，苏维埃政权都取得了可圈可点的成绩。更可贵的是，作为苏维埃最高的改革者，列宁始终保持着清醒的头脑和高昂的斗志。他指出，苏维埃虽然在监督和调控资本主义的问题上取得了一定的成绩，但必须认识到问题依然存在，监督和调控资本主义、学习"做生意"的任务对于苏维埃而言依然是很生疏的，苏维埃必须时刻保持干劲，无论如何都要努力完成这一任务。这种既鼓励又劝勉的态度一定会指导苏维埃政权在监督和调控资本主义的问题上取得更大成绩。

我们看到，新经济政策即国家资本主义在设计之初就是指向两个方面的：一个是通过政策让步来解决发展社会生产力的问题；另一个则是通过国家理性来克服资本主义的弊端。这个设计本身就很高明，既着眼当下，又关注未来；既治愈国家的病痛，又预防猛药去疴后的副作用。从实践来看，前一问题获得了充分的解决，后一问题也在不断得到解决。因此，不管是从其制度设计来看，还是从其实践效果来看，新政改革都无疑是高明的。

二、在列宁思想进程中

落后俄国向共产主义过渡的问题，是列宁毕生实践最重要的主题之一。历经挫折和磨难，到新政改革时期，列宁关于落后俄国如何向共产主义过渡的思考和实践终于成熟了。我们从哲学分析的视角来剖析列宁思想的成熟。从十月革命前夕到 1918 年初这段时间，"法"（民心和规律）只

① 列宁全集：第 42 卷. 北京：人民出版社，2017：439.

是作为“自在的法”即潜在力量在发挥作用，此时列宁选择搞国家资本主义只是基于经验的观察，而非基于对“法”的深刻、理性的把握；在军事共产主义时期，布尔什维克试图借助于激进的改革跑步进入共产主义，“法”为热情的浪潮所淹没；进入 1921 年，“法”以严峻的经济政治危机的形式显现自身，让列宁和整个布尔什维克党苦透了。痛定思痛，列宁终于体悟民心和规律，遵道而行。新经济政策的推行是对军事共产主义的“纠错”，是否定之否定的结果。在经历否定之否定的逻辑进程后，列宁见道、悟道、遵道而行。推行以“顺民心、遵规律”为最高原则，以“围攻”为战略路线，以国家资本主义为实践模式的新政改革，这不是简单的反复，而是“法”在更高层面回到自身，是列宁在苦透了、悟透了之后的思想成熟。

（一）关于“成熟”的哲学解析

何谓“成熟”？我们采用的是哲学分析的视角。历史大剧《康熙王朝》有句台词：“苦透了，其实是件好事。苦透了，也就成熟了。”这是对“成熟”的朴素而深刻的理解。苦透了、悟透了，我们才能真正认识并践行大道。将上述道理上升到哲学高度则是哲学家黑格尔所做的工作。黑格尔指出，只有经历过否定之否定，理念才能成为真实而有力的东西。为避免过于抽象的讨论，我们选取黑格尔在《法哲学原理》一书中关于抽象法的讨论来加以分析。

按照黑格尔的分析，世间存在着本质的东西，那便是“绝对精神”，整个世界就是绝对精神客观化、现实化的产物。精神哲学按其发展可分为主观精神、客观精神和绝对精神三个阶段。其中，客观精神是精神显现于人类社会的阶段，它构成抽象法、道德、伦理和国家制度等内容。我们在这里分析的是自由意志（客观精神、“法”）发展的第一个阶段即抽象法阶段，看看自由意志是如何一步步从“自在的法”成长为“自为的法”，成长为真实而有效的东西的。

肯定。在抽象法的第一个环节，自由意志作为“本质的东西”在其最初阶段体现为所有权，财产就是自由意志最初的“定在”。此时，意志主观追求的只是外在的所有物，而非意志本身，因此，自由意志在这一环节只是作为“自在的法”，换言之，自由意志还未觉醒，尚未进入人的意识。

否定。第一个环节的自由意志由于还只是“自在的法”，故而很容易遭到“不法”的否定，在“不法”中它变成了“假象”，这便从“自在的法”过渡到了“不法”环节。其中，“强制”和“犯罪”作为主观故意是真正意义上的“不法”；在“强制”和“犯罪”中，无论是“法”的主观方面还是其客观方面，均遭到了破坏。这是“不法”对“法”的否定。

否定之否定。“强制”与“不法”在其概念中自己破坏了自己，换言之，“强制”必遭反强制，“不法”必定被“扬弃”。黑格尔指出，否定这种“不法”的不是别的东西，就是“法”本身的力量，“法”是扬弃“第一种暴力的暴力”。说白了就是，当人的自由权利遭到侵犯，自由权利、自由意志就化身为强有力的法律和司法，对犯罪实施法律制裁，重新肯定“法”本身。

黑格尔运用本质和假象这对概念来分别指代“自在的法”（普遍的意志）和“不法”。按照他的理解，自在的法即普遍的意志最初只是某种“直接的存在”，换句话说，它还没有真正成为真实有效的东西。这种直接的东西是容易遭受否定的，而否定本质的便是假象，假象是不符合本质的定在，是对本质的否定。但假象是虚妄的东西，它虽然否定了本质，但本身不可持久，当它要求自己作为一种权利而存在时，它便消失了。它是怎么消失的呢？答案是：本质又把否定它的东西即假象否定了，从而成了坚固的东西。黑格尔说：“不法就是这样一种假象，通过它的消失，法乃获得某种巩固而有效的东西的规定。”① 就这样，自由意志经过否定之否定的逻辑进程后返回到自身，成为现实而有效的东西。

去除绝对精神的外壳，我们可以领悟到哲人在上述晦涩的哲学语言背后所表达的一个朴素而深刻的道理：这个世界的本质、真理只有经历否定之否定的艰难折腾后，才会真正进入人心并成为指导原则。对于人而言，这一过程便是一个“苦透了”“悟透了”的过程。

（二）逻辑与历史的统一

细细审视列宁有关俄国如何向共产主义过渡的认识和实践，我们会发现，整个过程就是哲学逻辑的展开过程，是一段苦透了、悟透了的修行之旅，是本质（民心和规律）回归自身的历程。

1. 肯定阶段：民心和规律作为“自在的法”

十月革命前夕到1918年初是列宁尝试进行向共产主义过渡的第一个时期，在逻辑上对应“肯定”环节。前面也分析过，在这一时期，列宁在

---

① 黑格尔．法哲学原理．北京：商务印书馆，1961：91.

过渡问题上持审慎、渐进的态度，其总的思路是向德国学习，搞国家资本主义，认为国家资本主义是俄国的“救星”。一方面，国家资本主义能有效克服小资产阶级自发势力给经济生活带来的混乱和破坏，为俄国生产力的发展扫清障碍；另一方面，国家资本主义集中体现了资本主义的先进生产方法、管理方式和先进技术。列宁得出结论，俄国能否建成社会主义，关键就看俄国能否很好地将苏维埃政权同资本主义最新的“进步的东西”结合起来。这些思想成为日后新政改革的思想来源。

可以看到，这一时期的国家资本主义政策暗合了民心和规律。但是，这只是“暗合”，因为民心和规律此时还只是“自在的法”，并不是改革者清醒的选择，列宁并没有说，俄国是出于顺民心、遵规律的内在要求而搞国家资本主义。事实上，列宁的选择只是基于经验和直觉。他在德国生活和考察过很长时间，这种经验无疑会发生作用。列宁根据自己在德国考察的经验，觉得国家资本主义是一种好东西。他指出，历史的发展是如此奇特，到 1918 年世界竟产生出“两半的社会主义”，俄国和德国分别代表实现社会主义的两个方面的条件：前者代表的是政治条件，即无产阶级政权；后者则代表的是社会经济条件，即国家资本主义。列宁指出，如果德国迟迟不诞生革命，那么俄国人的任务就是学习德国人的国家资本主义，全力效仿，甚至不惜用野蛮的手段来对付野蛮。因此，此时列宁更多是基于实际观察而选择搞国家资本主义，而并非自觉地从民心和规律的高度出发做出这种选择。一句话，民心和规律还只是作为未进入人心的潜在理念发挥作用。

2. 否定阶段：民心和规律为热情的浪潮所淹没

正因为在第一个阶段民心和规律还只是“自在的法”，未经历实践的洗礼，所以还没有成为真正稳固的东西，容易动摇和遭受否定。1919 年 12 月—1921 年 2 月，民心和规律便遭到了基于热情的经济“强攻”的否定。

1918 年 7 月 29 日，列宁在全俄中央执行委员会、莫斯科苏维埃、工厂委员会和工会联席会议上的讲话是一个标志性事件，在这篇讲话中，列宁指出，局势已经危急到了顶点，战争问题、军事问题已经成为革命的根本问题，苏维埃必须全力以赴，为保卫“社会主义的火炬”而战。此时列宁对这场战争是否有必胜的信心呢？说实话，没有。他自己多次说过，苏俄内战的胜利是一种“奇迹”，是所有人都始料未及的结局。

很自然，列宁要去思考和总结，为什么新生的、弱小的苏维埃政权能战胜世界上最强大的敌人？苏维埃的制胜法宝是什么？列宁给出的答案是："集中、纪律和空前的自我牺牲精神"①。这个总结是中肯的。弱小的苏维埃政权之所以能取得战争的胜利，确实依靠了国家层面的集中和个人层面的牺牲精神，其中，国家层面的集中以个人层面的牺牲精神为基础。列宁曾提到，苏维埃军队的士兵绝大部分是农民出身，在苏俄内战时，国家实行余粮收集制，为何这个制度能推行下去？为什么士兵没有倒戈？归根到底是农民展现出牺牲精神和承受苦难的能力。一句话，苏俄内战的胜利根源于全体国民的英雄主义、牺牲精神。先进的党员带头冲锋，广大民众则紧紧跟随。这是制胜法宝。

苏俄内战结束后，包括列宁在内的整个国家领导层都沉浸在英雄主义带来的胜利的喜悦中。热情和牺牲精神的威力能开山劈石，如果能延续和利用好民众的热情，何事不成？可以说，苏俄内战的胜利彻底改变了列宁，使他和整个国家领导层都处于一种亢奋状态，以为热情所到之处，必定能再造"奇迹"。

正是基于这样一种信念，在和平建设问题上列宁不假思索地认为并主张：要把流血战争中取得的宝贵经验运用到不流血的战争中去，运用到经济建设中去。列宁坚信，"强攻"战略一定能运用于和平建设事业，只要继续发挥民众的热情和牺牲精神，苏维埃就一定能在经济建设尤其是恢复大工业的事业中创造出比军事胜利更大、更辉煌的"奇迹"。可以说，这不仅是列宁个人的想法，也是绝大多数经历国内战争的国家领导人的普遍想法。一位老布尔什维克曾经清楚地表达了这种情绪和信念：苏维埃俄国既然能够在军事战线上进展顺利，那么在国民经济建设中也能够有同样的顺利。布尔什维克已经被"速度"陶醉了。苏维埃的事业进展得如此之快，以至于布尔什维克都认为，共产主义这个光明的未来已经"近在咫尺"。在经济建设领域沿用"强攻"战略，其具体的实践模式便是军事共产主义。

到这里，民心和规律被否定了，被热情主义、理想主义否定了。在1920年12月，苏维埃召开了一次农民代表座谈会，各省农民代表直面领袖，纷纷表达了自己的利益诉求——废除余粮收集制，但列宁已经充耳不闻了。为什么会这样呢？因为此时的领袖乃至整个国家领导层都沉浸在热情中，陶醉于速度。在热情的浪潮的冲击下，此时还只是"自在的法"即未经历实践洗礼的民心和规律，就很自然地被否定了。

① 列宁全集：第38卷．北京：人民出版社，2017：276.

3. 否定之否定阶段：民心和规律深入人的自我意识

前面提到，在黑格尔看来，否定的环节属于假象，而假象是虚妄的东西，它虽然否定了本质，但本身不可持久，必定会被本质再次否定。具体到俄国的改革历程来看，当“法”（民心和规律）被经济“强攻”否定后，“法”并非就此沉沦，而是通过强有力的方式来否定“强攻”，最终深入人心。

第一，本质展现威力，让人“苦透了”。

踏入 1921 年，苏俄爆发了严峻的经济政治危机。1921 年 2 月 28 日爆发的喀琅施塔得水兵兵变更是将危机推向了最高点。如何认识危机的实质？学界有着不同的理解。如果我们从本质和规律的高度去剖析，那么它应当被视为民心和生产力在以最激进的方式表达自己对军事共产主义的反抗。关于这一点，我们可以从农民暴动中响彻四方的呼声和诉求中看得清楚。“打倒粮食征收制！”“自由贸易万岁！”，不正是个人利益和俄国现实生产力的要求吗？

这场严峻的经济政治危机给苏俄带来了极为严重的后果。整个国家的经济以前所未有的速度倒退，民生艰难；更为严峻的是，民众和苏维埃政权之间出现了深刻的撕裂，民众组成的军队和苏维埃军队在战场上的兵戎相见是苏维埃历史上最悲情的一页。民心和规律以这样一种惨烈的方式显现自己的威力。

民心和规律显现威力，在列宁的心中所造成的体验就是“苦透了”。列宁这样描述危机给他以及整个国家带来的痛苦体验：“在经济战线上，由于我们企图过渡到共产主义，到 1921 年春天我们就遭到了严重的失败，这次失败比高尔察克、邓尼金或皮尔苏茨基使我们遭到的任何一次失败都严重得多，重大得多，危险得多。”① 严峻的危机真的是让列宁和整个苏维埃政权苦透了，列宁以及很多布尔什维克寝食难安、忧心忡忡。苦，是为了让人看清世界和生活的本质与真相。

第二，苦透了之后的深刻反思。

应当说，本质最初的显现并没有那么严峻，而是比较温和的。1920 年 12 月，各省农民在代表座谈会上纷纷表达了对余粮收集制的不满，认为它收得太多、不公平，等等，这就是民心和生产力的声音。借助于座谈会上的农民代表之口，本质初次显现了自身。可惜的是，此时的苏维埃

① 列宁全集：第 42 卷．北京：人民出版社，2017：195.

领袖和大部分布尔什维克党领导人都还沉浸在热情与英雄主义的迷梦中。直到严峻的经济政治危机爆发之前，列宁还坚持要求，每个农民家庭必须交出余粮，1 普特都不能剩。苏维埃政权失去了和平解决危机的宝贵时机。

温和的敲打不起作用，民心和规律就不得不化身为严厉的拷打。严峻的经济政治危机就是这样一种拷打，让整个布尔什维克党都苦透了。痛定思痛，列宁进入对危机的深刻反思中。在黑格尔看来，反思是非常重要的，这是本质最终回到自身的必要逻辑环节之一。所谓反思，意指跟在事实后面的反复思考，它是对“思想的思想”、对“认识的认识”。黑格尔认为，人类的反思是一个由表及里、逐步深化的过程，而且只有深入“理性的反思”阶段，人才能够真正深入本质，达到对本质的认识。

列宁是一个有着深刻思考力的人，在沙皇统治时期，农民起义风起云涌，对此他就有过深刻的思考。在一个农民国家里，事情竟弄到如此田地，以致农民起义如滔滔江水四处泛滥。列宁问：这是农民的问题吗？不是。“如果政府的行为是明智的，如果它的措施合乎贫苦农民的需要，难道农民群众还会闹风潮吗？但是政府所采取的……一切措施，都是反对农民的，逼得他们不得不举行起义。”① 农民是被逼上梁山的，因此，问题出在统治者身上，“万方有罪，罪在朕躬”。应该反思错误的是统治者，而非普通百姓。这种深刻的思考力为列宁领悟本质奠定了基础。

面对 1921 年春天的严峻危机尤其是大规模的农民暴动，列宁也进行了深刻的反思。他并没有将矛头指向农民，而是反躬自问。反思的内容我们在第一章已经详细剖析过了，概括起来就是列宁认识到，建基于热情的经济“强攻”背离了民心和规律：背离民心体现为“强攻”没有安顿好普通民众的个人利益，对人性要求太苛刻；背离规律体现为“强攻”没有看顾好现实生产力的发展水平和需要。结果就是，本质不得不化身为严峻的经济政治危机来告诉布尔什维克，他们“错了”。到这里，民心和规律通过深刻的反思终于进入列宁的意识中。

上述认识在 1921 年 10 月 14 日列宁所做的《十月革命四周年》的报告中有总结性的概括。列宁指出，“我们为热情的浪潮所激励……我们曾计划依靠这种热情直接实现与一般政治任务和军事任务同样伟大的经济任务。我们计划（说我们计划欠周地设想也许较确切）用无产阶级国家直接

① 列宁全集：第 33 卷．北京：人民出版社，2017：17.

下命令的办法在一个小农国家里按共产主义原则来调整国家的产品生产和分配。现实生活说明我们错了”①。列宁认识到，是布尔什维克被热情的巨浪冲昏头脑以致在行动上偏离了民心和规律，严峻的经济政治危机就是民心和规律在向其展现雷霆之怒。到这里，列宁的反思达到了黑格尔所说的“理性的反思”水平，即认识与把握到世界的本质和规律。凭借深刻的反思能力，苏维埃政权的最高领导人得以窥见天道。苦透了，也“悟透了”。

第三，苦透了、悟透了之后的遵道而行。

苦透了、悟透了之后自然是遵道而行。顺民心、遵规律已经深入列宁的意识中，成为他进行新政改革的最高原则，这真的可以说是在长夜痛哭、喟叹和苦思之后的领悟。在这一最高原则的指导下，列宁在战略路线、实践模式、依靠力量等方面都做出了与军事共产主义截然不同的选择，借新政来“纠错”。

具体到实践模式方面，列宁再次选择了国家资本主义，在形式上这种选择虽然和第一个阶段是一样的，但在实质上，它表明本质在更高层面回到自身。在第一个阶段（十月革命前夕到1918年初），列宁通过经验观察，看到了国家资本主义对发展社会生产力的作用，因此要求全力效仿德国的国家资本主义。国家资本主义是符合民心和规律的，但此时列宁并非基于对本质的深刻把握而是基于直觉和经验做了选择，本质还只是“自在的法”，尚未成为自觉的选择。

在经历严峻的经济政治危机的拷打以及对危机进行深刻的反思后，列宁开始遵道而行。1921年春天，新政改革再次选择国家资本主义，这次的选择就不再仅仅基于经验和直觉，而是建基于对理念的深刻把握。民心不可逆，规律不可违。国家资本主义是现实的民心和生产力的深切要求，因此顺民心、遵规律，就必须选择国家资本主义。这是清醒的遵道之举。关于这一点，列宁有过清晰的表述。他指出，向共产主义过渡不能直接凭热情，现实生活已经证明那是错的，而必须“靠个人利益，靠同个人利益的结合，靠经济核算，在这个小农国家里先建立起牢固的桥梁，通过国家资本主义走向社会主义；否则你们就不能到达共产主义，否则你们就不能把千百万人引导到共产主义。现实生活就是这样告诉我

---

① 列宁全集：第42卷．北京：人民出版社，2017：187.

们的”①。在这一段话中，“现实生活”是一个关键词，列宁再次选择国家资本主义，是基于对“现实生活”的深刻把握。“现实生活”到底是什么？说白了就是民心和规律，就是天道。在体悟天道后，列宁选择搞国家资本主义，借助于这种制度来同个人利益相结合，同小农国家的生产力发展需要相结合，从而平息民怒，激发劳动干劲，发展社会生产力，最终实现向共产主义的过渡。这是历尽磨难后，“现实生活”告诉列宁并且列宁也深刻领悟到的道理。可以看到，苦透了、悟透了之后的遵道而行意味着本质终于成为“自为的法”，经历了否定之否定的逻辑过程之后，本质成为真实而有效的东西，遵道而行成为列宁新政改革的最高指导原则。

（三）道路坚定与道路自信

“法”和本质进入列宁的内心，成为新政改革的最高指导原则后，世间已经没有任何力量能动摇列宁推行以“顺民心、遵规律”为最高原则，以“围攻”为战略路线，以国家资本主义为实践模式的改革了。任他风吹雨打，我自岿然不动。

1. 他人的质疑、不满、愤怒乃至反对无法动摇列宁的信念

在许多人尤其是一批老布尔什维克看来，搞国家资本主义（实物税基础上的自由流转、经济核算制、租让制，到后来的市场经济）就是走资本主义回头路，尤其是 1921 年秋列宁提出“第二次战略退却”，将苏维埃政权的主要任务界定为：退回去学习“做买卖”，努力成为精明的“批发商”。面对新经济政策所催生的大批“耐普曼”和进入俄国赚取大量利润的外国资本家，以及诸如此类的变化，这批真诚的布尔什维克无法理解，有人万念俱灰，也有人愤怒指责列宁：到底要将俄国带到哪里去？

面对这些质疑，列宁并没有动摇，他内心十分清楚，新政改革是建基于顺民心、遵规律的改革，而只有顺民心、遵规律，方能成事。面对这些质疑和反对，列宁给予了十分坚定的回应，他说：“到 1921 年春天情况已经很清楚：不是直接进行社会主义建设，而是要在许多经济领域退向国家资本主义；不是实行强攻，而是进行极其艰苦、困难和不愉快的长期围攻，伴以一连串的退却。……必须这样做。”② 为何要推行新政改革？为何要搞国家资本主义？这不是因为苏维埃对它们有什么偏爱，而是苏维埃

① 列宁全集：第 42 卷．北京：人民出版社，2017：187.

② 同①237－238.

“现实情况”告诉苏维埃必须这样做，这个“情况”的深意就是民心和规律。因此，必须遵道而行。

2. 热情也无法再动摇列宁的信念

为何在苏俄内战结束后，布尔什维克选择“强攻”这一激进的过渡路线呢？为热情所鼓舞。正如列宁所指出的，布尔什维克正是为“热情的浪潮”所激励，从而计划直接依靠人民的热情来完成与政治任务和军事斗争同样伟大的经济任务。前面分析过，此时的本质（民心和规律）还只是“自在的法”，并不坚固，因而是容易遭到否定的。在热情的鼓舞下，列宁和布尔什维克就选择了一条激进的过渡道路，“自在的法”就被否定了。

在经历严峻的经济政治危机后，列宁苦透了，也悟透了，顺民心、遵规律已经成为他内心深处最坚固的指导原则，成为“绝对命令”。从这时起，“热情的浪潮”再也无法动摇列宁推进国家资本主义事业的决心。在新政改革时期的文献中，我们到处都可以看到“审慎”“冷静”“不能凭借热情”等表述。列宁已经热情不在了吗？当然不是，只是经过先前的磨砺后，改革者已经悟道。热情依旧，只是它已经无法再冲昏头脑，无法再否定坚固如铁的“法”，而是被转化为持久干事业（搞国家资本主义）的力量。

除了道路坚定，我们也能感受到列宁在见道、悟道后的道路自信。列宁有一段话集中体现了这种道路自信。他说：“我们相信，走我们这条道路一定能恢复农业和工业的关系。……我们应当作出成绩来。我们已经开始取得成绩。……在这里，要取得胜利比较困难。在这里，我们不能像我们过去在政治和军事方面那么迅速地达到自己的目的。在这里，我们不能凭借热情，大步跃进，而且期限也不同，要以几十年来计算。……我们要取得胜利就得用这么长的时间。但我们的道路是正确的……我们已经开始沿着这条正确的道路前进了。”① 在这段话里，列宁一方面承认新政改革的艰难和漫长，另一方面也明确表达了道路自信，苏维埃正走在“正确的”道路上，因为这是遵道而行。道阻且长，但只要方向正确，脚步不歇，终究会到达目的地。1922 年 11 月 20 日，列宁发表了最后一次公开讲话，他指出，伴随着新政改革的成功，“新经济政策的俄国将变成社会主义的俄国”②。

---

① 列宁全集：第 42 卷. 北京：人民出版社，2017：349.

② 列宁全集：第 43 卷. 北京：人民出版社，2017：306.

行文至此，关于新政改革在列宁思想进程中的地位和作用已经很清楚了。新政改革是列宁在苦透了、悟透了之后遵道而行的产物。应当看到，思想的成熟是一件多么不容易的事情。从逻辑上讲，本质在最初阶段只是"自在的法"，必须经过否定之否定的曲折历程后才能成为真实有效的东西。就列宁关于落后俄国如何过渡到共产主义的认识而言，这位改革者也曾经因热情的浪潮而偏离正常的轨道，以至于不得不面对严峻的经济政治危机，在长夜中痛苦、喟叹，在痛彻心扉的反思后方能领悟到世界的本质并遵道而行。一个个体乃至一个民族的成熟真的只有在苦透了、悟透了之后方能得以实现。

历经劫难后，列宁终于站到了规律的高度，用国家资本主义去安顿个人利益和现实生产力的发展需要，用耐心、信心去推行以退为进的"围攻"战略。经过实践的洗礼，理想依旧，但它终于贴近于俄国的现实国情、生产力和人性。顺民心、遵规律的新政改革最终也给俄国带来了巨大成功。苦透了、悟透了，也就成熟了。

三、在当代实践格局中

新政改革既离我们远去，也离我们很近。远去，是说它已经过去一百年了；很近，是说今天我们依然能从这场改革中，从其主要领导人列宁的身上吸收宝贵的精神养分。

（一）在改革建设中要有勇于认错、深刻反思和果断纠错的精神

勇于认错、深刻反思、果断纠错的精神在新政改革中的列宁身上有着深刻的体现。前面提到，苏俄国内战争结束后，列宁主张将流血战争中取得的经验运用到不流血的战争中去，即将"强攻"战略运用于经济的恢复和发展，其实践模式就是军事共产主义。在经济关系层面，经济"强攻"按照"共产主义原则"来调整国家的生产和分配，即通过建立纯之又纯的公有制来集中国家的一切财力、物力和人力以恢复大工业；在利益层面，经济"强攻"要求普通民众包括广大农民勒紧裤腰带支援国家工业建设。列宁等人坚信，苏维埃可以通过"强攻"战略一举拿下共产主义这座堡垒，跑步进入共产主义。悲剧的是，布尔什维克等来的不是英雄主义的凯歌，而是严峻的经济政治危机。面对这种严峻局面，是一条道走到黑，

还是勇于认错、深刻反思并果断纠错呢？列宁选择了后者，1921年春天召开的俄共（布）第十次代表大会拉开了列宁反思经济“强攻”弊病的序幕。在俄共（布）第十次代表大会报告中，列宁指出，苏维埃错误地高估了人民群众的思想觉悟、对苦难的承受能力，在工业国有化和商业国有化方面走得“太远了”，结果遭受了失败，“现实生活”说明“我们错了”。

伴随这种反思而来的就是果断纠错。俄共（布）第十次代表大会毅然做出决定：纠正目前的状况。布尔什维克必须满足普通民众尤其是农民正当的利益诉求，必须从农民自身的要求中去寻求解决问题的路径，必须安顿好个人利益，并将个人利益的实现同国家利益的实现统一起来。在1921年秋天的《十月革命四周年》报告中，列宁更是将果断纠错的认识上升到理论层面，他指出，布尔什维克不能再像经济“强攻”阶段那样试图直接凭借热情而跑步进入共产主义，而是必须充分看顾普通民众和生产力的需要，“靠个人利益，靠同个人利益的结合，靠经济核算，在这个小农国家里先建立起牢固的桥梁，通过国家资本主义走向社会主义”①。布尔什维克必须在安顿个人利益、将个人利益同国家利益相结合，遵循经济发展的规律，尊重生产力发展需要的基础上寻求过渡。以实物税、自由流转、经济核算制、租让制、市场经济为内容的国家资本主义便是这种思路的具体化和现实化。

还有另一件事情也能充分说明新政改革中的列宁勇于认错、深刻反思、果断纠错的精神。前面提到，在实行自由流转的第一个阶段（1921年春-夏），列宁等人实行的是试图绕开商业和市场经济的“社会主义方式的商品交换”即产品交换（其基本内容是：物物交换、有限制的地方流转、固定价格制和工农业“剪刀差”），意在通过产品交换来恢复大工业，从而比较直接地过渡到共产主义。可见，这一时期的产品交换依然带有“强攻”性质。

结果怎样呢？列宁在1921年10月29日莫斯科省第七次党代表会议上关于新经济政策的报告中做出了明确的回答：“现在你们从实践中以及从我国所有的报刊上都可以清楚地看到，结果是商品交换失败了……商品交换没有得到丝毫结果，私人市场比我们强大，通常的买卖、贸易代替了

① 列宁全集：第42卷．北京：人民出版社，2017：187.

商品交换”①。面对这一失败，布尔什维克是选择沉默甚至否认，还是选择坦率承认呢？列宁等人选择了后者。列宁说：“如果我们不想把脑袋藏在翅膀下面，如果我们不想硬着头皮不看自己的失败，如果我们不怕正视危险，我们就必须认识到这一点。”② 勇于认错、深刻反思的精神于此可见。承认错误、深刻反思后便是果断纠错。列宁坚定地指出，“我们还退得不够，必须再退，再后退，从国家资本主义转到由国家调节买卖和货币流通”③，“社会主义方式的商品交换”即产品交换过渡到真正意义上的商品交换、市场经济。

承认错误、深刻反思和果断纠错之后，俄国走上了正确的道路，并迎来新政的繁荣。这也是中国共产党的可贵品质。习近平指出：“中国共产党的伟大不在于不犯错误，而在于从不讳疾忌医，敢于直面问题，勇于自我革命，具有极强的自我修复能力。”④ 在新时代的国家建设和社会改革中，我们要吸纳和发扬的正是这种敢于直面问题、善于深刻反思、勇于果断纠错的精神。

（二）在改革建设中要有坚定的信念、无畏的勇气和巨大的魄力

俄国实施新政改革，遭遇了诸多不解、质疑甚至反对。其中，遭受阻力最大的是自由流转、租让制和市场经济的推行。国外的反对势力质疑新政改革是“走回头路”，认为苏维埃俄国将堕入资本主义的“泥潭”，布尔什维克必败。就是党内的许多坚定的布尔什维克对于自由流转、租让制和市场经济的推行也是痛心疾首。有些同志甚至愤怒地对列宁吼道：这是要把俄国带到哪里去？这声怒吼代表了许多坚定的布尔什维克的心声。

1921 年秋天，列宁提出了“第二次战略退却”，退得还“不够”，必须从国家资本主义再退到“由国家调节买卖和货币流通”，即退回去搞市场经济。此时党内的一些同志更无法接受，他们不能理解，革命的本来目的是消灭商业、市场、货币等经济关系：为什么列宁现在一一将它们恢复，甚至将学会“做生意”当成国家的主要任务？这不是走资本主义回头路是什么？伴随这种不满、质疑而来的，是许多党员干部丧失干劲，他们

---

① 列宁全集：第 42 卷．北京：人民出版社，2017：239.

② 同①.

③ 同①.

④ 中共中央党史和文献研究院．十八大以来重要文献选编：下．北京：中央文献出版社，2018：589.

哀叹一声：唉，一切都完了。

面对上述质疑和反对，作为最高改革者的列宁如何回应呢？是畏缩退让、改弦更张，还是顶住压力、推进改革？这无疑考验着改革者的信念、勇气和魄力。列宁的态度和做法无疑具有榜样性的意义。他态度鲜明而坚定地回应：不要质疑，苏维埃走在正确的道路上！列宁指出，新政改革是以退为进，不是走回头路。列宁说："有些共产党员以为，不犯错误，不实行退却……就可以完成像奠定社会主义经济基础（尤其是在一个小农国家里）这样一桩有世界历史意义的'事业'，那就必须说这样的共产党员肯定已经完蛋了"①！实践已经表明，现在必须改用"围攻"，这是一个曲折但最终能登顶的唯一办法。因此，苏维埃是以退为进，不是走回头路。这些回应鲜明地体现了列宁坚定的道路自信和勇气！这种信心源自他对严峻的经济政治危机的深刻反思，也源自他作为一位战略家的深邃眼光。

列宁时常用这种信心、勇气去鼓舞全党。他说："我们尤其不容许有丝毫灰心失望，也没有理由灰心失望，因为我们虽然处于经济破坏、贫困、落后和饥荒的情况下，但是，我们毕竟在为社会主义创造条件的**经济**领域内**开始前进了**。"② 新政改革虽然曲折难行，但毕竟在（通过以退为进的方式）向着目标前进，只要保持信心和勇气，时刻准备再一次"从头开始"，向最困难的任务进军，就一定能登顶，信心和勇气比黄金还宝贵。列宁常常鼓舞全党："这次必要的退却进行得愈自觉，愈协调，成见愈少，那么，我们就会愈快停止退却，而随后的胜利进击就会愈有把握，愈迅速，愈波澜壮阔。"③ 这些话语体现的是列宁作为一个改革者的坚定信念、无畏勇气和巨大魄力，这也是中国进一步深化改革所应当吸取的精神。

（三）在改革建设中要遵循"顺民心、遵规律"这一最高原则

顺民心、遵规律，这是新政改革留给我们最深刻的启示。军事共产主义的失败根源于理想主义、主观主义，在于它背离了现实的民心和规律。经历严峻的经济政治危机后，列宁深刻认识到，不能从理想主义、主观主义出发来构建共产主义大厦，必须一切从实际出发，而最大的"实际"就是现实的民心和规律！因此，必须在顺民心、遵规律的基础上寻求过渡方

① 列宁全集：第 42 卷．北京：人民出版社，2017：461.

② 同①.

③ 同①263.

案。整个新政改革的实践就是将顺民心、遵规律的原则现实化。

顺民心是要看顾个人利益，要建立同个人利益相结合的机制，将个人利益的实现同国家利益的实现统一起来；遵规律就是必须遵循经济发展的规律，尊重俄国落后生产力的现实发展需要，绝不能再像过去那样人为地组建一种超越现有生产力发展水平的生产关系（纯之又纯的公有制）。国家资本主义便是顺民心、遵规律的实践模式，也是新政改革的主要内容。国家资本主义在利益层面体现为“退”，它为普通民众个人利益的实现开辟空间，同时将个人利益的实现同国家利益的实现结合起来。通过实施实物税和自由流转政策，农民的个人利益得到实现，国家利益也在农民勤奋劳作的基础上获得实现；通过经济核算制，工人的个人利益得到实现，国家利益也在工人冲天的干劲中得以实现。国家资本主义在经济关系层面也体现为“退”，即退回到适应俄国生产力发展需要的经济关系——资本主义（国家资本主义），自由流转、经济核算制、租让制、市场经济共同构建了适应俄国现实生产力发展需要的经济关系。新政改革就是通过在利益层面和经济关系层面实行退却最终实现以退为进。

这一退，平息了民怒，让民众“满意了”，整个社会的活力被充分激发出来；这一退，为俄国生产力的发展找到了相适应的经济关系，俄国的工农业迅速恢复，商业蓬勃发展。一句话，以“顺民心、遵规律”为最高原则的新政改革迎来欣欣向荣的景象。这一最高原则及其现实化的成效表明了这一规律的客观性和真理性。理想的种子必须扎根于现实的土壤，唯此方能生根发芽、茁壮成长，最后结出硕果。

顺民心、遵规律归结起来是必须虔敬地倾听民意。民心和规律是相同的，劳动者的声音就是生产力的声音。如果能冷静地倾听民意，严峻的经济政治危机就能避免，至少不会给国家造成如此深重的创伤。人民真实的声音，人民脸上真实的表情，他们的喜悦与忧伤，是改革成败的晴雨表；他们的期待与诉求、渴望与梦想，是改革事业的方向盘。正如习近平指出的，“党中央的政策好不好，要看乡亲们是笑还是哭，如果乡亲们笑，这就是好政策，要坚持，如果有人哭，说明政策还要完善和调整”①。从军事共产主义的失败到新政改革的推行，再到新政繁荣，无不印证了民心和规律的力量。“倾听百姓的声音”是新政改革留给我们最深刻的启示，它

① 《十八大以来治国理政新成就》编写组．十八大以来治国理政新成就：上册．北京：人民出版社，2017：451.

应当成为改革的座右铭。

(四) 在改革建设中要正确理解和处理个人利益与国家利益的关系

1. 新政改革在个人利益与国家利益关系问题上所达到的认识：必须安顿好个人利益——个人利益得不到实现，国家利益最终也会落空

经历严峻的经济政治危机后，列宁深刻反思了个人利益与国家利益的关系问题，他认识到，军事共产主义时期那种通过压制个人正当利益来实现国家利益的做法在和平建设时期是行不通的。新政改革必须重新理解个人利益与国家利益的关系，重要的是要给个人利益的实现开辟空间，国家利益只能在同个人利益相结合的基础上去实现，而不是像过去那样采用相反的做法。列宁说："不同个人利益结合，什么也办不成。"[①] 在《〈新经济政策和政治教育委员会的任务〉报告提纲》中，列宁也明确指出："'同个人利益结合'……农民、工人、专家，在如何对待他们方面干了很多蠢事。"[②] 在撞得头破血流后，列宁终于清楚地意识到，必须安顿好个人利益，而且这是不能等的事情。压制个人利益，就意味着国家利益也会落空，这是列宁在新政改革时期达到的思想认识。

2. 新政改革"同个人利益相结合"及其成效

列宁在新政改革中将"同个人利益相结合"的原则具体化为相关政策。新政改革说白了就是推行了各种同个人利益相结合的制度形式。

对于农民，新政改革推行的结合形式是实物税和自由流转政策。这些政策的出台，给农民个人利益的实现开辟了空间。农民在缴纳国家规定的税赋后，剩下的粮食都归自己所有，生产的越多，留给自己的也就越多。农民可以用手中的余粮去交换自己所需的物品，从而改善生活。在物质利益的刺激下，农民生产的积极性被激发出来，个人利益与国家利益在农民的勤奋劳动中均得以实现。

对于工人阶级，新政改革推行的结合形式主要是经济核算制。经济核算制以多劳多得、奖励优秀为主要内容，为勤奋的工人提供了改善生活的机会。同时，工人生产的越多，国家所得也就越多，个人利益与国家利益均在工人的勤奋劳作中获得实现。

---

① 列宁全集：第 51 卷．北京：人民出版社，2017：441.

② 列宁全集：第 42 卷．北京：人民出版社，2017：509.

甚至对于国家公职人员，新政改革也出台了相关的激励机制，那便是分成制。在列宁的指导下，苏维埃政权通过了一系列法令，规定经济部门、管理部门改行按营业额和利润分成的制度，营业额增加，那么每个相关部门的公职人员分到的也就相应增加。不仅如此，国家还推行奖励制度，对相关工作人员按成效的百分比给予奖励。一句话，国家公职人员可以凭借其有成效的经营、监督和管理工作而参与物质利益分配。这便将国家公职人员的个人利益同国家利益的实现统一了起来。

最后，新政改革还出台了让资本实现其利益的制度，那便是租让制。租让制让资本家凭借其资本和技术的投入而获得丰厚的回报，当然，国家也能从中吸收外资，引进先进设备，学习先进技术。因此，租让制也是个人利益同国家利益相结合的机制。

这种结合的成效如何呢？根据前面的分析，“同个人利益相结合”的改革无疑激发了社会活力。农民、工人、专家都满怀激情地劳作，国家公职人员也干劲十足，国外资本家也乐于上门承租相应的企业。“同个人利益相结合”的改革既满足了人们对实现个人利益的深切渴望，又在个人的勤奋劳作中实现了国家利益，苏维埃的农业、轻工业在短短几年时间里就恢复到第一次世界大战前的水平，重工业也积累了发展资金，商业蓬勃发展，国家欣欣向荣。

3. 现实启示

现实启示已经一目了然。新政改革对个人利益与国家利益关系的理解，对个人利益的安顿，对“同个人利益相结合”原则的践行及其成效，对于当代中国的国家建设和深化改革无疑具有重要的启示意义。个体对个人利益的追逐本身无可厚非（当然，前提是不能违反国家法律），我们不应当对人性抱有太苛刻的要求。从新政改革的成功实践来看，社会的进步恰恰建立在个人对物质利益的追逐之上。因此，重要的不是压制个人利益，而是给个人利益的实现以机会，同时要创新各种能将个人利益的实现同国家利益的实现相结合的体制、机制。在思想觉悟层面，我们可以倡导个人要有更高的价值追求，但在进行制度设计时，则必须尊重个人的正当利益诉求。在我国现代化建设和深化改革的进程中，我们应当重视并践行这一原则。现实的制度设计要积极为个人利益的实现开辟空间，这其实也是将国家利益的实现建立在坚实的基础之上。

（五）列宁对社会主义与资本主义关系的深刻把握，及其虚心学习的心态值得借鉴和吸收

1. 列宁在新政改革时期对社会主义与资本主义关系的理解十分深刻

列宁对社会主义与资本主义关系的理解经历了一个曲折的过程。根据前面的分析，1918年初列宁在过渡问题上是比较审慎的，在他看来，俄国这样一个生产力落后的国家要向社会主义过渡，必须经过一个吸收资本主义所创造的人类文明的阶段。列宁说："如果你们不能利用资产阶级世界留给我们的材料来建设大厦，你们就根本建不成它，你们也就不是共产党人，而是空谈家。"① 只有充分吸收人类文明尤其是资本主义社会所创造的文明，俄国才能完成过渡任务。国家资本主义的提出就是这一态度的鲜明体现。但是也应该看到，此时列宁对资本主义的接纳还只是停留在其技术文明及它对经济生活的监督和调控上。国家资本主义可以有效去除小资产阶级自发势力给经济生活带来的破坏性、无序性，其高度发达的技术文明也能有效提高俄国的生产力。至于是否要吸纳作为资本主义核心要素的商业、市场、货币等经济关系呢？这在1918年初的过渡方案中未被提及，它是一个悬而未决的问题。

军事共产主义时期，列宁对社会主义与资本主义关系的理解上变得非常激进。在这个时期，他将社会主义与资本主义完全对立起来，商业国有化、工业国有化、社会主义方式的产品生产和分配被推到了极致；在他看来，如果苏维埃俄国还存在商业、市场、货币等经济关系，那就谈不上有什么社会主义。苏维埃俄国必须通过革命的方式来建设社会主义。

到了新政改革时期，列宁再次认识到，俄国这样一个生产力落后的国家要想实现过渡，就离不开国家资本主义这个中介、必要的桥梁，社会主义必须建立在资本主义所创造的人类文明的基础上，否则就是空中楼阁。与第一个阶段相比，新政改革时期对资本主义要素的吸收大大向前推进了。1921年春天，列宁等人突破了对商品流转的固有认识，将其视为发展生产力的必要中介；到1921年秋天，列宁更是突破了对商业和市场的认识，这位改革者心里清楚，在情感上可以不喜欢商业和市场，但在理智上必须认识到，搞商品交换、市场经济已经成为一个"现实问题"，这是发展工农业流转和社会生产力所必须利用的"中介"，商品经济是落后国家不可跨越的

---

① 列宁全集：第36卷．北京：人民出版社，2017：6.

发展阶段。有鉴于此，列宁果断提出要实施“第二次战略退却”。到这里，列宁对社会主义与资本主义关系的理解才真正成熟。尽管人们对市场经济姓社姓资的问题在不同时期有不同理解，但列宁关于商品经济阶段不可跨越的思想是我们必须谨记的。这也是历史给予我们的深刻启迪。

2. 列宁虚心学习的心态是我们要继承的

从上面一点延伸出去，学习资本主义、学习人类的先进文明也就成为题中之义。经济欠发达的国家要向共产主义过渡，就必须经历一个学习“做生意”和调节货币流通的阶段。面对这项新事业，虚心学习的心态尤为重要。在前文中，我们已经对列宁关于发展商品经济要学习什么、向谁学习、怎么学习、用什么样的心态来学习、如何检验学习成效等问题做了细致的梳理，在此不再赘述。

列宁的学习观是对马克思学习观的继承。早在1881年给维·伊·查苏利奇的复信中，马克思就表达了这样一个观点，落后国家要实现向共产主义的过渡，必须“吸取资本主义制度所取得的一切积极成果”①。实践也表明，我们可以通过“强攻”的方式实现政权的跨越，但是不能跨越吸收和学习资本主义所创造的“积极成果”的阶段，一个国家、民族的成长是一个扬弃的过程，即辩证否定的过程，认为不学习、不吸收人类文明尤其是资本主义文明，仅凭借“强攻”的方式就能实现直接过渡，那是历史虚无主义！列宁新政改革时期关于社会主义与资本主义关系的理解，关于商品经济阶段不可跨越的判断，其积极学习的心态，正是对马克思学习观的继承。

列宁的学习观对我国的社会主义建设事业也有深刻的启示。共产主义不是空中楼阁，树高千尺，其营养还在根上，这个营养就是整个人类文明尤其是资本主义创造的“积极成果”。正如习近平指出的，“中国要永远做一个学习大国，不论发展到什么水平都虚心向世界各国人民学习，以更加开放包容的姿态，加强同世界各国的互容、互鉴、互通，不断把对外开放提高到新的水平”②。新时代我们要秉持和发扬列宁虚心学习的心态，以更加开放、包容的姿态，吸收和学习人类文明的一切优秀成果，尤其是资本主义创造的先进的技术文明、管理经验和一切能激发社会活力与创造性的制度成果，这一点十分重要。

---

① 马克思恩格斯全集：第25卷．北京：人民出版社，2001：479.

② 中共中央文献研究室．习近平关于社会主义经济建设论述摘编．北京：中央文献出版社，2017：289.

（六）列宁“改善国家机关”的政治遗产值得学习和吸收

从1922年春天起，列宁将“改善国家机关”的问题放到了突出位置，他明确指出，改善国家机关具有极端重要性——为新经济政策的落实，为过渡事业保驾护航。苏维埃必须努力建成这样的国家：它能够将旧官僚机构的贪污、浪费、官僚主义、拖拉作风等弊病铲除干净。这样一项工作关乎苏维埃能否将新政改革进行到底，关乎苏维埃的过渡事业能否成功。只有苏维埃顺利完成这一任务，俄国才能从庄稼汉的、农民的、穷苦的马上跨到电气化、大机器工业、电站工程等的马上。列宁的分析揭示了改善国家机关的极端重要性，没有相应的政治建设做保障，经济建设的成就最终会落空。列宁关于改善国家机关的系统思考，直到今天仍然有重要启示。

1. 改善国家机关的价值目标

什么样的干部队伍才能为经济建设保驾护航，才算得上合格的干部队伍？列宁的思考是值得我们借鉴的。在他看来，唯有富有才干、务实高效、廉洁奉公和遵守法制的干部队伍才是合格的。这个目标定位是具有普遍性意义的，无论什么时代，无论哪个国家，合格的干部队伍都应当包含上述品质。习近平指出，要努力造就一支忠诚、干净、担当的高素质干部队伍，这与列宁对合格干部队伍的定义不谋而合。新时代中国的改革，呼唤的正应当是这样一支合格的干部队伍。

2. 改善国家机关的系统思维

列宁在改造国家机关这一事业中贯彻的是系统思维。比如，为了打造务实高效的干部队伍，列宁指出，必须推行组合拳：（1）建立个人负责制；（2）建立配套的监督机制；（3）构建强有力的惩罚机制；（4）落实物质和荣誉奖励机制；（5）树立模范。又比如，为了打造廉洁奉公的干部队伍，列宁也是借助于系统思维，即必须在遴选机制、薪金机制、法制反腐、监督机制、精简机制和思想政治教育等方面同时发力。这种系统思维还体现在，列宁不仅重视干部队伍本身的改造，同时还着眼于改造“改造者”的工作，他深知，没有后一事业的有效推进，前一事业是难以获得成效的。这种系统思维正是我们要大力吸收的。

3. 改善国家机关的制度建设

制度建设的思路贯穿于列宁打造合格干部队伍的全部环节之中。例如，在打造廉洁奉公、遵守法制的干部队伍的问题上，列宁最看重的是制度建设。他并不否认强权人物在反腐倡廉、打击违法行为问题上所发挥的重要作用，尤其是在法制尚不健全的情况下。但是，列宁心里清楚，个人意志毕竟具有偶然性，如果某个强权人物离去了，官僚主义弊病就会反弹得很厉害，因此治国的根本还在于构建起一套完整、健全的体制，要通过体制、机制的力量来改善国家机关。比如，在打造廉洁奉公、遵守法制的干部队伍的问题上，列宁着力最多的是制度建设，在他的直接推动和关心下，苏维埃政权以前所未有的速度创建刑法典、民法典、劳动法典、土地法典和诉讼法典等一系列法律，同时否定“双重”领导制度，构建独立的监察机构，以军事标准打造严明果敢的司法机构，等等。所有这些努力都表明列宁将制度建设视为关键。又比如，在打造务实高效的干部队伍时，列宁的着力点也是放在制度建设上，他发力最多的就是打造个人负责制、监督机制、惩罚机制、奖励机制。个人的力量只有在体制、机制的系统中才能发挥最大威力。

4. 改善国家机关的勇气与坚韧

对于改善国家机关的难度，列宁有着深刻的认识。为什么那么难？他指出，主要原因有：(1) 保留了旧习惯的苏维埃官吏们的顽固抵抗。十月革命之后，苏维埃国家急缺管理人才，为了解决这一难题，苏维埃政权不得不留用了几十万沙皇时期和资产阶级临时政府时期的旧官吏，这些旧官吏将自身的旧思想、旧作风带进了苏维埃国家机关。保留了这些旧习惯的苏维埃官吏们通过消极应付、阳奉阴违等各种方式极其顽固地抵制变革。(2) 人们在改善国家机关的变革上往往缺乏勇气。列宁说：“在社会关系、经济关系和政治关系的所有领域中，我们是‘极端’革命的。但在尊敬上司，遵守办文的形式和礼节上，我们的‘革命性’往往被最腐败的因循守旧的习气取而代之了。在这里常常可以看到一种极其有趣的现象：在社会生活中，最大的跃进和对极小的变革令人吃惊的畏怯两者兼而有之。”① 在他看来，正是这种“对极小的变革令人吃惊的畏怯”的心理阻碍了人们大刀阔斧地进行改善国家机关的变革。

出路何在？自然是要呼唤勇气和毅力。列宁指出，改善国家机关是一场“战争”，既然是战争就可能遭到失败；但不能因为可能的失败而裹步不前，而是必须鼓起勇气，进行“斗争”。除了勇气，还需要有坚韧不拔的意志。列宁常讲，要对官僚主义、拖拉作风等弊病进行长时间的“**搓洗**

① 列宁全集：第43卷．北京：人民出版社，2017：391.

敲打”[①]，要不断地拿“三根鞭子”[②]抽打国家机关的弊病。只有敢于斗争，并且顽强斗争，才能在改善国家机关的问题上取得成绩。

列宁关于改善国家机关之重要性的认识，其系统思维、制度建设思维、勇气与毅力，正是当代中国政治建设和深化改革所应当学习与吸收的。

（七）列宁的实干精神值得学习

实干兴邦、空谈误国，列宁深明此理。因此，在新政改革中他不断地批判空谈习气，呼唤和淬炼实干精神。

列宁对空谈习气深恶痛绝。在他看来，耽于幻想、崇尚空谈的“奥勃洛摩夫习气”是俄国社会的深刻弊病。他说：“俄国完成了三次革命，但奥勃洛摩夫们仍然存在……只要看一下我们如何开会，如何在各个委员会里工作，就可以说**老奥勃洛摩夫仍然存在**”[③]。这种空谈习气在苏维埃工作人员身上有着鲜明体现，这些工作人员不是想着怎样做好经济工作，怎样把一件事情一干到底，而是沉溺于撰写计划和决议，沉溺于改组工作，重要的事情却不做。列宁指出，如果老想着躺在过去的功劳簿里，不去把重要的经济建设和改革工作一干到底，那么就无法完成历史赋予的使命：为社会主义建设奠定基础。因此，必须对这种耽于幻想、崇尚空谈的“奥勃洛摩夫习气”进行长时间的“**搓洗敲打**”。

列宁极端重视实干精神，“实干、实干、再实干”是其座右铭。他时常教导全体党员和干部，新政改革要求拿出实干精神。他说：“我们倒是应该去做具体的工作。应该细心地研究具体的条件和情况，应该确定可以利用什么地形站住脚，——利用一条河、一座山、一片沼泽或某个车站？因为我们只有在可以利用某种地形站住脚时，才能转入进攻。”[④]这里说的是要将精力放在新经济政策的落实上，要实际地搞好实物税的征收、自由流转、经济核算制、租让制、市场经济，等等。列宁指出，完成新事业，需要的是实干家，而不是俄国大量存在的“空谈司令”[⑤]。只有通过实干才能做好退却工作，为日后转入进攻打下坚实基础。

---

① 列宁全集：第43卷．北京：人民出版社，2017：13.

② 列宁全集：第42卷．北京：人民出版社，2017：399.

③ 同①12-13.

④ 同②250.

⑤ 同①94.

列宁进一步指出，不仅要实干，而且要一干到底。他常常鼓励党员干部要有一干到底的精神。失败了就“再来”，要相信一项任务总是有办法完成的，要不断尝试，要有韧劲，持续不断地努力，过去是这样工作的，现在和今后也应当这样工作。只要始终保持活力、灵活性和干劲，随时准备再一次“从头开始”向最困难的任务进军，保持一干到底的精神，那么苏维埃的事业就永远保有希望。道长且阻，但只要方向正确、脚步不歇，终会到达目的地。

习近平指出：“深化改革需要实干，加快发展需要实干，扩大开放需要实干，只有‘干’字当头，人人崇尚实干，人人干事创业，党和人民的事业才能发展，才能实现国家富强、民族振兴、人民幸福。”① “实干、实干、再实干”与“倾听百姓的声音”一样，应当成为我国国家建设和全面深化改革事业的座右铭。新时代属于实干家。

党的十九大报告指出，我国经济已由高速增长阶段转向高质量发展阶段。经济高质量发展是能够满足人民日益增长的美好生活需要的发展，是体现新发展理念的发展。如何实现经济高质量发展？苏俄版寻求经济高质量发展的新政改革依然能给予我们深刻的启示。上述总结的经验启示依旧适用。要实现中国经济的高质量发展，就必须以坚定的信念、无畏的勇气和巨大的魄力推进改革；就必须顺民心、遵规律；就必须“同个人利益相结合”，只有同个人利益相结合，中国经济才能在实现个人利益、不断激发内生动力的基础上实现高质量发展；必须不断学习，虚心学习与借鉴别国尤其是发达国家在经济高质量发展中取得的成果和经验；必须不断推进政治改革，通过改善国家机关来为经济高质量发展提供政治保障；最后就是不断激发实干精神，幸福都是干出来的，中国经济高质量发展尤为如此。

① 习近平重要论述学习笔记．北京：人民出版社，2014：30.

参考文献

列宁选集：第 3 卷．北京：人民出版社，2012.

列宁选集：第 4 卷．北京：人民出版社，2012.

列宁全集：第 17 卷．北京：人民出版社，2017.

列宁全集：第 34 卷．北京：人民出版社，2017.

列宁全集：第 35 卷．北京：人民出版社，2017.

列宁全集：第 36 卷．北京：人民出版社，2017.

列宁全集：第 37 卷．北京：人民出版社，2017.

列宁全集：第 38 卷．北京：人民出版社，2017.

列宁全集：第 40 卷．北京：人民出版社，2017.

列宁全集：第 41 卷．北京：人民出版社，2017.

列宁全集：第 42 卷．北京：人民出版社，2017.

列宁全集：第 43 卷．北京：人民出版社，2017.

列宁全集：第 48 卷．北京：人民出版社，2017.

列宁全集：第 50 卷．北京：人民出版社，2017.

列宁全集：第 51 卷．北京：人民出版社，2017.

列宁全集：第 52 卷．北京：人民出版社，2017.

列宁全集：第 60 卷．北京：人民出版社，2017.

列宁文稿：第 17 卷．北京：人民出版社，1990.

列宁对布哈林《过渡时期的经济》一书的评论．北京：人民出版社，1976.

斯大林选集：上卷．北京：人民出版社，1979.

斯大林选集：下卷．北京：人民出版社，1979.

国际共运史研究室．国际共运史研究资料：第 4 辑．北京：人民出版社，1982.

布哈林文选：上册．北京：东方出版社，1988.

布哈林文选：中册．北京：东方出版社，1988.

布哈林文选．北京：人民出版社，2014.

鲍·尼·波诺马辽夫．苏联共产党历史．莫斯科：外国文书籍出版社，1960.

陈之骅．苏联史纲（1917—1937）：上册．北京：人民出版社，1991.

郑异凡．新经济政策的俄国．北京：人民出版社，2013.

阿曼德·哈默．哈默自传．天津：天津人民出版社，1990.

上海外国语学院列宁著作翻译研究室．回忆列宁：第1卷．北京：人民出版社，1982.

瞿秋白．赤都心史．上海：上海三联书店，2012.

叶·阿·普列奥布拉任斯基．新经济学．上海：上海三联书店，1984.

托洛茨基．托洛茨基文选．北京：人民出版社，2010.

阿·伊·李可夫．李可夫文选．北京：人民出版社，1986.

王丽华．历史性突破：俄罗斯学者论新经济政策．北京：人民出版社，2005.

苏联共产党代表大会、代表会议和中央全会决议汇编：第二分册．北京：人民出版社，1964.

尼古拉·梁赞诺夫斯基．俄罗斯史．上海：上海人民出版社，2013.

A. H. 雅科夫列夫．新经济政策是怎样被断送的：第1—5卷. 北京：人民出版社，2007.

商德文．列宁经济思想发展史．北京：经济科学出版社，1992.

俞良早．列宁后期思想探要．武汉：湖北人民出版社，1995.

沈志华．新经济政策与苏联农业社会化问题．北京：中国社会科学出版社，1994.

埃·鲍·根基娜．列宁的国务活动．北京：中国人民大学出版社，1982.

邢广程．苏联高层决策70年．北京：世界知识出版社，1998.

B. T. 琼图洛夫．苏联经济史．长春：吉林大学出版社，1988.

郑异凡．对新经济政策的不同诠释及其命运．当代世界与社会主义，2005（6）.

俞良早．列宁在苏俄新经济政策时期利用市场发展经济的思想．社会科学战线，1994（1）.

俞良早．关于列宁新经济政策理论若干问题的辨析．当代世界与社会主义，1993（4）．

徐向梅．新经济政策：俄罗斯史学研究新视角评介．当代世界社会主义问题，2000（1）．

闻一．列宁和苏维埃俄国的租让政策．世界历史，1980（1）．

郭吴新．列宁论国家垄断资本主义的经济调节．武汉大学学报（社会科学版），1992（2）．

李前进，俞良早．新经济政策时期列宁政治教育思想及其现实启示：基于《新经济政策和政治教育委员会的任务》著作的解读．思想理论教育导刊，2020（5）．

胡芳．新经济政策“战略退却”思想的深度考察及其当代意义．贵州社会科学，2014（2）．

徐芹．列宁资本主义观变化的内在逻辑及当代启示：从俄国资本主义发展理论到新经济政策理论．南京政治学院学报，2014（6）．

刘书林．清醒的退却，坚定的原则：重新解读列宁的新经济政策．马克思主义研究，2001（1）．

左凤荣．从决策角度看苏联新经济政策的产生与夭折．科学社会主义，2001（4）．

王晓菊．新经济政策时期苏联农民的日常生活．史学理论研究，2014（3）．

J. Bandlelin Oscar. Return to the NEP—The False Promise of Leninism and the Failure of Perestroika. New York：Praeger，2002.

A. Brakel. The New Economic Policy and the Political Attitude of the Peasantry，A Case Study of the Voronezh Guberniia，1921 - 1927. Jahrbucher Fur Geschichte Osteuropas，2005，53.

Lars T. Lih. Political Testament of Lenin and Bukharin and the Meaning of NEP. Slavic Review，1991，50.

М. М. Горинов，С. В. Цакунов. Ленинскаяконцепция нэпа：становление иразвитие. Вопросыистории，1990，4.

С. С. Павлюченков. ЧегоначиналсяНЭП？. Т рудныевопросыистории，1991，С. 45 - 60.

人名索引

主题索引

T

W

X

Y

Z

后　　记

本书是2021年度国家社科基金后期资助项目“列宁新经济政策改革文本及其当代价值研究”的最终成果，系2020年江西省省级学位与研究生教育教学改革研究项目结项成果（项目名称为：“读经典”与马理论专业研究生创新能力培养；项目编号为：JXYJG－2020－123），获江西理工大学出版资助，得到江西理工大学马克思主义学院的支持，在此深表谢意。

这是我关于列宁研究的第一本学术专著。整个阅读、思考、写作和修改工作历时四个春秋。艰难困苦，玉汝于成。列宁新经济政策改革是一个很重要的研究课题，因为它可以给建设中国特色社会主义提供宝贵的、比较直接的借鉴。本书是以列宁新经济政策的全部相关文献为对象做的整体性、专题性研究。围绕着列宁对民心和规律的体悟与遵循这一中心线索，全书详尽展现了新政改革的实践背景、理论基础、本质内容、政策辩护、具体落实、硕果累累、命运沉浮、理论价值和现实启示。

本书最终得以呈现在读者朋友面前，得益于许多人的思想馈赠和热情帮助。感谢我的授业恩师聂锦芳教授，他的悉心栽培为本书的写作打下了坚实的基础。时光荏苒，我自己带的研究生也顺利毕业了，培养学生的经历让我愈发感觉到，恩师的形象犹如山一般高大。父爱如山，深沉、伟岸。秉承恩师“扶学生上马并伴走一程”的精神，弟子一定会尽心栽培自己的学生，增进知识，涵养德性。向恩师致敬！

感谢单位同事的支持，尤其感谢柳丽教授。挺有缘分的，柳教授和我做的都是马克思主义文本研究，都对列宁的文本下过一番功夫。由于研究对象相近，我时不时地会就一些学术问题向柳教授请教，收获良多。柳教授勤奋、专注，是我学习的榜样。

还要特别感谢我的学生。围绕着列宁新经济政策改革的研究，我开设了相关的研究生课程，课上学生的许多发言和思考给了我很多启发。教学相长，诚哉斯言。除了开设相关课程，我还会选择列宁研究的相对独立的部分作为研究生的硕士学位论文题目。这种研究既具有坚实的基础，又具有高阶性和挑战性，学生必须在导师研究的基础上有所突破。两周一次的组会（还有不定时的指导）就是思想的催化剂，碰撞出思想的火花。这种训练既提升学生，也提升老师。本书的写作就是在这种思想的碰撞中不断完善的。学生也非常享受这种学术训练，这让我尤其欣慰。

感谢中国人民大学出版社的大力支持，崔毅编辑为本书的出版付出了辛苦的劳动，真心感谢。最后感谢我的家人，你们照亮了我的白天，也照亮了我的黑夜。

黄建都

2024 年 4 月 15 日